思维技术与教学艺术

核心素养取向的
高中语文教学实践

李金华 著

广东高等教育出版社
Guangdong Higher Education Press

·广州·

图书在版编目（CIP）数据

思维技术与教学艺术：核心素养取向的高中语文教学实践/李金华
著. —广州：广东高等教育出版社，2024.6
ISBN 978 – 7 – 5361 – 7652 – 2

Ⅰ. ①思…　Ⅱ. ①李…　Ⅲ. ①中学语文课 – 教学研究 – 高中
Ⅳ. ①G633. 302

中国国家版本馆 CIP 数据核字（2024）第 049616 号

SIWEI JISHU YU JIAOXUE YISHU：HEXIN SUYANG QUXIANG DE GAOZHONG
YUWEN JIAOXUE SHIJIAN

出版发行	广东高等教育出版社
	地址：广州市天河区林和西横路
	邮政编码：510500　电话：（020）87554152　87551163
	http：//www. gdgjs. com. cn
印　　刷	佛山市浩文彩色印刷有限公司
开　　本	787 毫米×1 092 毫米　1/16
印　　张	14. 25
字　　数	262 千
版　　次	2024 年 6 月第 1 版
印　　次	2024 年 6 月第 1 次印刷
定　　价	42. 00 元

序
以有价值的立言来对抗无意义的人生

每个人天生勤奋，只是使劲的地方不同而已。

金华是我工作室的学员。我们工作室平常收作业的这项业务，采用的是轮流坐庄制。过了一段时间，学员们不约而同得出了一个比较靠谱的结论：某项作业，只要金华交了，也就全都交了。金华的拖延和懒惰，由此成了我们工作室茶余饭后的一个保留话题。要是某天金华突然率先交了作业，大伙儿的第一反应是：他肯定不正常。每每这个时候，工作室微信群里又充满了一阵喧闹。

按照三段论原理，根据前面的大前提，金华是人，所以，金华当然也天生勤奋。

据我所知，金华的勤奋集中表现在选购语文教学书籍上。比如，为了研究作文教学，他可以废寝忘食不达目的誓不罢休地去搜寻某本书，其勤奋进程一般是这样的：新的买不到就二手，二手搞不到就复制品，复制品也弄不到，最起码也得是电子书。唉，不服还真是不行。暴发户们办公室里悬挂在正门墙上的"天道酬勤"，在金华身上算是有了最切实的体现。

根据我所窥探到的生活经验，大凡热爱买书的人，一般是不甘心只做一只热爱读书的书虫，很大可能也是一个热爱思考的人。朱永新老师说过，一个人的阅读史就是一个人的精神发育史。这话说得真是精准极了。所谓精神发育史，照我看来，实质上就是问题解决史，选读什么书，就意味着思考什

1

么方面的问题。事实上，金华也是思考语文教育教学问题的勤奋者。他见多识广，了解重要语文名家的思想认识，也精通许多名家的掌故趣闻。跟这样的人谈语文教学，你常常会获得一些意想不到的冷门看法。但金华面对自己的思考心得，仿佛得了一种羞于见人的自闭症，他曾经暗自开了一个据说只有他和他爱人才知道的公众号，以供他的思想成果肆无忌惮地纵横互联网。我后来曾不经意间闯进去践踏过几次这个号。

金华的勤奋和懒惰，由此可见一斑。

熟悉我的老师都知道，我是特别强调"写"之于专业成长的意义以及之于生命存在的价值的。我相当顽固地认为，写是抵达思的唯一通道。卡西尔说，人是符号的动物。写玩的就是符号，这可是彰显人之本质的要紧事。所以，我总是不择手段甚至巧立名目威逼利诱老师们去写东西。为了凸显写的极端重要性，我还专门思辨过鲁国大夫叔孙豹的不当之处。

大家知道，春秋时鲁国大夫叔孙豹多次出使晋国，其言谈举止赢得晋人的称赞。叔孙豹在回答晋国政治家范宣子问什么是"死而不朽"的问题时说："大（即'太'）上有立德，其次有立功，其次有立言，虽久不废，此之谓不朽。"这就是著名的"三不朽"——立德、立功、立言。

出于一人之口的"三不朽"并非中国古人集体智慧的结晶，但这个说法对中国读书人却有非常深远的影响。按照叔孙豹的逻辑排序，显然这三者不是并列的，"三不朽"之中，立德是第一的，立功第二，立言排第三。这种排序当然是由叔孙豹的认识和立场决定的。但从历史上看，"德"往往逃脱不了时代性和阶级性的双重限制，也就是说，时代之德或阶级之德不具有永恒性，因此把"立德"排在不朽的第一位，就有很大的危险。而与"德"一样，"功"往往也是一个是非难断的历史问题。此时之功，未必是他时之功；一者之功，未必是他者之功。"功"通常是有所属的利益主体的。因此，把"立功"排在三不朽的第二位，也往往是靠不住的。但是"立言"却有所不同。无论是"语言是存在的家园"的哲学论断，"言论自由"的普世法则，还是"言者无罪"的日常观念，它们都为"立言"的不朽提供了最坚实的人道基础。而且，从不朽的实现条件来看，立德和立功更依赖于外在的社会条件，因而制约条件更多，而立言正好相反，它更依赖于个人的内部才能，约束因素相对较弱。

因此，从这个意义上来说，立言比立德和立功更具有不朽性。这一点，曹丕在《典论·论文》里说得很悲壮："年寿有时而尽，荣乐止乎其身，二者必至之常期，未若文章之无穷。"

金华勤于选书购书，勤于思考，也能笔耕不辍，虽然可能没有"不朽"之念，但"立言"这件大事要事，他却是扎扎实实地在做的。

每个读书人都有"著作"心结。语言的规模和体量意味着思考的广度，因为表达的水平直接关联着思维的水平。这或许就是"著作"不同于论文的表达意蕴所在。

从前，出版业不发达，著作之事往往受限于权贵大德之人；如今，出版业蓬勃发展，这就极大地刺激了读书人的神经，"自己写一本书"因此也就成了一种精神上的立言追求。

现在金华做到了。看看本书的目录编排和话语逻辑，你应该能马上闻到一种叫作"著作"的味道。

但出版业发展得实在太快，以致出书比写书都要快，这就有了一种"很不幸"：图书市场变得鱼龙混杂了，书的品质也因此被严重稀释了。在这种背景下，一本有一定含金量的书是多么难得啊。幸运的是，金华的这本源于实践高于实践的思考之作，就是语文教学图书市场里有相当含金量的一本。

曾有一段时间，我对写作的意义陷入迷茫之中。熬夜做一篇论文，不过是占据期刊一角，赢得几个读者而已；日复一日写读书笔记，放弃郊游锻炼，不过是自娱自乐而已；在朋友圈发一些闲思杂想，不过是在狭窄主题的浅斟低唱而已。这些文字，这些思考，放在这个纷繁多彩、生机蓬勃的世界面前，苍白不说，简直微乎其微，如同一粒沙子落入汪洋大海之中，其存在完全可以忽略不计。每每看到江边春色，看到岭上闲云，写作意义的虚无感，就如潮水般频频袭上心头。

在挣扎与纠结之中，后来渐渐想通了。世界无所谓大小的，再大的世界在更大的世界面前也是小世界；圈子也是无所谓高低的，再叱咤风云的圈子隔着几个圈子也会黯然失色。每一个具体的人都活在自己的世界里，而且只活在自己的世界里，而且不得不活在自己的世界里。再伟大的论著，在不关心者的眼里，可能连厕纸都不如；再伟大的英雄壮举，在时间的海洋里，也可能如沉渣再难泛起；再伟大的权势，在浩渺宇宙面前也轻如鸿毛。

　　人生本无意义，意义本是一种玄想之物，人活着不过是在温饱之后，需要找到一个意义的附着物，将所谓的意义附着其上，借此缓解漂泊感、不安感、空虚感，聊以抚慰这"被抛掷的"生命。每一个活着的人，都概莫能外。自己的世界，自己的圈子，自己所关心的话题，都不过是附着物的不同显现而已。从这个意义上而言，人与他人，是多么的相似。自然如此相似，又何必暗自矜怜？又何必欣羡他人？要紧的是在自己的世界和圈子里，做到"心安"二字。

　　我以为，以有价值的立言来对抗无意义的人生，读书、思考或写作，倘能让自己心安，不正是无意义的意义吗？我想，在"分泌"这些文字的时候，在"连缀"这些篇目的时候，金华一定心安的。"试问岭南应不好，却道：此心安处是吾乡。"是的，心安即吾乡。

　　此时此刻，于我是一种特别的荣幸，既能见证金华的立言成长，又能在他的处女作上留下这么一些文字。写书这件事，似乎有个普遍性的规律：一个人要么一辈子不出书，要么这辈子不止出一本书。出一本书是艰难的，这就像初为人母的妇女一样，第一胎都是"惊人的一跳"；但一旦出过一本书了，这第二胎、第三胎，也就变得容易多了。如果这个规律还真是个规律，那么我们就有理由期待金华继续"临盆"了。

　　拉杂漫谈如上，是为序。

中山市教育教学研究室

张　华

2023 年 9 月 19 日

目　录

第一章 阅读教学（上）

一、是何·为何·何为：大单元教学实践

"大概念"这一提法翻译自英语的 big idea，根据王荣生教授对其"概括性知识"的界定，我们可以把"大概念"理解为学科中核心概念的论断、命题或思维框架，而不是某一个词语或概念。大概念本质上虽然是知识层面的概念，却是超越了琐碎知识点的整合概念、关键概念和主题概念。在教学中，大概念可以是直接的教学对象和内容，例如单篇文本教学或单元教学的内容就是某个大概念；在课程层面，不论是大概念教学还是落实任务群的单元教学理念，都需要先提炼学科大概念，再依据大概念确定学习目标，确定学习的主题与载体，然后设计结构化的语文实践活动，并考虑相应的学习评价活动。总之，大概念是一个与素养培育紧密联系的课程教学理念和实践路径。

（一）为何要实施大单元教学

根据《普通高中语文课程标准（2017 年版 2020 年修订)》的要求，语文课程的主要目的是着力提升学生的语文核心素养，语文课程的内容是学习任务群。因此，落实到具体的教材内容与课堂教学上，开展所谓的"大概念教学""群文教学""大单元教学""项目式学习""专题学习"等范畴形式的教学组织样态，正是为了达到对学生语文核心素养的培育与提升。根据统编教材的文本篇目的编排形式，教师依据教材内容设计、组织和落实教学内

容，完成对学生核心素养的提升，大单元教学的教学组织方式就这样应运而生了。正如李卫东所说："语文学科的'大概念'是那些使离散的事实和技能关联起来并产生意义的概括和原理，其表达形式为揭示'内容和形式'等概念性关系的观点和论题，其应用价值是能迁移到新的情境中解决实际问题。"①

大单元教学对应的目的是提升学生的语文核心素养，是提升学生核心素养的一种途径和方法，是能够"迁移到新的情境中解决实际问题"。从这个维度上看，尝试用一种新的或者具有复杂性内涵与外延的教学形态，不仅是一种必要的教学行为，也是一个可以尝试的教学实践与创新的做法。但也要清醒地看到，大单元教学并不是唯一的做法与路径，正像很多教师所说的那样，单篇教学并没有过时。大单元教学既然是一种新的教学实践样态，那应该怎样在教学实践中落实与操作呢？

（二）怎样开展大单元教学

既然没有现成的经典教学案例，一线教师只能在实践中摸索、探索，慢慢地提升课堂教学的品格，并通过对学生核心素养提升情况的评价，最终获得有效可行的教学样态。具体要从这样几个层面入手来落实大单元教学，即把大单元教学的思路、方法变成课程理念、教学理念和教学设计的具体要诀和手段，这样才能让大单元教学成为教学实践的主导形态，成为教学的新方式和好途径。

首先，要把大单元教学的教学内容、教学目标形成比较完备的设计思路和步骤，让教学的目标具有可评价性，让教学的内容具有可迁移性，把大单元教学落实为可实践、可把控、可操作的教学任务和活动。大单元教学的目标必须明确，过去的单元教学缺陷就在于常常没有明确的可迁移的教学目标，或者说对教学目标和教学效果无法进行评价。

其次，要形成"精要""好懂""有用"的概括性语文核心知识，在课堂教学中把这些核心知识转变成为学生能力变化、语文核心素养提升的程序性知识。大单元教学不仅仅是任务与活动的丰富、篇目的多样，而是要让学生的语文素养得到提升。从只在知识上、能力上有所丰富和提升，转变到可迁移的学科思维培养上来，这样才是大单元教学，才能成就大单元教学。这一点一线教师要有清醒的认识、积极的行动与热切的期待。

---

① 李卫东. 大概念的历史脉络、应用限度与实践转化［J］. 中学语文教学，2023（8）：12–18.

再次，要利用好统编教材的单元篇目、人文主题和学习任务群的安排。教师进行教学时，把这些单元篇目整合成大单元教学，不仅仅是外在形式的并联或串联，而应该提炼出聚合的教学主题，把单元的内容转变成为知识的载体，让学生在单元教学过程中，获得深度学习。比如，可以通过比较阅读、群文阅读、专题阅读等不同的方式形成篇目的有机整合，让学生在学科情境问题中形成学科思维，进而完成大单元教学。

最后，大单元教学的关键是提炼出所谓的"大概念"①、"大主题"、"概括性知识"②、"专家思维"③，即可迁移的大概念、大主题或概括性知识。大主题、大概念也可以概括为从不同的文本中提炼出的核心思维方式或者主题命题，然后再把这一思维方式、主题知识或概括性知识运用到不同的情境中来解决真实的问题，最后体现为学生在迁移中完成了阅读能力的提升和改变。

为了更好地理解大概念的内涵与外延，可以用一个比喻来说明：大概念就像孙悟空的三根毫毛，它可以变化无形、变化多端，并根据需要而使用。但这三根毫毛不是天生的，而是观音菩萨给的。教师之于学生就相当于观音菩萨之于孙悟空，大概念就是孙悟空的"三根毫毛"，也就是专家思维。当然，这其中既有学生本身的生长原因，又有教师的参与、辅助和指导作用。

此外，对大单元教学的评价方式和评价系统也要跟得上。比如，考试要使用复杂化、非良性结构的试题，题目还要使用更具灵活性、情境化、生活化、复杂化的学科认知情境进行表现性评价和终结性评价，这样才能对大概念（专家思维）的掌握程度进行有效的检测和评价。发挥题目检测学生在情境中解决问题能力的功能，通过所做的事看出能做的事，以此检测学生的高阶思维，而不是对知识和记忆的简单考查。

还要注重评价测试对教学的引导，这样才能更好地把大单元教学引入一个更加良性的学科逻辑中，新的教学思路才会落实好，否则又会回到老路上。正是基于这一思路，国家在顶层设计上对教材进行了改变，颁布了《中国高考评价体系》及《中国高考评价体系说明》，以评价方式的改变推动教学的改变，改变教学行为、重构教学内容，进而改变教师的教学思路、思想。这就是大单元教学出台的背景、内涵与目的——让大单元教学成为提升学生核心素养的有效途径。

① 中华人民共和国教育部. 普通高中语文课程标准（2017年版）[M]. 北京：人民教育出版社，2017：4.

② 王荣生. 略述"问题情境"中的探究学习：基于相关译著的考察分析 [J]. 中国教育学刊，2021（3）：71-76，81.

③ 刘徽. 大概念教学：素养导向的单元整体设计 [M]. 北京：教育科学出版社，2022：5.

二、高考评价体系如何引导语文教学

中国高考评价体系是一个理论体系，而日常所说的评价方式、评价量表、评价指标、评价效果都是包含于这一评价体系之中的具体形式或形态。因此，高考评价体系引导语文教学的实践思路主要表现为：反思教学，反馈教学，诊断教学，推动教学。这样才能把日常教学导向评价目标和评价方向，比如说，这个学生的这个行为很好，他（她）的这一做法是一种善的、自律的表现，这种评价就具有导向性。在语文教学过程中，可以把评价按功能分成学习的评价、学习性评价、学习式评价①，这就是评价体系引导语文教学的总体思路。

依据这一评价思路和功能指向，用高考评价体系的理念来重构语文教学，让语文教学更具有目的性、导向性与过程性，让评价贯穿整个语文教学，成为语文教学的扶手和河床，最终抵达语文教学的目的地，完成语文核心素养的培育与提升。基于高考评价体系的语文教学，不仅仅是一种评价的形式，关键是让教学内容、教学形态、教学结构，以及教学的效果都有一个明显的参考与标准，让教学成为有目的的学习活动，让教学成为教育的学科存在，完成国家所赋予的任务与要求，也从学生层面完成语文教学的责任和义务。

中国高考评价体系引导语文教学主要在三大教学领域开展，对五大教学内容进行重构，并落实为七大操作技术。

（1）三大教学领域：一是阅读教学，二是写作教学，三是口语交际教学。这是语文教学的全部活动范畴，也是语文教学所要涉及的内容。具体根据年级学段的不同而侧重点不同，但高考评价体系的评价方式一以贯之，即从"一核"（立德树人、服务选才、引导教学）、"四层"（核心价值、学科素养、关键能力、必备知识）、"四翼"（基础性、综合性、应用性、创新性）等方面来进行审视与评价，并对这三个领域的具体教学内容进行重构。

（2）五大教学内容：一是必备知识的积累，二是关键能力的训练，三是学科素养的提升，四是核心价值的培育，五是情境内容的设计。这五个方面在具体的学段，结合具体教材内容在课堂教学中会有所体现和侧重，但在教学实践中并不是某一方面的集中体现，可能是为完成以教学文本为载体的内容而突出或侧重某一方面。其中"必备知识""关键能力"是一个层级，"学科素养""核心价值"是一个层级，其关系是后一个逐次依据前一个作

---

① 徐玲玲，刘徽，曹琦. 评价连续体：大概念教学的评价设计［J］. 上海教育科研，2022（1）：19－24.

为基础而提升，比如，关键能力必须依据必备知识，并在一定的情境活动与任务完成中体现出学科素养和核心价值。

要进行这样的引导和评价，必须对教学内容重新理解和重新思考，把每一篇的教学提炼出相应的关键能力和进行必备知识的分解。当下大单元教学、大概念教学，其实就是注重其关键能力的形成，即建构出能够迁移的"学科专家思维"，在不同的情境中解决问题，进而完成学科素养的提升。当然，这其中所依据的阅读材料和情境任务必须符合核心价值这一立德树人的主题和要求。

（3）七大操作技术：一是引导阅读教学，二是规划作文教学，三是开展口语教学，四是精准语文备考，五是体验语文命题，六是优化语文作业，七是拓展语文活动。具体的技术活动主要是落实过程中的一些方法和手段。让学生从"必备知识""关键能力"等层面来理解语文题目和备考过程。这样才能更深入地理解高考评价、高考试题与语文教学内容之间的相互关系。

只有让学生理解了某一题型、提升了某一关键能力，才可能让教学有其学科的合法性与必要性；意识到语文能力和语文学科素养的存在要点，才能让语文教师找到教学的抓手。否则，没有评价可能就不知道往什么方向努力，更无法评价出学习过程和学习结果。这就是高考评价体系对语文教学和语文学习的直接引导作用。

如果没有高考评价体系，只能通过原来的知识点来分解教学，但这些知识点又比较凌乱零碎，不利于结构化知识的建构，在思维层面上也缺少贯通性与整体性，没有办法让关键能力得到提升；在考试评价层面，可能还停留在知识点和能力点的考察上，没有办法认知到学科素养，不能从"知识"和"能力"立意升级为"素养"命意，就不能够培养出在陌生化、开放性、复杂性的情境中解决问题的可迁移的语文核心素养。

导论　流程·技术·艺术

语文教学包含两个方面——教学内容和教学方法，通俗一点讲就是解决两个问题——教什么和怎么教。"教什么"的学理依据是"语文课程目标""语文课程内容"以及具体的表现形态"教学内容"和"语文教材"，"怎么教"的学理依据是"语文课程目标""语文课程设计"以及具体的表现形态

"教学方法"和"语文课堂"。正如吕叔湘在《关于语文教学的两点基本认识》一文中所说:"第一,我认为每一个做教学工作的人必须首先认清他教的是什么。……其次,我认为从事语文教学必须认清人们学会一种语文的过程。"那么,教学设计指的是什么? 其又处于上述体系中什么位置?

一、对教学设计的学理思辨

郑桂华教授对教学设计的定义是:"'在实施教学之前,分析学习的不同类型,针对不同类型的教学目标进行不同的教学过程、方法和评估',以达到最优的教学效果,这种活动就是教学设计。教学设计往往能体现教师的教育观念和课程观念,反映教师的专业水平,也在很大程度上影响教学成效。"①

可知,教学设计是先于教学实践,与教学目标、教学过程和教学效果有着密切关系,并且体现着教育观念和课程观念的一种活动。具体包括分析学生情况、确定教学目标、设定教学内容、指导教材处理、采取教学方法、安排课堂流程等方面。

结合王荣生教授在《语文教学内容重构》一书中关于"语文课程目标""语文课程内容""语文教学内容""语文教材"等概念的相关解释,笔者以为教学设计是处在"语文课程目标"之下另一条逻辑线路上的核心概念,与"语文课程内容"的下级概念"教学内容"和"语文课程设计"的下级概念"教学方法"一起构成语文课程体系的三条主线,其基本关系可以用图1-1表示。

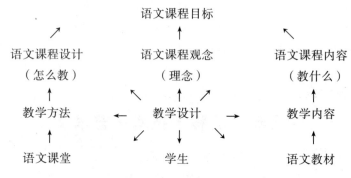

图1-1 语文课程体系的三条主线

也就是说,教学设计是落实所有教学关系的扭结点,是整个教学实践得

---

① 郑桂华. 语文有效教学:观念·策略·设计 [M]. 上海:华东师范大学出版社,2009:55.

以高效实施的"头脑"。如果教师抓住了教学设计，就扼住了语文教学的"咽喉"。褚树荣说："教学设计就是为达成既定的教学目标，遵循一定的教育规律和学科特点，针对具体的教学对象，对语文讲读教学的内容、程序及其具体环节作出的有效策划。"①

当下的语文教学研究却有这样一种认识趋势：语文课应注重文本解读、文本细读，应注重言语教学、语用教学，应注重语文课的语文味、文化味等关乎语文教学内容层面的课程知识开发，而对教学设计却有一种轻设计、去设计的行动表现。

以《语文教学通讯》（高中刊）为例，2015 全年文章 395 篇，除去 35 篇课例赏鉴外，结合具体的课例谈教学设计的文章仅 4 篇。在教学一线情况又如何呢？以笔者所在的省重点中学为例，通过对本校教师的课堂观察，以及在平时关于上课、听课、评课等方面的讨论中，鲜有人谈到教学设计，也基本不从教学设计层面进行教学思考。

教学一线和专业的学科研究统一对教学设计"屏蔽"，这意味着什么呢？教学设计难道只是一种形式、流程、手段、方法、技术，是教学内容的附庸？

诚然，对教学内容的重视是语文学科意识的自觉与学科建设的进步，是语文学科科学化的基础与条件。但这样的形势会给语文教师造成一种错觉：教学设计内在于语文教学实践之中，是水到渠成的事情，是语文教学"风行水上，波动其下"的应有之义；教学设计不具有多少独立研究的价值，甚至在教学准备的过程中也不值得过多的思考，只要有"独到"的文本解读、足够的语文活动或确定的教学内容，教学设计会自然而然地"随体赋形"。

教学设计几乎快成了一块思考盲区、研究空白，不被重视的存在。笔者以为，教学设计之所以被"集体遗忘"，缺少应有的研究关注，归因于没有认识到教学设计对教学内容确定的深层指导作用，没有意识到教学设计对教学实践的技术力量，没有体验到教学设计对教师专业成长与发展的巨大价值。

二、教学设计：从形式、流程走向教学技术

（一）从形式、流程走向教学内容确定的导航技术

一般的教学流程，仅仅是一种课堂教学的"本色"展示，如果缺乏有意、用意的教学设计，看似朴素自然的教学，其实是一种课程目标模糊、教

---

① 褚树荣. 高中阅读教例剖析与教案研制［M］. 南宁：广西教育出版社，2004：296.

学目标不彰、教学内容空泛的表现。常常会有以下表现：教学目标错乱、宏大或者繁杂；教学内容松弛、零散或者随意；课堂形式单调、僵化或者机械。不管是教师还是学生，都不能感受到课堂的轻重缓急、起承转合及环环相扣的逻辑美感，更无法达成建构、高效、语文味十足的语文课堂。

因此，要从教学设计入手，确定教学内容，从根本上改变教学实践被动的局面，力图从课程设计的高度来开发教学内容，组织教学实践，完成对教学的主动突破。

首先，要从教学设计出发选择教学内容。教学设计是以教师为主体，以教学知识为抓手，以教学目标为终端，以教材文本为手段，以学生对象为教学主体，以教学方法为具体措施等融为一体的教学实践前的教学构想，既要突出方法性，又要具有知识性。从而以课程设计为纲领，依据教学对象而确定教学内容，从教学内容出发而达成教学目标，实现教学效果。换句话说就是教学设计规划并指导着教学内容，而不是相反。

比如同是讲鲁迅的小说，初中阶段和高中阶段，或者大学阶段，其教学内容是不相同的；同是讲《水浒传》，初中阶段和高中阶段，或者大学阶段也是不同的；同样是写作，初中教记叙文和高中教记叙文也是有着巨大差别的。这背后就是教学设计在起着决定性的作用。

其次，从教学设计出发开发教学内容。"教材无非是个例子"，这句教育箴言，声犹在耳。这句话强调的是教师要有在教学设计指导下对教学内容进行自主开发的意识——立足于教材，而又不拘泥于教材。正如中学语文特级教师陈日亮所说"我即语文"。王荣生教授从教材的角度认为："语文教材内容应该做到'课程内容教材化'和'教材内容教学化'：一方面，课程内容要通过种种资源的运用使之具体地显现；另一方面，教材要形成可操作的教学设计，使学生在师生、生生的互动中走进经典的世界，建构语文能力。"[1]

教学设计应重点关注教学内容的设计，笔者以为这正是王荣生语文课程思想的核心。因为有了合适的内容，具体的教学方法的选择才不困难。因此，一般的教学流程必须走向有设计的课堂，即教学要进行设计，所谓的"朴素"，只能是没有"设计"意识的设计，或者是没有技术的设计。

（二）从形式、流程走向教学实践开展的组织技术

教学设计是依据于教育学理论、心理学理论，以教学内容的开发和教学实践的完成为旨归，从课程标准、教材文本、学生主体三者的结合点出发，

---

① 王荣生. 新课标与"语文教学内容"［M］. 南宁：广西教育出版社，2004：167.

开展一系列的组织活动，主要包括教学目标的设计、教学内容的选择、教学方法及媒体的选择、导入和收束的设计、讲解和提问的设计、板书的设计、教学方法与课堂结构的设计、教学测试与评价的设计等。这就意味着教学设计是一个组织的技术，要关注整个教学系统，要围绕着教学对象和教学内容，面对未来教学实践中的所有问题。

以笔者执教的《寒风吹彻》为例。《寒风吹彻》是一篇关于生命感悟的散文，作者通过对生活、生命的体验来表达对生命的深度思考。这篇文章作为教学文本，思想上比较深刻，对于高中学生来说，在理解上有不小的难度。更有难度的是如何在一节课完成这样一篇篇幅较长的散文的教学，如何设定教学步骤和手段，采取什么样的教学方法，设定什么教学内容，如何选择教学目标等，这都是本篇课文的教学棘手之处。

该如何发挥出组织技术的力量？笔者以为可以从课程目标出发，依据课程设计和课程内容，回到哲理类散文的教学原点，通过"这一篇"来教"这一类"，考虑到这一篇文章可以作为散文教学的经典文本，可以"以一当十"。所以，笔者在进行教学设计的时候，着重考虑思想性、情感性、言语特点和方法性的设计与融合，想以此达到"授人以鱼，且授人以渔"的效果。

首先，面向教学对象，组织学生自主阅读。要让学生在反复阅读过程中进行自我体悟、自我发现、自我表达，谈对"寒风"的理解，说对"吹彻"的体悟，论对人生本相的认识。

其次，针对文本特征，确定教学内容。这篇散文可讲的知识点很多，如何抓住本文的根本问题，这是一个关键。所以，在教学内容展开的时候，笔者一开始就提出了一个普遍性问题：如何读懂散文？从这个点出发，抓住本文的显著特征，提出了一个方法技能：从虚实关系入手，这篇散文才能得到深入的理解。

再次，考虑教学方法，组织教学环节。一般讲课文的程序是首先介绍作者及其写作背景，然后从这个点出发引导学生去阅读作品。这样不能说不行，至少看来比较普通。如果在分析完文本之后，再介绍作者，这不仅是对教学内容的补充，更是对学生视野的拓展式引导。

最后，结合学科目标，开展教学活动。比如，教师可以进行下水式写作训练，这种下水式的示范力量无疑是强大的，不仅可以帮助教师建立良好的人格魅力，而且能够带动学生参与写作。所以在这节课的结尾，笔者尝试着将这一篇散文改写成一首有虚实特点的新诗，并要求学生也尝试从虚实关系的角度，把本文改写成一首诗。

三、教学设计：从程式、模式走向教学艺术

庄子在《庖丁解牛》中这样形容庖丁解牛时的经验感受："臣之所好者道也，进乎技矣。"也就是说，庖丁所探究的是事物的规律，已经超过了对于解牛技术的追求。教师对教学设计的追求也应该是这样一个过程。

《余映潮语文教学设计技法80讲》一书正是在追求教学设计技术的基础上登堂入室，达到了教学艺术的境界。其教学设计通过技术手段达到艺术境界，路径为何？这非常值得每一位语文人仔细琢磨。

（一）有语文，有设计

需要再次强调的是，教学设计不等于教学方法，教学设计是由一定的教学理念、课程设计、课程目标、程序结构、方法技巧以及操作要领组成的一整套的教学思路体系。教学设计常常是从"目标""功能""结构"等板块进行教学思考，不仅有整体效率的考虑，而且还有具体实施方式方法的考量。

有教学设计在前，即意味着教学有预设、预测，那么教学就可以依照着"程序图示""工艺流程"一步步有序地实施教学方法，组织教学活动，开展教学环节，落实教学内容，提升教学效果，达成教学目标。这样就减少了语文教学的随意与零散，强化了语文的学科性与规范性。正如余映潮所说："如果用简洁的语言来概括'理性思考'对教师的要求，那就是，阅读教学设计应追求：1. 深化课文研读；2. 优化教材处理；3. 强化课型创新；4. 简化教学思路；5. 细化课中活动；6. 美化教学手段。这'深化、优化、强化、简化、细化、美化'等'六化'中每一个'化'都可以说是教学设计理性思考的一个侧面，有了这种理性的思考，相对于我们所习惯的教学设计过程来讲，无疑是教学艺术上的提升。"[①]

总之，不管是侧重于过程的教学设计，还是侧重于方法、策略的教学设计，或者是侧重于学情的教学设计，抑或是侧重于教学内容的教学设计，都脱离不了教师的设计理念及在此理念指导下的行动设计。

---

① 余映潮. 余映潮语文教学设计技法80讲［M］. 广州：广东人民出版社，2014：2.

（二）有系统，有模式

研究优秀教师的个人成长史，可以看出一个共性：在教学工作初期，有过模仿既有的语文教学设计的阶段，随着教学经验的积累，形成既定的教学模式，然后又经过反复不断地对既有的教学模式进行反思与重构，最后才形成个性化、风格化、艺术化的教学风格。正如钱梦龙所说："我反对程式化，但是并不反对一定的程式。工业生产上一个设计合理的工艺流程，可以有效地提高劳动效率，因为这样的工艺流程——程式，反映了人们对生产过程的内在规律的认识。教学的对象是活的人，教学过程比之生产过程自然有许多根本的不同点，那种'（一）时代背景，（二）作者介绍，（三）段落大意，（四）中心思想，（五）写作特点'的'五大块'教法，之所以不足取，不是因为这些内容不必教，而是因为它不看课文特点，不顾学生实际，不管教学过程中可能出现的学情变化，把教学过程凝固化、程式化了，使它变成了僵死的形式主义的东西；但这不意味着教学过程一定要排斥程式。教学过程必然有其内在规律，也就应该有反映内在规律的一定的程式。"①

所以，先有教学设计的技术，再形成教学设计的技术系统，然后不断积累，铸造私人的教学模式，最后不断地自我解构与超越，直至发展成为独树一帜、特征鲜明、有流派风格的教学设计的艺术。这一教师专业成长规律，基本是名师、名家的成长之路总结。

（三）有个性，有艺术

"以学习活动为中心的教学设计理论将教学设计的宏观过程区分为三个阶段：尝试设计、结构化分析与设计和优化设计，每个阶段都有不同的任务。"② 任务不同，教学设计所承载的功能也不同，而且教学设计必然"从封闭走向开放，从单一走向多样，从遵循模式走向创造风格"③。

如魏书生的语文教学，以"师法"转换为"学法"为基础的教学设计，形成了独具模式与系统的教学艺术；钱梦龙的语文教学，以"三主四式语文导读法"为基础的教学设计，形成了另一种模式与系统的教学艺术。恰恰是

---

① 钱梦龙. 我和语文导读法［M］. 北京：人民教育出版社，2005：38.
② 杨开城. 谈谈技术旨趣的教学设计与其他教学设计理论的差异［J］. 电化教育研究，2014（11）：5－8.
③ 刁瑞珍. 从遵循模式走向创造风格［J］. 语文建设，2004（6）：4－5.

这些模式的、系统的艺术化的教学设计丰富了语文教学类型，提升了语文教学效率，建构了语文教学理论，指导了语文教学实践。从某种意义上可以说，语文教学改革的历程就是教学设计的建构、反思与重构的过程。

美国教育家帕克·帕尔默在著作《教学勇气》中说："真正好的教学不能降低到技术层面，真正好的教学来自于教师的自身认同与自身完整。"从技术走向艺术，从模式走向风格，这应该就是教学设计的宿命。否则，教学设计将会沉沦于繁杂的教学关系中，或者被僵化、机械、单调的教学流程挤进死胡同。

课堂是检验教师自身完整性的场域，而依据课堂的情况变化相机调整的教学设计，不仅仅是一种流程、技术，更是值得每一位教师追求的教学艺术，而且也只有在对原有教学设计不断打破、反思和建构的基础上，才有产生新的教学的可能，收获语文教学的丰富。

第一节　字词而教　"两"字的深情：《江城子》教学解读

古诗词的教学目标、文本解读与教学设计，按照语文课程论的学理要求，应该包含这样几个逻辑问题：教什么？怎么教？如何教得好？在具体的课堂操作流程中，应该包括这样几个环节：在教学中进行古诗词解读，在古诗词解读中形成语文知识和教学知识，最终生成教学内容，达成教学目标。问题是，如何针对古诗词的解读展开教学，又该用什么问题来进行思维的驱动，又想达到什么样的理解程度，怎样才能用语文活动进行教学的整合？纵然教师解读古诗词、带领学生赏析古诗词的方式有千百万种，也都有着某种层面的道理或价值，但有没有最优最佳的方式？有没有更符合古诗词语言特质的途径？有没有更符合古诗词这一文学体式的通道？有没有更体现或落实语文核心素养要求的策略？这些值得一线教师思考与探索。

一、关键字词理解，是诗歌理解的起点与基石

何谓古诗词的关键字词？关键字词，即关键词，按照《辞海》（第六版缩印本）的解释："指从文章中选取出来的，对表达全文主题内容有关键作

用的词语。"之所以用"关键字词"，是因为词义解释从训诂学的角度而言，有以下三种方法：以形索义、因声求义和比较互证。① 具体而言，就是在古诗文中找出那些能体现"矛盾""反常""差异""强调""破绽"的字词，以这些字词作为解读的突破口，实现对古诗词语言的细腻理解和情感内涵的整体把握。

笔者依据长期的一线教学经验进行总结与判断，认为学生在古诗词的理解与鉴赏上主要存在两个方面的困难：一是对关键字词的不理解或理解不深入，从而导致个别诗句的不理解或理解不深入；二是对诗句关系的不理解，从而导致文本整体的不理解或理解不到位。并且前者的问题最为突出、最为普遍，也最容易被忽视。

教师进行古诗词教学时，通常所采用的教学策略基本有三种思路：第一种是以意象为核心进行课堂设计，即用意象提取、意象分析、意象组合、意境体验、情感理解等环节方式来进行教学设计；第二种是以类型为抓手进行课堂架构，即从诗歌类型、类型特点、结构特点、意象特点、手法特点、情感表达特点等方面来进行古诗词理解与鉴赏；第三种是以诗人介绍—背景介绍—诗句赏析—情感理解为课堂流程来进行古诗词教学。

笔者认为这些古诗词教学的思路或策略，既没有从学生对古诗词理解的实际情况出发，也体现不出语文课程标准所倡导的提升语文学习的"关键能力"和核心素养的"语言的理解与建构"。因此，如何通过古诗词里的"关键字词"的解读，即以上述的五种类型字词的解读作为入口，进行文字训诂或近义类型比较，在整体上进行"牵一发而动全身"式的情感逻辑理解和生生意境的把握，以此来解决古诗词教学中"文字""文章""文学""文化"等"四位一体"课程属性缺失的问题，进而达到"言文合一""言意合一"的语文课程目标，最终提升学生的语文核心素养，才是古诗词教学的学科理路与课程目标。

二、关键字词理解，打通诗句内部的语义关联

对古诗词的关键字词进行训诂学的考辨，进而用字词语义的辨析来照亮整句或整篇的语义关联，进而深入文本的语言肌理层面，这样才能更精细、更有机、更统一地理解诗歌。比如，李白的《独坐敬亭山》一诗：

---

① 陆宗达，王宁. 训诂方法论［M］. 北京：中华书局，2018：27.

众鸟高飞尽，孤云独去闲。

相看两不厌，只有敬亭山。

对这首诗该如何进行教学解读？应该从哪个地方进行解读突破？是强硬地进行情感体验，还是懵懵懂懂地反复朗读？笔者以为，必须从关键字词入手来完成基础性理解，然后才有所谓的"鉴赏"与"体味"，而且对关键字词的理解过程本身就是一种最为可靠的理解与把握、赏析与体味。因此，对于本诗，可以就其中的"两"字进行文字训诂，以此来达到对诗句内部语义、诗意的关联性理解。

具体而言，理解此诗的关键就在于如何理解诗句"相看两不厌"，而理解此句的核心又在于如何理解"两"。因为从常识而言，应是"看山不厌倦"，"一不厌"才对，何来"两"不厌呢？"敬亭山"是无法看人而生厌的，如果说此句是把"敬亭山"拟人化了，那又是通过什么字词来体现的？又是如何实现拟人化的？和前面诗句的关联性又在哪里？

名家大师们早就注意到这首诗的关键之处——"两"字，如李锳《诗法易简录》："前两句已绘出'独坐'神韵，三四句偏从不独处写，偏曰'相看两不厌'，从不独写出'独'字，倍觉警妙异常。"刘永济《唐人绝句精华》："用一'两'字，便觉山亦有情，而太白之风神，有非尘俗所得知者，知者其山灵乎！"[1]

这就需要对诗句的关键字词进行语义上的比较与梳理来进行理解了，因为只有这样，才能让诗歌的解读不臆测，有依据，从而更准确更深入地理解诗句。许慎《说文解字》："两，再也。"《玉篇》："匹耦也。"段玉裁《说文解字注》："再者，一举而二也。凡物有二。"王力《同源字典》："《广雅·释诂四》：'两，二也。'《易·说卦》：'参天两地而倚数。'注：'两，耦也。'"谷衍奎《汉字源流字典》："本义为二钱相并。引申指并列成对的两个。又指双方施行同一行为。"范晔《后汉书·吴祐传注》："车有两轮，故称'两'也。"从这些辞书或史书的注解中，我们可以发现，"两"的本义取于日常具体的事物，或车的两轮，或并列的二钱，专指成双成对的两个事物，也就是说"两"的语义侧重于相互匹敌，彼此不相上下。例如《庄子·秋水》："两涘渚崖之间，不辨牛马。"《荀子·劝学》："事两君者不容。"《史记·廉颇蔺相如列传》："强秦之所以不敢加兵于赵者，徒以吾两人在也。今两虎共斗，其势不俱生。"可以总结出："两"的意义，不单纯

---

[1] 富寿荪. 千首唐人绝句：上册［M］. 刘拜山，富寿荪，评解. 上海：上海古籍出版社，2017：121.

是两个，而重在指成双成对的两个事物。①

以此观照，"相看两不厌"的"两"强调的"不单纯是两个，而是指成双成对的两个事物"，突出的是两个平等的主体——"人"和"山"。我们从词义的理解入手，就可以对前后诗句进行这样的语义勾连：从"并列"的含义来理解，表现出了"鸟尽"和"云去"的"山"，而此时的"诗人"也是"独"的，"两者"是并列的、对等的；从"成双成对"的含义来理解，则写出了"人"和"山"是不可分割的"两个"，是统一的、融为一体的、物我交融的。这样合在一起理解，就体现了诗人和自然融为一体的超拔境界。正如明代徐增的《而庵说唐诗》中所说："此时敬亭山上只有一李白，而李白胸中亦只有一敬亭山而已。"而这一诗意理解只有通过对"两"字的语义梳理，才能沟通出前句的"独"和后面的"只有"之间的关系。这样，我们通过古诗词的关键字词就能更好地理解诗歌语句的内部关联，进而能更好地理解诗歌的内涵，体味诗歌的意境。

三、关键字词理解，从单一分析走向同义比较

其实，古诗词解读的关键能力就在于能读懂"诗家语"，而"诗家语"的基础就在于这一"言语样式"的"关键字词""典故""言语顺序""言语关系"等四个方面。而关键词语的理解与积累又是基础的基础，因此，要提升诗歌的解读能力，达到对诗歌文本的深入理解，必须对一些关键字词进行必要的语义梳理和积累，以点串线，言意结合，进而形成古诗词的阅读能力。

在古诗词中，"二"和"两"能否替换，有什么语义区别？用"两"的诗句其共同特征是什么？用"二"的诗句其共同特征是什么？在中学教材及读本里所出现的带"二"诗句，该如何理解：

> 士也罔极，二三其德。（《诗经·卫风·氓》）
> 二桃杀三士，讵假剑如霜。（李白《惧谗》）
> 东风不与周郎便，铜雀春深锁二乔。（杜牧《赤壁》）
> 春色三分，二分尘土，一分流水。（苏轼《水龙吟》）
> ……

---

① 李绍唐. 古今词义演变举隅 [M]. 北京：语文出版社，2017：23.

这些引例中的"二"都不可以改用为"两",虽然它们并不是取序数义。许慎《说文解字》:"二,地之数也。从耦一。凡二之属皆从二。弍,古文。"段玉裁《说文解字注》:"地之数也。易曰:天一地二,惟初大始。道立于一。有一而后有二。"谷衍奎《汉字源流字典》:"本义为数字二。大写用'贰'……又表示高位数量词后紧接的低位数量的省略……也指序数第二,次等的……引申指两样,不同……又指可比并的……又指不专一,不忠诚……"从这些辞书的注解中,我们可以发现,"二"取义于顺序和数量,指具有先后之意的数字和数目,也就是说"二"是指一般的数目,侧重在序数第二的意思。上述所引的诗句中,"二"基本都解释成"数目二"。这样,"二"和"两"就有了分工和区别,可以看出,"两"的使用范围要比"二"小得多。

此外,在古汉语中很少使用个体量词,像"二桃""二乔"等都省略了量词,不能把"二"改为"两",也不能插进个体量词"只""个",这是古汉语词语的沿用。但是发展到后来,特别是中古和现代,"两"的使用范围愈来愈广,序数而外,用在量词前面的基数大多用"两",只有零数还用"二"。①

与之相比,"两"字在古诗词中的语义也是相对稳定的:

> 潮平两岸阔,风正一帆悬。(王湾《次北固山下》)
> 丛菊两开他日泪,孤舟一系故园心。(杜甫《秋兴八首》其一)
> 两情若是久长时,又岂在朝朝暮暮。(秦观《鹊桥仙》)
> 花自飘零水自流,一种相思,两处闲愁。(李清照《一剪梅》)
> ……

上述诗句中的"两",也是不可以被替换为"二"的。这些"两"不仅可作数词,还可以作副词,但都强调"成双成对""不可分离"之意,或者指成双成对才起作用的东西,或者指同一行为作用于双方之意。比如,把杜甫的《秋兴八首》(其一)中的"丛菊两开他日泪"的"两"注解为"第二次",这就没有从"两"的本义解释出"两"在此处的语境义,而实际上应解释为"菊开这同一行为让我两次流泪"才更贴切,更符合诗句之意。因为不能说"第二次看到菊开"才让"我"流下了眼泪,或第二次流眼泪,而应为"菊开都让我流下来眼泪",这样与"一系故园心"的不变性才能形

① 祝鸿熹. 古语词新解100篇 [M]. 上海:上海教育出版社,2009:183.

成呼应。像成语"两全其美""两败俱伤"中的"两"也都是这个意思，都是"两美""两伤"之意。如果把"两"解释成"第二次"，就成了"二"的含义了——表示一个具体的数目或序数，那就体现不出这种微妙的语境义了。

四、关键字词理解，实现对诗歌的整体体悟

其实，对关键字词的理解或训诂，还是为了达到对古诗词的整体理解和把握。尤其在诗歌教学中，更有必要强化从"整体思维"上来进行古诗词教学。正如汪曾祺所说："文学语言不是像砌墙一样，一块砖一块砖叠在一起的，而是像树一样，长在一起的，枝干之间，汁液流转，一枝动，百枝摇。"[①] 亚里士多德在其《诗学》中也说，文学作品应具有"有机整体性"，"有机整体并不是某些部分的简单相加，而是一个有诸多成分按必然联系组织起来的复杂整体"。[②] 因此，在理解关键字词时，必须"以整体视野解读文本的局部关系，既可能是局部与整体的直接关联，也可能是在局部与局部互相组合中才形成与整体的最终关系，并揭示了潜在的主题意义"[③]，更必须"从诗歌文本的整体性、内在情感的逻辑性以及审美意境的完整性等三方面入手"。[④] 比如，苏轼的《江城子·乙卯正月二十日夜记梦》：

> 十年生死两茫茫。不思量，自难忘。千里孤坟，无处话凄凉。纵使相逢应不识，尘满面，鬓如霜。　　夜来幽梦忽还乡。小轩窗，正梳妆。相顾无言，惟有泪千行。料得年年肠断处，明月夜，短松冈。

表面上看，本词的情感与意旨从题目就可以判断出——作者通过记梦的方式来表达对亡妻深切的怀想与深沉的思念。但是，如果仅仅用这样的方式来理解本词，而没有以文本的关键字词作为理解据点，那将会把本词变成凌空蹈虚的图解与味同嚼蜡的贴标签。纵使再怎么向外进行词人经历的拓展与诗歌背景的关联，或者一味地进行所谓的情景体验与情感理解，也不大可能对文本有真切的感受，也难以体会到诗词语言精巧美妙的质地。因此，笔者

---

① 汪曾祺. 旧人旧事 [M]. 南京：江苏文艺出版社，2010：114.
② 亚里士多德，贺拉斯. 诗学·诗艺 [M]. 罗念生，译. 北京：人民文学出版社，1962：28.
③ 詹丹. 简论文本解读与整体关联性 [J]. 语文建设，2014（3）：16-19.
④ 王东颖. "采着花瓣时，得不到花的美丽"：以一则课例为例谈诗歌教学中的"整体思维" [J]. 语文知识，2015（10）：43-45.

认为，对这一首词必须基于文本的关键字词的理解，进入诗歌语言的细部——从语言的肌理的层面来体会诗歌的情感表达、意境营造，进而从整体性上理解本词。

具体而言，本词的关键词语就是"两茫茫"，而其中"两"的语义解释又是重中之重。试想：作者所表达的情感到底是什么？又是如何体现出来的？上下片又是如何形成有机的整体的？

正如周先慎《幽梦话凄凉——苏轼〈江城子〉赏析》一文中所说："值得注意的是'茫茫'前着一'两'字，'两茫茫'就不只是讲诗人这一面的心情和感受，也同时包含了九泉之下的妻子在内"，"'两茫茫'所表现的感情，凄婉、沉痛，直笼罩全篇"。这一解读细致、精彩、切中肯綮，既扣住了言语情感的内里，又体现出关键词的统摄性。这样的解读或教学才具有"语文味"。

就本词来说，只有通过对"两茫茫"进行前后的语义勾连、情感意脉的串通和整体词境的凝聚，才能找到解读本词的突破口。而"两"就是解读本词的这一"肯綮"。

首先，从诗句关联上看，"两"字的语义理解，所关联的不仅仅是诗人和妻子的阴阳两界的隔离，茫茫然不通消息，更有上下片之间意脉上的贯穿与草蛇灰线。由"两"可以看出"千里孤坟，无处话凄凉"是指远在千里之外的妻子孤独地在坟茔中，没有倾听对象可诉说自己的凄凉；由"两"可以看出"纵使相逢应不识"是指纵然我们再次相见，你可能认不出我，我可能也认不出你，因为我们的变化都太大了；由"两"可以看出"惟有泪千行"是指你我再见，你我都泪流满面；由"两"可以看出"料得年年肠断处"是指可以想到每年肠断的不仅仅有"我"，还有妻子在孤独的坟茔处肝肠寸断。这样"两"字就成了贯通诗词的意脉、气血。

其次，从整体情感上来看，"两"字的语义理解，使诗词的空间打破了一维的格局，走向了两维与双向空间，而且打破了生死的时间界限，走向了多维。可以说"两"字不仅拓展了词的空间，还让空间和时间融为一体。这一点对作者的情感抒发尤为重要，因为正是在这种相互对应、缺一不可的情感呼应中，才体现出文本中那浓郁悲切的思念，才体现出那种厚重、深沉的痛苦，那种真挚、凄婉、哀伤的思绪。正如泰戈尔的诗句所说："世界上最远的距离，不是我不能说我想你，而是彼此相爱，却不能够在一起。"

最后，从诗词意境上来看，"两"字的语义理解让全词首尾相接，浑然一体，虚中见实，实中有虚。既写出了"此恨绵绵无绝期"般的悠长与渺然不可见的"情中景"，也写出了"此时无声胜有声"般的真真切切与实实在在的"景中情"，更写出了"此情可待成追忆"般的沉痛、哀婉的"情景交融"。"两"字如日月一般照亮了这一首词，也让这首词成为千古第一悼亡词。

实际上，从字词的语义训诂，走向整体的文本理解，不仅仅是一种解读方法、教学方法，更是一种认识或学习的基本规律。正如狄尔泰所说："一种解释对世界解释得越多，也即它对蕴含了表达的关联总体揭示得越全面，它就越客观。"①

因此，在当下令人眼花缭乱的诗词教学方式中，立足于字词的解释、训诂而进行古诗词的教学，不失为一种符合学生学习实际情况和学习规律的教学方式，而且这也符合"文字、文章、文学、文化"四位一体的语文课程的学理要求。正如王荣生教授所说，一篇文章的教学内容，从学生的角度讲，可以归结为以下三句话：学生不喜欢的，使他喜欢；学生读不懂的，使他读懂；学生读不好的，使他读好。

第二节　体句而教　"赋诗"的意味：《归去来兮辞》教学解读

语言的运用有其内在的习惯与规律，不仅仅表现在语法层面，还表现在语句习惯、言语思维和情感风格上。这一习惯与规律大致可以界定为话语机制，即在作品中所体现出来的遣词造句、咬文嚼字、谋篇布局与抒情言志的写作学、文章学、辞章学特点。每个作家有每个作家的话语机制，每个时代有每个时代的话语机制。当然，从话语机制的层面（也就是从写作学、文章学、辞章学层面）进行文本的解读，可以发现更多的文本的奥秘。比如，《归去来兮辞》就是一篇话语机制特征比较鲜明的文学作品。分析这一作品背后的话语机制有助于我们对于写作知识的开发。

话语机制包含言语思维层面、遣词造句层面和抒情言志层面。《归去来兮辞》的话语机制在这三个层面上都有显著的机制特点，具体分析如下。

---

① 穆尔. 有限性的悲剧：狄尔泰的生命释义学［M］. 吕和应，译. 上海：上海三联书店，2013：282.

一、机制之理：对联思维

诗歌文体的形成以及诗句的赋形都离不开言语运用的思维，这一思维可以概括为文体学思维。也就是说，不管进行什么体式的诗歌写作都要遵循一定的规矩和格式，久而久之这一规矩和格式就成了某种特点的文本样式，后来者再进行写作时自然就要遵守这一整体的样式，这就是基于文体思维的写作。在古诗词的文体写作中，对联思维就是较为常见的一种文体学思维形式。

首先，对联思维比较明显的特点就是以对词、对句的形式进行遣词造句与谋篇布局。其次，还要以流水对或无情对这种言语关联的形式来表现诗歌的情感思想内容。再次，在句式上也要保持大致的整齐与统一。对联思维的这三个特点基本成为古人在诗歌创作或文章创作的主要文体思维之一。从高中语文统编教材所选的课文来看基本如此，《陈情表》《兰亭集序》《归去来兮辞》等经典篇目都带有这一文体思维的特点。

这一特点下的文本赋形是古人进行文学创作的思维形式，也是文章构意、赋形、铺句的三个角度。对联思维下的诗文写作在内容上饱满丰富，在形式上用这种对称、对仗的句子，能够表达出诗句的关联，展示出句意的丰富与多样，把诗人的情感思想多维度、多样态地体现出来。比如"舟遥遥以轻飏，风飘飘而吹衣"，就是一个突出的使用对联思维的诗句表达，从"舟""风"两个物象的状态、形态与情态来营构出诗人的归家路途之乐。诗人的情绪情感通过这一思维形式而被赋形，也让情感的表现力更具体、饱满、丰富。

二、机制之语：修辞技术

古人在遣词造句上突出地展示了话语机制的功能和表情达意的技术，其在语句特点上主要体现为造境化、重复化与修辞化。比如，《归去来兮辞》里疑问代词和副词的使用，"胡、奚、何、曷、焉"等词语交替使用，完美地展示了作者利用这些词语进行情感强调表达与重复传递的写作技术。词语的择取与优化让整个文章内容显示出灵活变化，而又丰富统一。

词语的择取与优化主要体现为对主词（名词、代词）的同异化使用、谓词（动词、形容词）的差异化运用，并在统一与关联中进行组合和聚合，进而形成某一美学意味的片段。比如"倚南窗以寄傲，审容膝之易安。园日涉以成趣，门虽设而常关"等诗句的铺陈和展示，作者选用了"窗""园"
"门"等关联性的词语，既体现了主词运用的丰富与多样，又在谓词上进行
转换和改变，一起表现了作者回归田园之后的生活场景，丰富地展示出作者
在田园中的情趣与意趣，还表现了作者在心性回归后的情志寻找。这一片段
背后的写作思维正是对联思维，正是这一话语机制的使用才表现了本段内容
的诗意美学。

其实，这一修辞技术在《项脊轩志》里体现得也尤为明显。比如："借
书满架，偃仰啸歌，冥然兀坐，万籁有声；而庭阶寂寂，小鸟时来啄食，人
至不去。三五之夜，明月半墙，桂影斑驳，风移影动，珊珊可爱。"其中的
每一个片段都展示了主词的造境功能和谓词的心性表达。这一措辞效果的达
成与情境的表现正是话语的修辞技术表现，其话语机制的功能与效果是显明
而突出的。

三、机制之核：情志思想

"诗言志，歌咏言"，古诗文里的"情志"在话语机制中往往起到核心
和枢纽的作用。"夫缀文者情动而辞发"，传统士大夫对人生愿望、理想和机
遇的表达，基本上可以概括为两大情感母题——喜与悲。但这两大母题在不
同的人生情境中会生发出不同的具体情景之感，如《兰亭集序》中的"乐"
和《归去来兮辞》中的"乐"各不相同，这一不同主要体现为话语机制下
的不同。

尽管各种文本中的情志都是作者内在心性的外化，但这一外化共性和差
异主要体现为话语修辞层面所呈现的不同，也就是说从抽象的情感内涵上说
它们是相似的，但其话语机制的文体性、独特性与辞采性却是千差万别的。
因此，把握住话语机制的内核——情志思想是理解文本母题的关键，也是进
行文本比较阅读的重要内容，抓住情志的"同中之异"才能更好地认识文
本、理解文本。

比如，《归去来兮辞》中的乐可以概括为 14 种，而《兰亭集序》中的
乐可以概括为 9 种，比较这些乐的呈现方式与表达形式，可以更好地体会
"言""意"之间的辩证关系，进而理解这一"有意味的形式"，以此语言文
字的运用和表达来提升学生的语文素养。同时，通过"乐"主题也可以完成
大概念教学的统一和整合，即将对"乐"的表达形式的认识迁移到其他篇目
的理解中，就可以实现对文本的自我解读和认识。

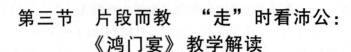

第三节 片段而教 "走"时看沛公：《鸿门宴》教学解读

对大多数教师而言，感觉语文课堂上最有讲头、最有东西"可讲"的，非古诗文莫属。当然，像一些语文大师、大家，任何课文都可以讲得摇曳多姿、活色生香，语文味十足，比如钱梦龙所讲授的《死海不死》课例，魏书生所讲授的《统筹方法》课例，窦桂梅所讲授的《安塞腰鼓》课例，郭初阳所讲授的《愚公移山》课例等。对一般教师而言，之所以认为古诗文可讲、可教、可为，其中的原委无非是古诗文的内容集中、明确，语文学习上的"障碍"多，随便一个知识即可转换为语文教学的内容或语文课堂的立足点，随处即可开展课堂的讨论或语文活动，都可以梳理梳理、总结总结、归纳归纳，把一节语文课填充得满满当当、滚圆饱满。这样，语文课也显得高大了一点，让学生也心生一点对语文的敬畏之情。但，长此以往，语文教材中或课堂上的文言文却成为中学生的"三怕"（一怕文言文，二怕写作文，三怕周树人）之一。

一、文言文教学的风景：《鸿门宴》的各类课例

凡事总有例外，也并不是所有的文言文都是枯燥乏味的，一些文言文本本身就故事情节曲折、跌宕，人物形象个性、生动，语言畅晓、易懂，具有迷人的文学色彩。这时候，文言文教学就好比小说教学一样，文言文课堂就变成了另一种繁花似锦的风景：人物形象分析，故事背景介绍，历史事件评价，情节内容概括，主旨意蕴探究，外加一些重点字词和特殊句式的归纳与总结。一篇文章两三个课时，轻轻松松、有趣有味地过了一遍。可以用一句俏皮时髦的话来说：文言文教学的课堂也有春天。比如《鸿门宴》就是这样一类教材文本。

（一）风景之一：文言文教学的故事化

叙事类文本，很容易进入这样的风景欣赏模式。因为是历史，所以会让人觉得有料；因为有故事，所以会让人觉得有趣；因为有历史人物，所以可

以任意进行评价。这样，语文课堂上就风光无限、包罗万象，什么都有了，好像是在对某一处历史文化之景进行摩挲与欣赏，这里看看，那里瞅瞅，旅行似的，师生甚至会体会到一种语文美感的错觉。

（二）风景之二：文言文教学的小说化

一般叙事类文本，基本可以采用小说教学的模式：对人物形象的概括与赏析，对故事情节的归纳与提炼，对故事主旨的探究与研讨。一两节课下来，也是丰富多彩，满屋生香，另外进行一些字词、句式的归纳与总结。语文课堂上弥漫着一种充实的美感，语文教学内容看起来也很清晰与明确，对文本的分析与解读也很深入与细致，在结合着具体的句子进行人物形象分析时，让教师都觉得这才是真正有语文味的语文课，自己美哉，学生乐哉。

（三）风景之三：文言文教学的知识化

一般文言文本，包括经典文本《鸿门宴》这类文本，都可以进行专门的文言知识的归纳与积累，而且也很有必要。实词、虚词、通假、句式每一个内容都可以找到相应典型的例句与解释，也可以用这种方式把整篇文章所有的文言知识串联起来，甚至用思维导图勾勒出来，然后课下练习的时候用上，再进行一两次的训练与巩固，考试的时候再把课文知识迁移过来，会让学生觉得语文课一点都不虚空，可记的东西并不少，语文课堂也能上出些许像理科课堂一样的"扎实""有效"甚至"高效"的感觉来。

（四）风景之四：文言文教学的历史化

比如从历史的层面来对《鸿门宴》进行所谓的考证与梳理，用史学的观点来评价人物与事件，用历史还原的态度来透视文学语境中的人物，让人物更客观真实地呈现出来，并以此来辨析文学文本的虚构之处或想象之处。这可以说是当前批判性思维教学视野下较为普遍的文言文教学情况：对文本进行批判性思维，审慎地看待作者的叙述与表达，提出阅读者的判断与观点。这样的教学可能会让人感觉有深度、有思考、有态度、有表达。但仔细想一想，这样的教学好像离开了文言文，更离开了文学。

当然，可能还有其他一些基于新课程理念下的创新形式与创新设计，比如，进行课本剧的改编与创作，或者进行微电影的表演与拍摄等。

这些课型与模式都可称之为文言文教学的风景，它们各自有着自己的美感与合理性，先不予评论其正确、恰当与否，我们可以先探讨一下"文言文教学到底教什么"这一问题。

按照王荣生在其主编的《文言文教学教什么》一书里的理论观点，"文言文，是中国传统文化的载体。在文言文中，'文言''文章''文学'和'文化'是一体四面，相辅相成"。但"文言与文言文的特点，首先体现在'文言'上。所以，我们学习文言文，前提是学习文言"。接着，他还提出了另外两个判断：文言文是"文章"与"文学"的统一；"文化"在文言文中是多侧面体现。

这样就基本建构了一个文言文教学的观点体系：文言文教学，要紧扣文言，从文章的角度，上升到文化的高度。这就意味着文言文教学有着语文学科论的学科逻辑与学理限制，并不能无限扩张，"多元而无界"。文言文教学是有着学科边界和限制的，这个边界应该就是文言文教学的总的思路。具体操作如下：

首先，着力于文言文的章法考究处、炼字炼句处。要具体体现在文言上，体认文言中所言的志与所载的道，研习谋篇布局的章法，体会炼字炼句的艺术，最终落到文化的传承与反思上。

其次，依文章、文学、文化原则处理文言文的字词。古今一致的，容易的，或生僻的难字难句的，放过；古今"同中有异"的"常用字词"，要突出；集中体现作者情意和思想的，能体现章法考究处，炼字炼句的，要深入；一些需要靠记忆反复练习的，要进行分离，用作业的形式进行分离强化记忆。

再次，要重视文言知识的应有价值，并适时适地使用"翻译"的方法。也就是说要让学生能活学活用，用学过的文言知识来解释当下的文言知识点；在翻译的过程中，要本着有文言特殊句法的地方、需要深入处理的语句有助于加深对课文的理解的原则，进行重点翻译。

最后，要强调诵读，多读几遍，意在玩味。多玩味文言中的义理与滋味。

以此作为文言文课程的理性思路与法则，来反观上述的文言文课堂上人造的风景，我们可以发现，有些风景其实已经超出了文言文教学的"边界"，已经不再是文言文教学了；有些风景有"越界"的嫌疑——教学过程中或漠视、脱离了"文言"；或忽视了"文章""文化"，忘记了要紧扣住"章法考究处、炼字炼句处"。

康德说，人的理性为自然立法。这并不意味着，所有的文言文教学必须在这一理论模式下进行，但其课堂模式与课堂实践，或者说其教学体现必须和学科课程是相统一的，教学目标与教学内容是相符合的，自我的教学理念应该是自洽的。否则，文言文的教学将没有理论与实践的边界，从而缺乏语文学科的学科性与科学性。

二、文言文教学的边界：《鸿门宴》教学再设计

带着这样的文言文教学的理论思考，我们可以对《鸿门宴》这一经典课文进行教学内容的再开发与再备课。众所周知，《鸿门宴》是一篇精彩的史传文本，围绕着"鸿门宴"的前后，塑造了一系列性格迥异、栩栩如生的人物形象。当然这些都可以进行文学形象式的解读。问题是，进行这样的文言教学该如何体现其"文言""文章""文化"特点？又该从何处（章法考究处、炼字炼句处）入手？

笔者在教学的过程中，反复阅读文本和思考这一问题。最后在查阅相关资料的时候，看到邵璧华的《试为太史公一改〈鸿门宴〉》的文学评论，根据此篇评论文章，笔者进行了语文内容上的转化与开发。邵氏一文认为《鸿门宴》中有一段文字在记叙顺序上存在着几处明显的瑕疵，并进行了修改。试比较下面两段文字，如何看待邵氏对太史公文章的修改。（画横线句子为需要改动处）

太史公原文：

坐须臾，沛公起如厕，<u>因招樊哙出</u>。<u>沛公已出</u>，项王使都尉陈平召沛公。沛公曰："今者出，未辞也，为之奈何？"樊哙曰："大行不顾细谨，大礼不辞小让。如今人方为刀俎，我为鱼肉，何辞为？"<u>于是遂去。</u>乃令张良留谢。良问曰："大王来何操？"曰："我持白璧一双，欲献项王，玉斗一双，欲与亚父。会其怒，不敢献。公为我献之。"张良曰："谨诺。"当是时，项王军在鸿门下，沛公军在霸上，相去四十里。沛公则置车骑，脱身独骑，与樊哙、夏侯婴、靳强、纪信等四人持剑盾步走，从郦山下，道芷阳间行。<u>沛公谓张良曰："从此道至吾军，不过二十里耳。度我至军中，公乃入。"</u>

沛公已去，间至军中。张良入谢，曰："沛公不胜杯杓，不能辞。谨使臣良奉白璧一双，再拜献大王足下，玉斗一双，再拜奉大将军足下。"项王曰："沛公安在？"良曰："闻大王有意督过之，脱身独去，已至军矣。"项王则受璧，置之坐上。亚父受玉斗，置之地，拔剑撞而

破之，曰："唉！竖子不足与谋。夺项王天下者，必沛公也。吾属今为之虏矣！"沛公至军，立诛杀曹无伤。

邵氏修改文（画横线句子为更改后）：

坐须臾，沛公起如厕，<u>因招（张良、）樊哙出</u>。沛公曰："今者出，未辞也，为之奈何？"樊哙曰："大行不顾细谨，大礼不辞小让。如今人方为刀俎，我为鱼肉，何辞为？"乃令张良留谢。良问曰："大王来何操？"曰："我持白璧一双，欲献项王，玉斗一双，欲与亚父。会其怒，不敢献。公为我献之。"张良曰："谨诺。"当是时，项王军在鸿门下，沛公军在霸上，相去四十里。<u>沛公谓张良曰："从此道至吾军，不过二十里耳。度我至军中，公乃入。"于是遂去</u>。沛公则置车骑，脱身独骑，与樊哙、夏侯婴、靳强、纪信等四人持剑盾步走，从郦山下，道芷阳间行。
<u>沛公已出，项王使都尉陈平召沛公</u>。沛公已去，间至军中。张良入谢，曰："沛公不胜杯杓，不能辞。谨使臣良奉白璧一双，再拜献大王足下，玉斗一双，再拜奉大将军足下。"项王曰："沛公安在？"良曰："闻大王有意督过之，脱身独去，已至军矣。"项王则受璧，置之坐上。亚父受玉斗，置之地，拔剑撞而破之，曰："唉！竖子不足与谋。夺项王天下者，必沛公也。吾属今为之虏矣！"沛公至军，立诛杀曹无伤。

比较两段文字之后，笔者立足于教材选文的整体，设计出三个问题，想以此扣住文言文教学的内容：研习谋篇布局的章法，体会炼字炼句的艺术，落到文化的传承与反思上，最终体认文章的言志与载道，实现文言、文章、文学、文化"四位一体"的文言文教学边界。

问题一：修改之后，感觉在语言叙述的顺序上确实更紧凑、连贯与流畅，如何评价这一修改？到底是改好，还是不改好？具体的依据与理由是什么？

问题二：这一段文字中的一些近义词该如何看待与翻译？如，"大王来何操"的"操"与"我持白璧一双"的"持"及"谨使臣良奉白璧一双"的"奉"；"欲献项王"的"献"与"欲与亚父"的"与"；等等。

问题三："沛公至军，立诛杀曹无伤"是否意味着沛公经历这次的"生死时刻"就是因为曹无伤？如果不是，又因为什么？项羽放走沛公，都有哪些原因？最主要的原因是什么？

这三个问题可以作为课堂的三个环节，在学生熟读课文内容的基础上进行研讨。问题一是从文章的层面紧扣叙述的问题，问题二是从文化的层面紧扣关键词句的问题，问题三是从文学层面紧扣人物评价与文本细读的问题。三个问题，围绕两段文字，用一点来辐射全篇，想以此改变长篇文言文教学的繁重，即"文""言"教学分离的状况，撬动文言文教学进程的缓慢与沉重。

课堂上的三个问题，并不是凭空想出来的，是在查阅资料的过程中，依据对文本的细读有感而发的。当然，如果能依从学生自身的阅读经验而发现教学问题，则更有教学价值。从文言文教学内容的开发与备课的角度而言，教师又必须有文本解读与教学内容开发与设计的能力。因此，笔者认为可以结合这三个问题进行一个备课与思考问题的过程展示。

例如，问题一，邵氏的文章并没有给出一个答案，只是对太史公的文章进行了修改，也没有深入的反思与体会。太史公的文字安排是否具有合理性，正如不能轻易相信权威一样，也不能轻易怀疑权威，可以深入地探讨与研读，体会这两者的表达效果差别。同时，恰恰是这一层差异的空隙，可以带给学生不少思维上的挤压与冲击，激荡出一些思考的空间，甚至对他们敢不敢在"权威"（太史公）面前谈谈自己敏感的语文直觉与真实的语文感受，都是一个很好的心理测试与勇气考验。

三、文言文教学内容的开发：《鸿门宴》细读中的思考

笔者在阅读邵璧华的《试为太史公一改〈鸿门宴〉》一文时，受其暗示与启发，不断地比较两段文字表达上的区别，反复阅读教材选文及《史记·项羽本纪》全文，感觉这一段文字很有画面感，很像一组镜头，不断地在回放与切换那触手可及的场景。那么，对于邵氏的修改，该如何看待？

理论上有两种情况：一种认为这确是太史公的笔误或错乱，就是太史公的叙述真的乱了、错了，这也并不稀奇，任何文学大家都有过写作上的瑕疵，文学史上不常有"一字之师"的故事吗？另一种认为这实际上是太史公的生花妙笔，就是说太史公有自己的深层艺术用意与叙事逻辑，这也很正常，这恰恰体现了特定情境下的特定叙述，特定表述下的艺术效果。

这正好可以成为文本的一个矛盾点，如果以此作为课堂讨论的驱动力，展开课堂的争论、讨论，可以把对文本的理解推向纵深，把文本的叙述语言的细节缺陷或者艺术秘密暴露出来，更可以在不断的鉴别、比较中把玩、体会语言的意味。这正是语文教学的语文味所在，而且紧扣住文言。

当然，在课堂上，作为教师，必须得有个人的判断与解读。讨论重在对语言文段的品味，重在对语言感知的过程，而不在于给出一个对或错的结论和答案。因此，笔者对这一段文字的叙述，更倾向于是太史公的生花妙笔，更认为这是一种"有意味的形式"，其理由如下：

首先，这一段文字的叙述并没有扰乱"沛公出逃，樊哙劝辞，研究逃席，张良入谢"的叙事顺序，也不影响紧急情况下的事态发展，即在以时间顺序为叙述顺序的大前提下，这样细微的调动并没有扰乱叙述的顺序与节奏，甚至在阅读的过程中，读者都不一定感觉到这一细微的区别，完全可能被当时紧张的情境与紧凑的过程所吸引。

另外，鸿门之宴这一件事分别在《项羽本纪》《高祖本纪》《留侯世家》《樊郦滕灌列传》出现过，每一次的复述都有所侧重，而在这里从人物的刻画上讲，当然是为了突出范增的决断和项羽的淳朴与坦率、沛公的窘迫和张良的从容。当然，此部分主要是为了表现沛公的窘迫、樊哙的理智与张良的从容。

正是这样几处语序的"颠倒"形成了不同的画面镜头，可以让人感受到当时情急之下的紧迫场面与不事声张的紧张氛围，正像李长之在《司马迁之人格与风格》一书中所说："司马迁像一个出色的摄影师一样，他会选取最好的镜头。在同一个景色里，他会挑选最适宜的角落。在一群人之中，他会为他们拍合影，却也会为他们拍独照。他晓得任何一个艺术品一定有一个重心，由于这重心而构成完整。"

其次，在《项羽本纪》其他地方，出现过类似的语序方式，如："项籍者，下相人也，字羽。初起时，年二十四。其季父项梁，梁父即楚将项燕，为秦将王翦所戮者也。项氏世世为楚将，封于项，故姓项氏。项籍少时，学书不成，去学剑，又不成。项梁怒之……"其中的"初起时，年二十四"也明显是一个叙述"颠倒"处，但这一细微的"违和"并不影响整个的叙述顺序与故事表达。

李长之在《司马迁之人格与风格》中这样分析司马迁的句法特点，"至于同时连叙数事，故意变动句法，务期造成一种严格的散文"，并认为有三种情况——提笔、接笔、结笔。在提笔中最常见的是用"当是时"三个字起，可以兜住上文；接笔是叙在文中，让上下文有联系；结笔大抵在叙许多事情之后，总有一笔结束。这样就更容易理解两段文字的差异之处，"沛公已出，项王使都尉陈平召沛公"是提笔，"于是遂去"是接笔，"沛公谓张良曰：'从此道至吾军……'"一句是结笔。

再次，"坐须臾，沛公起如厕"一段是《鸿门宴》最为惊心动魄的一节，相比较"项庄舞剑，意在沛公"宴会上的紧张，"沛公逃离"一段更为关键，更为紧张，可谓生死时刻、命悬一线。太史公在此被代入进去，不断地用镜头切换的形式来表述整个过程，给人的感觉就像是在沛公逃走之后，惊魂未定，甫一到军营，回想起刚刚经历的一切，宛若噩梦，恍恍惚惚，一个个场景在脑海里同时闪现。这就是这一节文字所带给人的艺术效果，也是笔者在读这一段文字时的真实感受：

> 坐了一会儿，借机离帐，（不能动静太大，生怕惊动了亚父），喊了樊哙出去，（也给张良使了个眼色），出去之后，（估计）项王派人来召回帐。记得，樊哙说了一段话，于是就逃走了。当时，留下了张良入谢，张良问带了什么东西，就把所带之物交给了他，代献项王与亚父，然后就"脱身独骑"，"从骊山下，道芷阳间行"，并交代张良要等到了军营才能入谢。

太史公就是这样有代入地记述了这个过程，虽有细微的"不合理"的顺序，但更符合人物惊魂未定的内心与形势不容许任何闪失的紧张，以及悄无声息而又紧锣密鼓的隐蔽。这正体现了李长之在《司马迁之人格与风格》中做出的深刻判断"司马迁的本质是浪漫的，情感的"，"作为一个诗人的司马迁，他是一个不朽的抒情诗人"，这也正是《史记》的"无韵之离骚"之处。

钱穆先生举了一个自己读《水浒传》这本书的例子，"余因照圣叹批《水浒》者来读古文。其有关大脉络大关键处且不管，只管其字句小节。如《水浒》第六回：'只见智深提着铁禅杖，引着那二十三个破落户，大踏步抢入庙来，林冲见了，叫道，师兄那里去。'圣叹批：'看此一句，便写得鲁达抢入得猛，宛然万人辟易，林冲亦在半边也。'我因圣叹这一批，却悟得《史记·鸿门宴》：'张良至军门见樊哙，樊哙曰：今日之事何如，良曰甚急。'照理应是张良至军门，急待告樊哙，但樊哙在军门外更心急，一见张良便抢口先问，正犹如鲁智深抢入庙来，自该找林冲先问一明白，但抢入得猛，反而林冲像是辟易在旁，先开口问了智深。把这两事细细对读，正是相反相映，各是一番绝妙的笔墨。"① 以此可以看出钱穆先生的阅读关键正如其说"只管其字句小节"，欣赏这一"有意味的形式"。

另外，对于本段文字中的一些关键词，即炼字炼句处，可以进行一些细

---

① 周锡山. 金圣叹文艺美学研究［M］. 上海：上海人民出版社，2016：504.

致的分析。笔者参考了黄灵庚《训诂学与语文教学》里面的解释。

"操"字的常用义，是表述手的动作的娴熟。如，古文里"操刀"，是指用刀的技艺很熟练。成语"同室操戈"也是比喻兄弟吵架已成为惯常。因此，"操"的文化义是"习惯"。《左传·成公九年》："乐操土风，不忘旧也。"操，就是熟习的意思。以后引申为"操常""操守""节操"等，"操"字含有稳固不变的意思。与表示"惯常"意义相通时，都不能用"执""持"字来替换。古代诸侯之间往来，都要捎带上礼物，这是惯常的做法，所以张良问沛公："大王来何操？"是说大王您捎带了什么礼物。

"持"字的常用义，表示手往上托、向上提。《论语·季氏》："危而不持，颠而不扶，则将焉用彼相矣？"不持，即不扶，"持"就是用手从下往上托扶的意思。由此引申，又有"端守"之意。《孟子·公孙丑上》："故曰：'持其志，无暴其气。'"这个意义就是端守之意。因此"我持白璧一双"之"持"，是"奉"的意思。刘邦虽"欲王关中"，但自知现在羽翼未满，还不能与项羽抗衡，故在表面上还是装出臣服恭敬的样子，哪怕在心腹张良面前也不敢表露。一个"持"字，将人物的性格与内心体现得淋漓尽致，这不就是太史公用字造句的高妙精妙之处吗？这不正是体现语文味的地方吗？

至于笔者设计的问题三，教师可以细读《项羽本纪》全文，结合入选教材时所删去的"行略定秦地。函谷关有兵守关，不得入。又闻沛公已破咸阳，项羽大怒，使当阳君等击关。项羽遂入，至于戏西"一段关键内容，自然会有更整体的发现与更全面的判断。这个就可以作为一个开放性的研讨问题，让每个同学各抒己见，进入更广阔的阅读空间与文化视域中。

第四节　因体而教　"寒风"的结构：《寒风吹彻》教学解读

《寒风吹彻》是作家刘亮程的一篇感悟生命的散文，作者通过对生活、生命的体验来表达对生命的深度思考。这篇文章作为教学文本，思想上比较深刻，对于高中学生来说，在理解上有不小的难度，更有难度的是如何在一节课中完成这样一篇篇幅较长的散文，如何设定教学步骤和手段，如何选择教学目标等，这都是本篇课文的教学棘手之处。考虑到这一篇文章可以作为散文教学的经典文本，可以"以一当十"，所以，在进行教学设计的时候，考虑了以下几个原则，从文本的文体特点出发进行设计，期望把散文教学的思想性、情感性和方法性巧妙地融合在一起，"授人以鱼，且授人以渔"。

一、自主的阅读过程

学生获得的知识或者审美感受不能仅仅通过教师的传授，也不能仅仅通过教师渲染课堂氛围等这种拙劣的手段实现，而是要让学生在反复阅读过程中进行自我体悟、自我发现、自我表达。

语文课程的"知识与能力"维度提醒我们，知识可以传授，但传授的技巧却有拙巧之分。"情感、态度与价值观"提醒我们，审美感受无法传授，只能属于学生本人，当然这种审美感受在本课教学之中主要是指同情理解，通过对文本的理解而激发的认同感或者同情心。一篇优秀的散文，本质上属于文学作品。文学作为一种审美样式，自然离不开感情的抒写。其实在散文教学中，并不需要教师从理论角度讲什么是审美感情，这种感受应该如何而来，而要通过朗读的方式让学生自我感悟，让学生的感情或者体悟都来自于这种读。很多教师会认为在课堂上让学生朗读，有点浪费时间，这其实是天大的误解。任何一篇文章都需要反复阅读，诗歌、文言文和散文就更不用说了。读的过程就是理解与思考的过程，每一遍的读都会加深对文本的理解。教师应该讲的很多问题，都能在读书的过程中得到解决。

二、尝试开发教学内容

如果这节课仅仅是学生的阅读，要么是小学课堂，要么教师仅仅是个摆设，是一个读书的领读者。刘亮程的这篇散文《寒风吹彻》，可讲的知识点很多，例如散文的主旨、结构、语言、手法等。但如何抓住本文的根本性问题，这是一个关键。所以，在教学内容展开的时候，笔者一开始就提出了一个普遍性问题：散文如何读懂？这个问题在散文教学中是常常被忽略的，而恰恰又是学生无法自己解决的。只有读懂了文本才谈得上美的感受，从这个点出发，笔者提出了一个方法技能：只有从散文文体的虚实关系入手，散文才能得到理解。

然后，第一张幻灯片打出来，用三道填空题来导入问题的分析和展开。例如："1. 好走的路都是下坡路。2. 如果有一天我悄然离去，请把我埋在这____。3. 你是我的____，带我_____。"用这样一个引子来铺垫下面的阅读，能够将虚实关系这个话题引出。然后从题目入手："寒"字的虚实体现在什么地方？"彻"字如何表达作者感情？学生读书解答，分组讨论，得出结论。从这组虚实关系入手，又给出了诸如表与里、外与内、符号与意义、形象与抽象、具体与一般、浅层与深层等类似的几组关系，帮助学生更好地理解散文阅读中的"虚与实"。

笔者认为，面对很多文学作品甚至作文题目，学生都弄不明白这种双层关系。如作文"沿途的风景"，他们不明白应该"化实为虚"；诗歌的景物描写，他们不明白景物中饱含的感情。对于文学作品教学，虚与实可以说是一个普遍存在的特点，或者说是文学的根本特点，这样就把握住教学的核心问题，尤其是这类散文。

三、"法无定法"类型式拓展

讲课文的一般程序是，首先介绍作者及其写作背景，然后从这个点出发引导学生去阅读作品。这不能说不行，至少在笔者看来比较普通。"法无定法"，谁规定作者介绍必须放在开头？谁规定内容拓展必须联系生活？所以在分析完文本之后，再去介绍作者，这不是对教学内容的补充，而是对学生视野的拓展式引导。一节课讲完一篇散文显然不是主要目的，目的在于授之以渔，并且用这种"渔"去阅读理解其他作品。所以笔者给学生介绍了刘亮程的作品《一个人的村庄》和《刘亮程散文》，并且提出了阅读要求。

语文课堂特别是理科班的课堂，一定要讲究课堂容量。一篇散文，讲完就完了，这其中无论知识容量、思想容量还是语感容量都是相当小的。一篇一篇的文章讲完了，这实质上是一种量的积累，是一种低效率的重复式的教学。但是如果通过一节课获得方法性提升，那将达到一节真正的语文课的知识容量与思想深度。例如符号与意义这个提法，学生可能懵懂不知，但是这种提法的学术性是毋庸置疑的。

四、下水式语言训练

语文教师如果不能进行写作表达，而要求学生写作文时有思想深度、有时代性、有新颖的材料、有明确的论点，那将是缘木求鱼的下场。从理论上讲，游泳教练不一定会游泳，这也不足为奇。但是如果一个语文教师能够在指导学生写作的同时，也能将自己的文章展示给学生，这种下水式的示范力量无疑是强大的，不仅可以建立起良好的人格魅力，而且能够带动学生参与写作。所以在这节课的结尾，笔者尝试着将这一篇散文改写成一首有思想含量的小诗，让学生在诗歌的朗读中精炼化地感受散文的诗意与哲思，对于课堂教学而言，也起到了主题升华、画龙点睛的作用。

教学实录

从文体特征来进行散文教学

一、导入，语句有什么特征

师：让大家预习的文章，大家有没有预习？能不能读懂这篇文章？

生：（七嘴八舌地说）预习了，不能读懂。

师：大家有没有想过没读懂的原因，为什么读不懂，是什么情况下的读不懂，是不喜欢这样的文章而读不懂呢，还是读不懂文章在说什么呢，抑或是喜欢这样的文章但读不懂，既不喜欢也读不懂。大家到底是哪种情况？

生：（几乎一起回答）既不喜欢也读不懂。

师：喜不喜欢，是一种情感评价方面的问题；读不读得懂，是一种技术操作方面的问题。技术操作方面的东西可以学习、练习，但情感评价方面的东西就不是一个简单的学习、练习的问题了。今天这节课要解决的主要问题就是偏技术操作方面的，同时希望在理解作者内心情感的基础上，能让各位同学在情感评价方面有所思考。先请大家填几个空：

（投影显示）

1. 好走的路都是下坡路。

2. 如果有一天我悄然离去，请把我埋在这_____。

3. 你是我的_____，带我_____。

生：（大多数同学小声说，这是歌词嘛，齐回答）春天里，眼，领略四季的变换。

师：请大家思考一下这几个句子的词语运用有什么特点，应该从哪个层面来理解这些词语的意义。

生：这几个句子都使用了词语的比喻义。

师：也就是说我们在理解这些词语时，不应该从"实"的角度来理解，而应该从什么层面来理解？

生：应该从"虚"的角度来理解这些词语的意义。

二、关键词语有什么特征

师：回答得很好，如果我们死死地从"实"的角度来理解这些词语、这些话，那肯定理解不了这些词语、这些话的内涵，所以，这节课我们就从"虚—实"的角度来理解这篇文章。那么，请大家想一下：《寒风吹彻》这一题目中的"实"是指什么，"虚"又是指什么。我们先看"实"是指什么。

（板书：寒风　　　吹彻）

生1："实"的层面有——寒风，大风；吹彻，寒冷等意思。

生2："实"的层面有——冷，风吹得冷。

生3："实"的层面有——大自然中的寒冷，冬天的寒风。

实

（板书：　　　　　寒风　　　吹彻　　　）

虚

师：在"实"的层面，大家说得很好，就是寒风、寒冷，冷得彻底、透心的意思。那么在文中具体描写寒风、寒冷的地方有哪些，是怎么描写的，大家一起读一下。

生：（齐读）

第二段："寒风正从我看不见的一道门缝吹进来。……"

第七段："牛车一走出村子，寒冷便从四面八方拥围而来，……"

第十二段："许多年后有一股寒风，从我自以为火热温暖的从未被寒冷浸入的内心深处阵阵袭来时，……"

师：大家找得很准，读得很好，这些地方确实都写出了自然界中的寒风、寒冷，读这些文字都让人有种被寒风吹彻的感觉。

生：（笑）

师：那么，"虚"的层面，又是指什么呢？这个可能就是同学们读不懂这篇文章的关键所在。我们知道"虚"也是依靠着"实"来表达丰富的含义的，而"寒风"的"实"，可能还不止刚才我们所找到的描写，可能还有和"寒风"有关的一些人和一些事。请大家找一下文章都写了什么人、什么事，写了他们怎样的心境，把相关的句子、关键词画出来。

生1："我"在冬天出去拉柴被冻伤。

生2：陌生人在一个大雪天里被冻死。

生3：姑妈在期望天热中去世。

生4：母亲进入了人生的冬天。

师：各位同学概括得很好，我们还可以概括得再整齐一些：

（投影显示第一个，其下三句学生仿写）

"我"在成长过程中被寒风吹彻。

路人在跋涉路途中被寒风吹彻。

姑妈在等待天热中被寒风吹彻。

母亲在年迈衰老中被寒风吹彻。

师：你们觉得此时母亲为什么会被寒风吹彻？

生1：因为生命的终结。

师：生命的终结？换一种说法，这还没终结呢。

生2：衰老，年迈。

师：（问全班同学）你们觉得是什么？

全班：年迈，衰老。

```
                  实            陌生人：路途
（板书：十四岁的我   寒风     吹彻：姑妈：等待中    ）
                  虚            母亲：衰老中
```

师：那么，文章中写到的这些人在被"寒风吹彻"时，内在的心境又是怎样的？在文中哪些地方有所体现？请大家边读边找，分小组来说。

（小组讨论3～4分钟）

小组1：文中有这样的句子"从那个夜晚我懂得了隐藏温暖——在凛冽的寒风中，……"写出了"我"被寒风吹醒了，知道了温暖的重要，反衬出当时的"我"的心境是：彻底认识到寒冷的厉害，懂得了积蓄力量来应对生活中的苦难与挫折，更懂得了温暖自己的亲人与他人。

小组2：陌生人的心境可以从第25段看出来，"还有他的比多少个冬天加起来还要寒冷的心境"，"每个人都在自己的生命中，孤独地过冬……他的寒冷太巨大"。陌生人的心境应该是：极度贫穷下生存无奈的孤独、心冷。

小组3：姑妈的心境是期望中的孤独，可以从"每次临别前，姑妈总要说一句：天热了让你妈过来喧喧"，"一个人老的时候，是那么渴望春天来临……她害怕寒冷"句子中看出，姑妈在荒凉萧瑟的人生尽头中渴望亲人的温暖。

小组4：母亲的心境主要表现为人生冬天的来临，无论如何，衰老与死亡都是不可避免的，母亲的寒冷心境也就是面对衰老和死亡的孤独无助，不可避免。从以下句子可以看出，"但母亲斑白的双鬓分明让我感到她一个人的冬天已经来临……我感受着母亲独自在冬天的透心寒冷"。

三、标题有什么特征

师：经过四个小组的精彩发言，我们可以归纳出"寒风吹彻""实—虚"的全部意义了，都有哪些意义？

生：有大自然中寒风的吹彻。

师：也可以概括为①自然环境的凄寒之彻。根据四个人物的不同心境归纳，我们可以概括出"虚"的意义来，大家可以想一想这四个人虽然都和寒风吹彻有关，但文章所表现的人生层面是否一样。如果不一样，那么分别表现了什么。

生1：十四岁的"我"和陌生人差不多，姑妈和母亲差不多。

生2："我"是生活所迫，陌生人好像也是，姑妈是孤独，母亲是生命的必然衰老。

师：两位同学归纳得很好，我们可以再提炼为②生活中的苦难与孤独之彻。③生命中的衰老与死亡之彻。

实　①自然环境的凄寒之彻

（板书：寒风　　　吹彻　　　　　　　　　　）

虚　②生活中的苦难与孤独之彻

③生命中的衰老与死亡之彻

师：我们接着也可以把各个"彻"的"实—虚"含义补充出来。

生1："凄寒之彻"的"彻"是彻底、猛烈、彻骨的意思。

生2："孤独之彻"的"彻"是巨大、很多的意思。

生3："衰老与死亡之彻"的"彻"是必然、无法避免的意思。

师：简单而不简约的题目被我们运用"虚—实"的理解模式，慢慢加深了许多理解。可是文章的前三段和最后一段我们还没有提到，我们先把这两个部分概括出来，这两个部分写了什么？

（齐读前三段和最后一段）

师：哪位同学来单独朗诵第一段。

生1：（有感情地朗诵）

师：生2，你觉得读得怎样？

生2：还可以……但还不够。

师：那你读一遍。

生2："雪落在……田野。"

师：两位同学都读得不错，读出了语气，读出了作者的心境，读出了自己的理解。那么第一段写的是什么？

生3：当下的"我"的心境。

师：总结得很好，那么2～4段呢，写的是什么？看看文中有什么关键句可以用来概括。

生4：想着一些人和事情。

师：特定的环境条件也可以加上。

36

生4：下雪的冬天，在想着一些人和事情。

师：前四段的内容概括出来了，那么最后两段呢，谁来读一下？

生1：（有感情地诵读）

师：读最后一段可以用别的欢快的语气读吗？

生1：不能。

师：那应该用什么语气？

生1：沉重的语气。

师：读完了最后两段，你认为最能表达作者内心情感的句子是哪句？

生1："我知道这一时刻之外，我其余的岁月，我的亲人们的岁月，远在屋外的大雪中，被寒风吹彻。"

师：你认为最后一段字句体现出作者一种怎样的心态或态度？

生1：沉重的。

（学生窃窃私语）

师：你看你一说，同学们就有不同的意见了。

生2：我认为作者是秉着一种豁达、无畏和淡定的态度去写的，因为作者已经看清楚人生中这些时刻是不可能避免的，是必然的，人生不可能一帆风顺，总有一个时刻会被寒风吹彻，所以既然作者知道事实无法改变，就会平淡地对待这一切。

师：（问生3）前面两位同学的说法，你赞同谁的？

生3：都赞同。

师：都赞同是吗？那这主要说了什么？

生3：说了他经历了各种事件后的感受。

师：没错，所以联系第一段，我们可以概括出最后两段内容是什么？

生4：现在的人生感悟。

师：概括得非常精彩。这样我们就可以把整个文章的思路整理出来了。

（投影显示）

> 当下的"我"的心境。
> "我"在大雪天漫想一些人和事。
> "我"在成长过程中被寒风吹彻。
> 路人在跋涉路途中被寒风吹彻。
> 姑妈在等待天热中被寒风吹彻。
> 母亲在年迈衰老中被寒风吹彻。
> 人生感悟。

四、结构有什么特征

师：理清文章思路之后，我们隐约可以发现，还有一层"虚"我们没有概括出来，寒风吹彻，"彻"的还有什么？

生：彻悟，大彻大悟。

师：非常好，所以还有一层的"虚"，应该是……

生：感悟之彻——淡定、沉静、坚韧的心态。

实　①自然环境的凄寒之彻

（板书：寒风　　吹彻　　　　　　　　　　　　　　）

虚　②生活中的苦难与孤独之彻
③生命中的衰老与死亡之彻
④精神感悟之彻：淡定、沉静、坚韧的心态

师：看似简单的题目被我们运用"虚—实"的理解模式，慢慢深入文章的内部了，那么在文章的结构上还有没有"虚—实"模式的体现呢？看看大家还有没有什么发现。围绕着"我"：十四岁的"我"，现在的"我"，陌生人、姑妈、母亲，这又意味着什么呢？

生：现在的"我"是"实"，十四岁的"我"是"虚"，陌生人、姑妈、母亲又是未来的"我"，虚—实不断交错。

师：石破天惊的秘密被你发现了、解读了，精彩！

（全班大笑）

师：现在我们发现"虚—实"是一种写作模式，也是一种理解模式，这都因为"虚—实"是一种思维模式。作为一种行文模式，实与虚分别指什么，为什么要使用这种模式？

（投影展示）

　　实：指作者所写的可见可感的人、事、景等形象。

　　虚：指这些形象未显现的部分或渗透在这些形象里的复杂、微妙的感情、哲理。

　　效果：可读性强，耐人寻味，内涵更加丰富，更具艺术性。

师：作为一种理解模式，掌握"虚—实"模式就是掌握一种细读技术。

（投影显示）

　　透过作者的遣词造句，抓住富于暗示性的语句，进而理解蕴含在"实"中的"虚"。

　　可以是标点、字词、句子、段落、整篇

　　可以是评点、分析、联想、朗读、表演

　　实　表　外　显　形象　具体　事　景　言　经历　实在　符号……

　　虚　里　内　隐　抽象　概括　理　情　意　感悟　空白　意义……

五、语言有什么特征

师：在具体的语言层面，本文又是怎样体现"虚—实"这一行文模式

的？结合具体的语言材料，我们利用这种细读技术，分小组，尝试细读你感兴趣的标点、字词、句子，挖掘出其丰富的"虚"来。我也给大家找了几个例句。

（投影展示）

　　生命本身有一个冬天，它已经来临。

　　它比我更熟悉墙上的每一道细微裂缝。

　　她说："你姑妈死掉了。"

（小组讨论3~4分钟）

小组1："生命本身有一个冬天，它已经来临。"评点：这里的"冬天"是苦难、厄运等的指代，正如作为时令季节的冬天无可阻止一样，每一个人的生命中，苦难、厄运、死亡也都是不可避免的。

小组2："它比我更熟悉墙上的每一道细微裂缝。"评点：用拟人的手法，写出"寒风"来得频繁。并且不放过任何一条细微的缝隙，这也隐寓着一种哲思：生命中的苦难是难以设防的，这更见出在强大的苦难之下，生命是多么渺小、卑微、脆弱，不堪一击。

小组3：她说："你姑妈死掉了。"（该句为什么不用叹号？）评点：用句号，突出了母亲面对姑妈之死的"淡漠"，生存状态极差的状况下，人们已经习惯于孤独地生存，眼睁睁地看着周围的人离去，痛苦似乎也归于平淡，甚至于麻木不仁。

师：当然，更能体现"虚—实"行文模式特点的文体是什么？

生：诗歌。

师：对，大家完全可以把这篇散文缩写成一首小诗，以便能更为清晰地感受"虚—实"模式。

（投影展示　诗歌缩写）

　　一场雪

　　落在了无声的心河

　　火炉放逐不了

　　清晰的寒意

　　一根腿骨

　　冻僵在十四岁的时候

　　生命的冬天

　　已经来临

　　村西头

冻死了

一个灵魂

心里窝藏着

纤弱的暖流

姑妈也在

渴望的季节

凋零了对天热的坚守

拥有七八个儿女的母亲

也将在严冬里

透心寒冷

平淡的音符

串联着人世和坟头

火星还在跳舞

岁月

依然在大雪中

被寒风吹彻

师：我最希望大家读完这首诗说这样一句话——

（众生一起回答：真好）

师：还不如我缩写的。

（全班大笑）

六、特征来自哪里

师：如此深刻而智慧的文章，出自谁手？大家想不想了解一下。

（投影展示作者照片与简介）

> 刘亮程，1962 年出生在新疆古尔班通古特沙漠边缘的一个小村庄。写过诗，后来写散文。被誉为"乡村哲学家"。

师：看智者的文章会让我们更智慧，推荐阅读作者的两本书。

（投影展示）

> 《一个人的村庄》
>
> 《刘亮程散文》
>
> 推荐理由：他不是站在一边以"体验生活"的作家的身份来写，而是写他自己的村庄，他眼中的、心中的、生于斯长于斯、亦必葬于斯的这一方土地。

师：当然，如果你也想尝试一下智慧的快乐与优越，你可以用以下方法实现

（投影展示）

      鉴于本文作者独特的"寒风体验"，你认为人生中还有别的体验吗？写一篇随笔。要求：字数不限，尝试使用"实—虚"模式的行文思路及句子。

第五节　意脉而教　"情"在意脉中：《梦游天姥吟留别》教学解读

      诗歌教学的要义在于诵读，这已经成为诗歌教学的常识。但如何读、读到怎样的程度、最后能读出什么、读的目的是什么，这样的问题却因学生而异、因教师而异。某种程度上讲，这些问题可能才是对一个教师教学功力的真正考验，说白了，也就是教师该怎样进行文本教学，又该如何在课堂中落实，这才是教师专业发展的方向。只有教师明确了这个方向和课程意识，学生才能享受"智能势差"带来的学习收获与积累。如果仅仅靠学生进行自主合作、自主探究，教师何为？语文课程又该如何体现？

      因此，正如特级教师胡立根所说，在教师与学生之间要有一种智能差异，教师要起到应有的智能提升作用，"推动语文学习向深层的精神图式和思维图式掘进，最终走向言语与精神的双重探究与创造"[1]。

      所谓的"以学生为主体"必须辅之以"以教师为主导"，并不是放任学生在阅读上"自给自足""自生自灭"。鉴于此，笔者在进行李白的名篇《梦游天姥吟留别》一文的教学时，采取了"从学情出发、进行思维训练、抓住关键词、整体理解诗歌，兴动与感发、解读多元有界"的形式领着学生一起进行文本解读，尝试提高学生的语文智能，"走向言语与精神的双重探究与创造"。

一、立足课堂视角，进行思维训练

      笔者习惯于在课前进行一个两三分钟的微调查：学生对《梦游天姥吟留别》这首诗喜欢的有多少？能基本明白诗歌所表达的意思的有多少？能理解

---

    [1]　胡立根. 试论中学语文教学的"智能势差"困境及其出路［J］. 课程·教材·教法，2013（6）：82－86.

的地方是哪里？难以理解的地方是哪里？有没有感兴趣的句子，如果有，是哪一句？通过举手表决，统计出两个"大部分"：一是大部分同学都不太理解这首诗的意旨是什么，即这首诗到底是为了表达什么；二是大部分同学都喜欢诗歌的最后一句话"安能摧眉折腰事权贵，使我不得开心颜"。

在把握此学情的基础上，笔者开始使用逻辑思维的分析技术，在逻辑问题的引领下，和学生一起进入文本肌理的细部。

向学生提第一组问题：为什么喜欢"安能摧眉折腰事权贵，使我不得开心颜"这句话？这句话的逻辑前提是什么？

很多同学都能说出一些零碎的阅读感受，如"独立自主""自由自在""自由平等""忍辱受屈""逃避现实""消极处世"等。当然，这些表达不能说错，关键是如何从文本中阅读出这些感受。因此，第二问就尤为重要。一些学生能够说出其逻辑前提是"摧眉折腰事权贵，使人不得开心颜"。因为有这个大前提，才能与"使我不得开心颜"构成逻辑三段论。

然后向学生提第二组问题：与"摧眉折腰事权贵"相对的是一种什么态度？这个态度在文本中有没有表现出来？

这个问题的难度倒不大，但推进的方式足够严谨、整饬，是想让学生学会细读句子，分析句子，然后才能批判性地理解文本。和"摧眉折腰事权贵"相对应的态度是"昂首阔步""抬头挺胸""理直气壮"地"事权贵"？还是根本就不"事权贵"？在传统的王朝、权力宰制社会中，有无"昂首阔步""抬头挺胸""理直气壮"地"事权贵"的可能？

引发学生思考：一个主体一旦对另一主体有依附感、依赖性，就不可避免地产生人格上的弱势，也就是说一旦"事权贵"就不可能没有丝毫的"奴颜婢膝""卑躬屈膝""低眉顺眼""低三下四"等人格上的劣势感。因此，可以推论出与之相对的态度，应该是从根本上打破这种雇佣关系，打破精神的锁链，解放憋闷的心灵，事自我，为自我，过一种自主独立、自由舒展、自在逍遥、有独立人格的生活。而这个态度在"且放白鹿青崖间，须行即骑访名山"一句中正有所体现。

接着向学生提第三组问题：根据前两问的解释，既然现实的困境已经清楚，人生的出路也已经完全明白，那为什么上文还会有"世间行乐亦如此，古来万事东流水"般的感慨？这个感慨又因何而来？

李白在此诗篇中的人生态度通过什么方式展现出来，即如何推出来的才是学生难以理解的地方，否则，就不能从整体上明白诗篇到底表达了什么。学生在解读这句话的时候，自然能注意到"此"所指代的含义。"此"就是"惟觉时之枕席，失向来之烟霞"后的感受，然后得出世间行乐或者人生美好的时光不过像这"烟霞"一样，短暂，脆弱，如梦似幻，引人惆怅，给人感叹。而这种梦幻经历后的感叹与惆怅，才促使诗人决绝地呐喊出下文所向往的生活态度与一肚子的不满与委屈。

依据逻辑关系，通过这样二组问题，把诗歌的议论部分的内涵梳理清楚，学生感觉好像触摸到一点诗歌的主旨了，但还是不能从整体上明白诗歌的思路是怎样的，诗人又是如何得出这样的生活感悟与人生感受的。也就是说，诗歌的核心部分"梦"，还没有解释清楚。

二、抓住关键字词，整体把握诗韵

如果以"梦"作为核心概念词，可把诗歌分解成"梦前""梦中""梦后"三个逻辑层面，这作为一种整体结构的把握，未尝不可，但不够深入，只能算是形式的划分，没有贴着诗句感受诗歌内在韵律的脉动。因此，在此整体划分的基础上，依据几个关键节点的字词进行分析，切入文本，来品味诗歌的韵味。

第一处：理解"忽魂悸以魄动，恍惊起而长嗟"中的"悸""惊""嗟"三个词的含义。依据《汉语大词典》的解释，悸：惊惧，心跳；惊：惊慌，恐惧；嗟：悲伤，叹息，感叹；悸动，恐惧而颤动。诗人为什么会突然"惊心动魄"而"觉起"，又为何"惊起"之后而"长嗟"，难道这个"梦"不是一个美梦，而是一个噩梦？作者的情感逻辑又是怎样发展过来的？

首先，诗人怕的是什么？诗句中没有明说，只能从上文"梦中"的叙述中来寻绎答案。诗人在浩渺的透明的天空中，看到了极其美妙的境界，日月同辉，照耀在金银所做的馆阁楼台上。仙人穿着云衣，御风而行，纷纷显现出来了。神仙听着猛虎敲击瑟而发出的乐音，乘着鸾车四处游乐，一时间热闹非凡，排列开来。此情此景，诗人应该"惊叹""陶醉"其中，这不正是诗人所梦寐以求的仙境吗？解开了这个结，才能前后贯通，从整体上明白诗歌的意旨。

唯一的解释就是，这是诗人的现实经历的投射，"梦境，正是宫廷生活的投影"，"李白的宫廷经历，名动天下而转瞬即逝，倍极荣光而创巨痛深，事过境迁而魂牵梦绕——却又事干禁忌难以直白——于是，'去国离都'之感触种种，幻化成倏忽变幻之天姥一梦"。①

第二处：理解"我欲因之梦吴越，一夜飞度镜湖月"中的"欲""因"

___

① 陆精康. 考信录：文言诗文备课札记［M］. 上海：上海教育出版社，2014：30－31.

"飞度"三个词的含义。欲:想,希望;因:凭借,依靠;飞度:飞跃,度过,越过。此时,诗人非常明确自己想干吗、如何干、什么时候干,至于"为什么这么干"在此没有交代。既然此时是诗人清醒时的思考,有意识地编织"梦",那应该是一个不错的梦,其心智与情感应该是昂扬而愉悦的,"在湖月映衬之下凌虚而行,倏忽间已到剡溪,所见乃荡漾之渌水,所闻乃清猿之长啼,景象幽静澄洁,心情轻松愉悦"①。另外,这一句还说明这一行为是诗人的主动选择,有意识而为之。那么,诗人把这个行为说出来的意图是什么? 说给谁听? 即"为什么这么干"。

分析一:用"因之"来解释,即是因为"越人语天姥,云霞明灭或可睹",和"天姥山"的"向天横""势拔五岳掩赤城"般的雄伟、险峻、巍峨。前者说,有观赏天姥山的可能性;后者说,观天姥山的具体内容,即感受其雄奇、瑰丽、壮美之景。所以,诗人要去,用"梦"的方式去,而且连夜去,一刻都不能等。

分析二:结合诗歌题目"留别",依据诗歌主旨内涵的解释——"梦境,正是宫廷生活的投影"来解释,即诗人想明确告诉"东鲁诸公"自己的这一仕途经历,之前是如此地热切与向往,自己曾经孜孜以求的不正如同这游仙之路,"一夜成名""暮登天子堂"。清代陈沆《诗比兴笺》说:"李白被放之后,回首蓬莱宫殿,有若梦游,故托天姥以寄意……题曰'留别',盖寄去国离都之思,非徒酬赠握手之什。""留别"即告之,赠别;"因之梦吴越"即正式地诉说,含蓄地告诫,一个由现实的向往而梦幻惊叹、由梦幻迷离而魂魄惊觉的历程开始了。

因此,这句诗不仅仅是一个过渡句,从"梦前"进入"梦中",而是诗歌主旨的线头,更是诗人编织诗歌的针脚。明确了这一点,才能从整体上贯通"梦"的整个过程,体会出诗作中含蓄、婉转的高妙艺术。

三、心物兴动感发,解读多元有界

长期以来,对《梦游天姥吟留别》的解读很多,这首诗被认定为"相敬相爱、雍雍穆穆的极乐世界","对梦幻中'自由乐土'的追求和对现实中各类'权贵'的蔑视"等,确实正如陆精康所言:"诗人托梦言志,读者以意逆志。拆解梦幻,知人论世应当是一条重要原则。换言之,结合李白的经历和思想,方可拆解天姥梦幻之谜。"②孟子"知人论世"的观点被认为

① 王东颖. 例谈诗歌教学中的"整体思维"[J]. 语文月刊,2015(10):4-7.
②③ 陆精康. 考信录:文言诗文备课札记[M]. 上海:上海教育出版社,2014:30-31.

是古典文学理论的圭臬，但是在文本的教学解读时常常被生硬地介入，如果不能立足于"作品"与"读者"的重心而一味地"作者"式注解，势必会缺少语文的味道。

叶嘉莹先生在《好诗共欣赏》中说，"我们内心的感动就是诗歌的开始"，"我们内心感动的来源有两个，一个是大自然景物的种种现象，一个是人世间悲欢离合的种种现象"。① 也就是说一首诗的核心与关键，在于"内心与外物之间的感发作用"，读者读此诗时，是否成为"最有感发生命的读者"？上述思维的训练与整体诗韵的把握都是为了此一环节——感发生命。

解读的核心问题：这首诗是通过什么物象才有这种兴动感发的力量的？我们所体会到的兴动感发又是什么？

此诗写于天宝四年（745），诗人被"赐金放还"，这就很难撇开梦境与宫廷生活的联系，也无法忽视政治上的挫折对诗人心灵的冲击。正如陆精康所说："自天宝元年（742）秋至天宝三年（744）春，李白之于长安宫廷，欣欣然而入又悻悻然而出，这是一段具体可视的'世间行乐'生活经历；而梦境，理当与这段经历具有指向的一致性。"③

从对天姥山的侧面衬托到对梦游的记述，这是一个从自然的物象到意象，再到心象的"自然的人化"过程。根据心与物之间的关系，此诗中的天姥山已经不是自然中的天姥山，而是诗人内心的天姥山，更是让读者有生命兴动感发的天姥山，直至形成一个"语码"，即当它出现时能就引起一片联想。

因此，从情感逻辑与意脉形象上讲，天姥山的内涵从自然的特征，到具有人格的魅力、生命的内涵、精神的象征，这就是"语码"形成的过程；而"梦游"一词则意味着诗人对天姥山这一心象的客观化、对象化，并以此方式达到诗人对自己的一种精神的梳理、人格的认识、生命的追求。

理解至此，可以说，诗歌的重点已经清楚，《梦游天姥吟留别》不仅仅在于天姥山的"人化""情感化"，还在于梦游，即"本质力量对象化"，"日有所思，夜有所梦"，现实照进梦境，梦境折射现实。梦游，是神游，更是精神突围；梦，是人格之梦，是精神之梦，是人生之梦。当遭遇理想失落的时候，我们可以梦游；当碰上现实困境的时候，我们可以梦游；当认识到自我局限的时候，我们可以梦游；当告别朋友重新开始一段新的生活时，我们可以梦游；当内心不屈、精神不死，生命再度昂扬时，我们还可以梦游。

所以，从诗歌开始的"云霞明灭或可睹""对此欲倒东南倾"的向往之情，到"脚著谢公屐，身登青云梯"的自我陶醉；再到"半壁见海日，空

① 叶嘉莹. 好诗共欣赏 [M]. 北京：中华书局，2007：7.

中闻天鸡"的惊叹之情，和"迷花倚石忽已暝"的忘我，"栗深林兮惊层巅"的震惊；接着"洞天石扉，訇然中开"的仙境、幻境，翩然而至；最终，天姥山的精神感发让诗人警觉、惊觉、惊醒，现实照进了梦境，心物之间的界限出现，诗境的裂缝形成，打破了诗人的这场精神之旅，呐喊出人格与人生的宣言。

钟嵘《诗品》说："非陈诗何以展其义，非长歌何以骋其情？"诗人，因自然物象而思维，在梦游经历中完成了物象与情志的缝合，不能不说这是一首体现中国诗歌本体思维的伟大的诗歌。

第六节　形象而教　"人物"的风流：《孔雀东南飞》教学解读

作为乐府双璧之一的《孔雀东南飞》，从教学上来说，篇幅过长，教师如果带着学生逐字逐句讲解的话，有一定的难度；如果让学生自读、自问、自解的话，学生又会缺少对文本深度的理解和整体把握。因此，面对这样长的文本对象，教师的教学设计就显得非常关键。为了能体现出教师对文本的解读和对教学内容的掌控，以及对学生语言思维能力的提升，笔者在备课的时候一直思索怎样用一个简要的主题形式、简约的课堂结构，来提升学生对此长篇叙事诗的理解和把握，让学生既有内容上的理解，又有诗句、诗意的品读，还要有思维层面上的提升。在苦思冥想中蹦出来一个字——美。

从美的塑造、美的效果、美的结局和美的表达来看这一篇叙事诗，此诗就如被庖丁解后的牛一样，轰然倒地，豁然开朗。文本细读会发现全诗都是围绕着一个"美"字叙述的，而且这个美既有美德的内涵，更有诗教的传统。在这一核心内容的把握下，因美而设、以美而教是比较符合这一篇文章的内容和体制的，也能起到长文短教的学习效果。类似以一驭多的课堂设计，对于长篇文本的学习，可以起到理解有整体感、思路有结构感的课堂呈现，而且这样对人物的理解也会更深入一些。因此，依美而设的教学设计就展开了。

一、人物的身份：理解人物的起点

理解文学的起点在于人物，理解人物的起点在于身份。虽然这一阅读逻辑并不一定符合生活的逻辑，但只有通过对文学人物身份的理解，才能更好地理解人物的生活关系。不管是玄幻式形象，还是典型式形象，都要依据生活的身份，才能把握文学形象的关系性与社会性。比如，对孙悟空的理解，要考虑其身份特点，这样才能理解这一形象的艺术真实，尽管这种真实常常超越生活的真实。但从其生活的身份入手，才能找到符合人物性格发展和人物形象塑造的方式来理解人物。

人物的身份不仅包含其职业身份、社会地位，甚至还包括人物形象的自然属性、地域范围、语言习惯等基本条件。这样才可以对人物形象有一个基本的形象定位，有这一定位才能找到体现人物形象内在行为与性格形成的生活要素与社会原因。因此，从人物的身份读起，从对人物身份的理解开始，才能慢慢识别出这一人物性格所体现出来的主导性与稳定性。

具体到《孔雀东南飞》，首先要依据整篇诗歌内容，让学生说一说这首诗讲了一个什么样的故事，这个故事可以用一句什么话来概括。很多学生说这是一个爱情故事，爱情的结局却是悲剧。教师顺势引导：可不可以把这个故事的结局概括为"悲剧就是把美好的事物撕破给人看"，再以此入手进行驾驭全文的设计，引出子问题：美在哪里？具体是怎么表现的？为什么要这样写，想表达什么？让学生先迅速找到相关美的人物描写、美的场景表现、美的内涵呈现等，以此实现对诗句文本的介入与品读。

其次，开始对"美"进行赏析和理解。这时，所有的解说、概括或观点都要结合诗句进行人物、场面、情感和品行等方面的打量。学生找到的片段有：严妆打扮的场面、离别时的场面、大婚时的场面和最后殉情及合葬的场面。应该说这几个场面都足以体现美，但美的内涵、效果与目的是不一样的，在此处让学生体会不同层面的美是理解这一篇文章深层结构的主要途径。

再次，在带领学生赏析的过程中，要确定美的中心和重点。比如，对最后殉情场面的描写，有的同学认为，"举身赴清池""自挂东南枝"把死亡的现场美化了，浪漫了，教师可以就此引导学生思考，为什么，美在何处，从哪些地方可以看出来。有的同学说，"赴"写出了人物内心的坚定和对情感的忠贞，以及必死的决心、殉情的决心，用这样一种对忠贞的情感守护的表现美化了死亡现场的恐怖和凄惨，这样的场面就是情感的美化体现。

最后的合葬场景也是如此，"东西植松柏，左右种梧桐"，也是这一忠贞情感的美化。他们的爱情感天动地，连树干和枝叶也是相覆盖、相交通，把墓地的死寂与荒芜给美化了。教师可以顺势稍作概括：这些诗句把夫妻双方从死亡的形式、死亡的过程和死亡的结局都进行了美化，为什么要进行美化的处理？是因为人们心中那份对于神圣感情的期待和守护，更是因为焦仲卿、刘兰芝对情感的尊重和坚守，所以才用这样一种符合美的形式来表达。悲剧就是一种美。

二、人物的关系：性格分析的关键

如何分析文学人物形象，这是中学进行文学阅读教学的一个重要内容。根据各种方法和各种指导的情况来看，很多教师在对人物形象进行分析的时候，还是停留在基本的语言、外貌、心理、细节、动作等固化的角度。当然，这些内容也可以对人物形象有一点了解，但这一点的了解就像盲人摸象一样，每个人摸到之处都是一个碎片，无法形成一个统一深入完整的人物形象。最终导致学生对人物形象的理解常常会停留于片面、一知半解、似是而非等层面，甚至还搬出"一千个读者眼中有一千个哈姆雷特"来为自己的这一形象分析进行辩护。其不知文学形象的理解，关键在于感性中带有理性且辩证地把握，以及对人物动态发展的把握，这样才能更好地理解文学人物形象，进而才能读懂以塑造人物形象为核心的文学作品，才能理解文学与人学、社会生活之间的关联，才能读出文学的内蕴意味和深度来。

对文学人物形象的理解，关键是要看人物形象所处的社会关系，根据其所表现出的行为特点，才可以大致判定人物形象性格形成的依据。不管是哲学中的自我个体，还是生活中对个体的理解，基本上都是通过和他者的观照而建立的。这就要看这个人和人交往所表现出来的举止行动特点。所以，对于人物的性格分析必须立足于个人化、主体化和社会性这三个方面，在人物所处的社会关系中理解其做事的特点与风格、表达的习惯与动作等，这就是通过外在的社会关系来看出这个人物的稳定性，比如情绪特点、较为稳固的思维方式等。

如《孔雀东南飞》中关于离别时的场面和成婚的场面——对公婆的孝顺、任劳任怨的美德，以及知书达理大家闺秀的风范，这都是美的呈现。再结合"精妙世无双"，绝世美人、不可世出等诗句的描述，感受刘兰芝这位大家闺秀出身的美女子。从人物的性格、身份、品行及对内心情感的坚守等方面进行赏析、品读、概括，这样对人物的形象理解才不会虚空、不会浮夸，而且又能起到结构性的阅读提升、点拨式的教学提炼。这样的教学设计也可概括为：仅著一字，尽得风流。

对学生阅读这样没有太大难度的诗的情况，教师一定要有一个紧凑的结构化的思维，紧扣文本的篇性和主题特点，设计出辐辏型的课堂形态，才能起到以一驭多、以简化繁的教学效果。当前新课程改革的大单元教学设计正醋，如果设计上多一些思考，可能会比较好地落实新课程、新教材的要求，也是一种更好地提升学生语文素养的方式。

比如，对于阿Q精神胜利法的理解，必须从外在和内在进行统一理解，即他的自尊感往往是通过在社会中被侮辱、被嘲讽时所体现出来的内在应激反应——扭曲人物关系并征服对方，从而让自我得到麻痹与安慰。对这一人物性格的理解，就是从两方面进行考虑并结合而概括的，甚至对林冲、林黛玉、别里科夫等文学人物形象，必须考虑到其外在交往的个人性和社会性，这样才能真正把握住人物性格的内核与特点。

三、多维度辨证：人物的最终把握

对文学人物形象的把握是一个动态的过程，不可能进行静态化、标签化理解，而是要从人物性格的成长历程，甚至人物内心情感的变化过程，才能更好地理解这一人物。任何成功的文学人物形象的塑造都具有动态性和开放性，可以让读者读出人物的不同侧面、不同的维度，甚至还能把人物潜在的丰富性读出来。这就是典型人物、圆形人物和扁形人物的区别。虽然有些成功的人物形象不一定都是圆形人物，有的可能是扁形人物，但这只是对人物特点的放大。当然，我们在这一放大性的过程中，可以理解人物的细枝末节，或者对人物的其他方面进行挖掘，这就是读者对人物形象的补充、丰富和创造。

在这一补充、丰富和创造的过程中，才可以说"一千个读者眼中有一千个哈姆雷特"。通过对人物形象多样性和社会关系的把握，来理解人物内在的成长和其生命的理解，才能更好地理解文学、理解生活，反观当下。这就是阅读文学、文学人物形象的意义和价值。这意义和价值需要更多的人情体察——对人物同情之理解——才能更好地理解这一文学形象，才能更好地体会这一文学形象。

比如，《茶馆》中王利发这一人物形象，可以从他的身份——茶馆掌柜的社会地位来理解，他就是一个小市民，进而看出其性格上的特点——圆滑，世故，左右逢源，在对待他人时，对弱者有一种同情心，但这一同情又是有限度的，绝不能损害自己现有的利益以至于倾家荡产。但这还不够，还要看到王利发所处的社会背景与社会关系。通过和其他的思潮力量进行比较，可以看出王利发既是一个历史的见证者、叙述者，又是一个社会关系的扭结者。他把人物之间的这种力量汇聚到茶馆中，可以把王利发看作一个符号与隐喻：当一个社会发展到封建余孽当买办、小资产阶级无法改变社会的时候，王利发的命运也就走到了尽头，这时候就可以从王利发身上看出拯救的力量和希望所在，那就是来自于康大力这些革命者的希望和价值。

第七节　话语而教　"言意"的关系：
《廉颇蔺相如列传（节选）》教学解读

《史记·廉颇蔺相如列传》被统编版高中语文选修教材《中华传统文化专题研讨》节选为课文，放入第四单元"叙事传统"内，其课后的"学习提示"内容特别强调："着重叙述了'完璧归赵''渑池会''负荆请罪'三个历史故事，在赵秦两国的矛盾冲突中充分展现不同人物的性格。在阅读时，要注意文本在叙事方面所体现出的史传文学的主要特征。作者不仅真实而详尽地记述了当时的史实，而且运用多种文学手法表现人物性格，将人物描写得栩栩如生。此外，还要体会作者在材料组织、结构安排上的匠心。"这一教材的学习提示，说明作为史事传记类经典篇目的《廉颇蔺相如列传》教学的重点内容之一应该是对"故事内容"和"人物形象"的叙事把握。如王荣生教授所说："在具体的教学中，一篇课文教什么乃至怎么教，很大程度上要受制于助读和练习的编排。"①

一、重构人物话语及行动的语辞世界

《廉颇蔺相如列传（节选）》在"言"的层面上不能算是一篇难懂晦涩的文言文，很多同学对其中的故事早已了然于胸。这算是学生在学习这一篇课文前的学习经验状况。对教师来说，怎么在顺应学生的情势下突破与提升，这才是一个非常值得思考的问题。王荣生教授说："在确定教学内容的时候，着重考虑学生需要学什么；在设计教学环节的时候，着重考虑学生怎样学才能学得好。"②也如孙绍振教授所说的，"老师的任务，就要从学生的一望而知指出他的一望无知，甚至再望也还是无知"③。这就要求教师把故事概括和人物形象分析作为课堂的抓手、支架和对象，带领学生走向文学语言

---

① 王荣生. 文言文教学教什么 [M]. 上海：华东师范大学出版社，2014：12.
② 王荣生. 文言文教学教什么 [M]. 上海：华东师范大学出版社，2014：18.
③ 孙绍振. 去蔽：闽派语文根本精神 [J]. 福建基础教育研究，2010（1）：5－8.

的深处、细处与秘处，"在课文中走一个来回"。这是从学情视角来审视教学内容所设定的起点。

具体而言，可以用两个问题引入课堂：①蔺相如是一个什么身份的人？②蔺相如是在什么背景与境况下出使秦国的？并提示要结合这样几句话来理解："蔺相如者，赵人也。""计未定，求人可使报秦者，未得。""相如谓臣曰：'夫赵强而燕弱……则幸得脱矣。'""于是王召见。"

首先，对蔺相如身份的理解可以和对廉颇的介绍进行对比，一个是"良将"，一个是籍籍无名之辈，后者只能用"赵人"这一含混的说法来介绍其身份与地位，其他一无所知。这就从人物的第一个亮相上暗示出蔺相如作为一个普通得不能再普通的人物到底是如何在这场大国博弈中崭露头角的，那就是智慧与胆识。但这一结论并不是笼统的感受，而是通过读文字背后的隐含之意得来的。

其次，缪贤对蔺相如的介绍可以算作对其侧面的补充，具体而言就是缪贤转述蔺相如所说的几句话。分析这几句话，可以发现蔺相如所说的内容可以概括为这样几个方面：一是从国与国之间的时局情况来看待问题；二是从个人所处的社会关系或社会地位来谈具体情况；三是从事情发展的过程来判断事情发展的趋势；四是从事情未来的趋势来预测结果。在缪贤看来是一次不错的机会，而在蔺相如看来却是另一番情况，这说明蔺相如能"知时情""知趋势""知人性"，看问题看得透、看得深、看得准、看得远，分析问题到位，措施针对性强。再联系上下段的内容连接，就不难理解缪贤这一段话的功效与作用，既表现了人物形象又打通了上下段落，形成紧密的情势发展的逻辑关系。因为"赵王与大将军廉颇诸大臣谋"的结果恰恰是没有结果，赵王正需要这样"三知""四看"且能给出具体解决措施的人。"于是王召见。"

问题是王召见之后，如何回答呢，这就是第三个问题：蔺相如对赵王的回答，又能看出蔺相如有什么与众不同的呢？

回答这个问题，可以给学生两个问题支架，一是赵王一直使用的字眼"予"，提问的表述也是"可予不"，而蔺相如回答的字眼却是"许"，"不可不许"，为什么？二是"臣请完璧归赵"，蔺相如凭借什么可以如此自信地回复赵王？这又可以看出蔺相如的什么性格？

继续从语辞层面分析：用词不同，是因为看待问题的角度不同。比较"予"和"许"："予"讲究的是"平等"，"许"考量的是"强弱"，也就是说，赵王和群臣纠结的是平等的交易和交换如何能完成，而蔺相如考量的则是这一问题的背景与前提。这个时候，还可以结合学生学过的教材内容进行群文阅读，让学生回想《过秦论》，想一想秦昭王的另一番画像表述，"孝公既没，惠文、武、昭襄蒙故业，因遗策，南取汉中，西举巴蜀，东割膏腴之地，北收要害之郡"，秦昭王是一个沉迷于声色犬马、只爱珍宝玉器之君主。因此，可以说在看待秦昭王求取和氏璧的目的与意图上，蔺相如要比赵王和群臣理解得更深、更远、更广。

当蔺相如说出"秦以城求璧而赵不许，曲在赵"时就非常明确地表达了自己的看法：这个问题的关键不是"予"不"予"，而是如何让秦王的目的落空，并展示出赵国应有的气势与力量。由此，才可读出蔺相如的智谋与胆识。当然，这也有一个理解的前提：秦昭王并不是一个只会巧取豪夺、只爱珍宝器物、目光短浅、心胸偏狭的君主。试想如果真是一个一心只想着占有珍宝且不大度的君主，蔺相如能活着回赵国吗？这也是很多同学在读的过程中觉得秦昭王软弱、弱智的原因，其实，这就是没有读懂秦昭王，自然也就很难读懂蔺相如了。

二、耦合故事关系，体味人物辩证法

解读文学人物形象，就是对人物内心及在某种情境中所做所行进行同频、同感、同情，然后感知人物的心理与脉搏，得出对人物性格的基本判断，进而形成对人性的洞察与体悟。也就是说理解文学中的人物，得先把文学的人物生活化、情境化，最后人性化。否则，文学的阅读就无法带有"文学性"。正如很多同学在分析人物形象时动不动就用"足智多谋"，但为什么"足智多谋"却一无所知，对人物性格也毫无感觉，只能用几个考试剩余的标签贴到"人物理解"上，这样就遮蔽了自己的真实感受。

蔺相如作为一个谋士，其言行必然依据其思考，因此，人物的思考、人物的行为、人物的话语一起构成人物性格的云团，等待着读者的理解与感受。蔺相如出使秦国是课文中对话内容最为集中的地方，也最能体现出人物的性格特点。在课堂上问学生，这一段内容重读、细读后和预习时有什么不同，有同学说，感觉蔺相如的话太多了，秦王都没说话。试想：在那样的情境下，为什么要他说那么多话，不让秦王说话？如果蔺相如的话简短，就一两句话，能完成这个任务吗？只有有层次、有高度、有理据地说出来，才能表现出蔺相如是如何抓住问题的根本，让秦王"沉默就意味着认同"地听的，这也正是为了表现蔺相如对时局的分析与总体的把握是何等的精准与智慧，这就是为了完成任务所铺的言语之路。

此段内容还应打通后面的内容，对比着看、总结着看。首先和正式接见的内容对比着阅读："秦王坐章台见相如"与"秦王斋五日后，乃设九宾礼于廷，引赵使者蔺相如"，这一接见的地点、方式与人物身份的特别介绍，可以看出蔺相如第一次抗争的效果，更看出秦王的"用心良苦"。"赵使者"这一身份也凸显蔺相如在出师过程所完成的身份提升与外交认同，甚至可以说也完成了赵王在秦王面前的形象建立。当然，这都是争取来的、抗争来的、斗争来的。同时也可以看出，前面秦王之所以"坐章台见相如""传以示美人及左右"等，这都是一种外交策略与手段，一定程度上也暴露了求璧的目的与意图。

"总结着看"是指对"拜送书于庭"一节的总结。"庭"，人教版注释为"通'廷'"，但为什么后面多次使用"廷"而不再使用"庭"了，一篇文章怎么会出现这种前后不统一的情况，是作者的失误还是有意为之。《说文解字》中说，"庭，宫中也"，"廷，朝中也"，如此解释就一目了然：一个"庭"字就把赵王对蔺相如的信任与重托跃然纸上，也表现了蔺相如誓死效命赵王的决心，这种深切的君臣之义可能在蔺相如掷地有声的表达时，已从情感态度上打动了秦王。再加上蔺相如一开始就把秦王的地位捧得很高，给足对方尊敬和面子，"大王欲得璧，使人发书至赵王，赵王悉召群臣议"。当然，这个尊敬中也暗含着"不敬"与提醒，"皆曰：'秦贪，负其强，以空言求璧，偿城恐不可得'"，和前面一句话连在一起，有先扬后抑的效果。接着，蔺相如把"我"凸显了出来，"我"不是这样认为的，充当起秦王的心灵知音。趁此抛出了几种劝说"武器"：第一种，道德诚信武器，"布衣之交尚不相欺，况大国乎"；第二种，换位理解武器，"且以一璧之故逆强秦之欢，不可"；第三种，大国形象、大国态度武器，"严大国之威以修敬也"。三种武器打击点不同，但个个直击问题的要害，这要害就是秦王索取和氏璧的目的与意图。最后提出自己的观察、判断和总结——"臣观大王无意偿赵王城邑"，有理有据。

很多同学不理解的是，秦王怎么就这么容易被蔺相如说服了呢？或者像明代王世贞所认为的，"今奈何使舍人怀而逃之，而归直于秦？"置赵国于危险的境地之中呢？其实，这恰恰是蔺相如的智慧之处，也是理解本篇文章的关键之处。从"秦王度之，终不可强夺"和"相如度秦王虽斋，决负约不偿城"两句话中的公共关键词——"度"，即揣测、猜想、判断来进行分析和理解。秦王揣测、猜想、判断的是"今杀相如，终不能得璧也，而绝秦赵之欢。不如因而厚遇之，使归赵。赵王岂以一璧之故欺秦邪"，当前虽然秦强赵弱，但仍不能杀掉蔺相如拿到和氏璧而以牺牲两国的现状关系为代价；而蔺相如揣测、猜想、判断的是对秦国索求和氏璧的目的意图、秦赵关系的总体形势和秦王的"度之"，看透秦王索要和氏璧绝不是唯一目的，甚至不是主要目的，甚至在出行前就已经清楚：此次出使虽有风险，但绝对可控。在这一理解下，就可以看出秦王其实是一位韬略深思、理性克制的雄主，没有丝毫的物欲之贪、声色之腐和褊狭之私。如果再和第二个故事"渑池会见"连接起来，会看得更清楚，因为在会见前蔺相如把自己对秦王的求璧意图及用意在另一个场景中表达了出来："王不行，示赵弱且怯也。"如此绾合，两个故事之间的逻辑关系就清楚了，对人物形象的理解也就更立体、更丰富。

此外，"完璧归赵"和"渑池会见"这两个故事的绾合还表现在衔接的语句上。一般都把"其后秦伐赵，拔石城。明年复攻赵，杀二万人"这一内容简单处理为叙事的过渡、时间顺序上的填缝，其实其内在的作用和功能不正是"完璧归赵"中秦王目的意图一脉相承的表现吗？在秦王的这一意图理解下，来体会蔺相如的所作所为就会更有细节、更有情节，这样才能真正实现对人物形象的理解与把握。

一个是想通过巧取豪夺的方式来获取赵国的珍宝，并以此来威慑赵国，借机打击赵国的士气与六国合纵形势的雄主；一个是能够看清秦赵关系，洞悉总体形势，有胆量有智慧，能把握时机，掌控变化与风险的谋士，两个人物交相辉映。只有理解了秦王的韬略，才能懂得蔺相如的智勇；只有看出蔺相如的睿智与善谋，才能破除对秦王"很傻很天真"的肤浅认识。这样才算是真切、深入地理解蔺相如这一人物形象，摒除贴"足智多谋""智勇双全"等标签的行为。当然，这也正是太史公常用的人物塑造的笔法，即映衬烘托的手法，也叫背面敷粉法[1]，用秦王的韬略来烘托蔺相如的智勇正是这一笔法的体现。

其实，第二个故事"渑池会见"向第三个故事"将相和欢"的过渡也采用了这一技术手段。从事件的外部矛盾转到内部矛盾，这不仅是情节的需要，更是塑造人物性格的需要，这样可以写出人物性格的流动性、发展性，把人物表现得更丰富、更自然、更统一。从第一段"廉颇者，赵之良将也……以勇气闻于诸侯"就埋下了廉颇形象的伏笔，至此开始显露了呼应之相，体现了合传的巧妙之势。从第二个故事已经开始把廉颇放到事件的漩涡里了，从"廉颇、蔺相如计曰"开始，廉颇已成为背面敷粉法的要素之一。同样值得重视的是，对廉颇的人物形象理解也不能进行标签化，也要贴着文本进行辩证地分析，找到人物性格的"基本性"与"辅助性"，摒弃"直来直去""知错能改""勇猛刚直""性格直爽""内心坦诚"等大而无当的贴

---

① 吴小如. 古文精读举隅 [M]. 天津：天津古籍出版社，2002：144.

标签式的人物形象理解。

三、语文性，文言文教学的课程规定与品质

所谓"语文性"，江苏语文特级教师李仁甫老师定义为"从语言入手，直指人文内容（知识和精神），然后再回到语言，这样语言和人文内容不断地互逆。在这互逆的过程中，语文便有了自身的意义"，"是工具性与人文性的统一"。[①] 而且"'语文性'的生命就在于'摆动'——摆动于语言性与人文性之间"[②]。上述为了更好地理解故事和人物形象而对故事、人物形象所进行的话语分析以及语辞世界的重构，就是一种"摆动于语言性与人文性之间"的教学尝试。让人物性格的形成、发展在故事话语里立足、扎根，再结合具体的词语进一步感受人物的个性、感知人性，更深一步地理解文学之妙，进而读出自我的体悟与言语智能。

比如，"渑池会见"上，一个"令"字把秦王的骄纵与傲慢淋漓尽致地表现出来，传递了秦王想和赵王形成主导与附庸的关系，或者主仆关系的欺侮意图；而一个"为"字则把蔺相如的反击表达得含蓄而有棱角——平淡的背后隐藏着秦王的主动性与邀宠取媚的奴仆性。对这些语辞的品读正是为了更好地感知人物形象，体会秦王的"狡诈诡谲"和蔺相如的机智勇敢。

相比于对蔺相如形象的塑造，司马迁对廉颇这一形象的塑造更需要从"语言性与人文性"之间的摆动视角来理解。因为廉颇这一形象的刻画，既要表现这一特别的人物形象，又要能和蔺相如形象产生映衬。刘再复先生在《性格组合论》一书中说，人物的性格都有二重性或矛盾性，其中有起主导作用的因素，也有起辅助作用的因素，也可以称之为基本性格和辅助性格。以此理论来观察蔺相如、廉颇形象的主导性格是什么，辅助性格又是什么，只有如此才能更好地理解人物。

以"廉颇者，赵之良将也"为开掘口，再结合廉颇的自述，可以看出这一身份评价非常精准：一是有攻城野战的功劳，能打仗，有战功，符合"将"的身份与规定；二是以勇气闻于诸侯，这个"勇"应该不仅包括作战的勇，还包含正义与国体面前的当仁不让之勇，"王行，度道里会遇之礼毕，还，不过三十日。三十日不还，则请立太子为王，以绝秦望"。对着自己的君王不说冒死营救的话，反而说立刻拥立新君的主张，并且还得到"王许

① 李仁甫. 语文性：一个不可失缺的属性 [J]. 中学语文，2004（9）：8-9，47.
② 李仁甫. 语文的边界：从"工具性和人文性"到"语文性" [J]. 教育研究与评论（中学教育教学），2011（3）：43-47.

之"的答复，为什么？唯一的解释只能是赵王对廉颇的理解、对现实处境的清醒，此时此刻，唯有廉颇能说出这样的话，这既符合他的身份也符合他的性格，蔺相如就不能。身份符合就是指廉颇作为将军掌握兵权，有能力立太子为王，赵王懂得廉颇性格，知道廉颇是"良将"，知道这番话是"公话"，是尽忠的话，是敢于担当的话，没有不敬之意，更没有谋逆之心，所以"王许之"。当然，"许之"中也饱含着赵王内心无尽的憋屈与无奈。

廉颇为什么又和蔺相如争位呢？是不是说像廉颇这样的人物身上也有普通人的嫉妒心、狭隘气？这就是廉颇的辅助性格，而"奋勇征战""公忠体国"则是其主要性格，辅助性格只是主要性格在不同情境中的特殊表现，所以也可以把这一"褊狭""嫉妒"解释为争强好胜之气、不甘示弱之心，一种不服输的精神或品格。试想：廉颇为什么能够"肉袒负荆，因宾客至蔺相如门谢罪"？难道仅仅是因为"知错能改"吗？或者我们进一步推想：他为什么知错能改？前后这两个特点之间不正具有某种必然的逻辑关系吗——基本性格决定着辅助性格，也就是说正是廉颇的公忠体国，才会让他在不同的情境中表现出两种特点：不服输，不甘示弱，而又争强好胜；深明大义，有大局观和整体意识，而又当仁不让，不甘居人后，看似矛盾实则辩证的人物性格。廉颇正是这样一个性格丰富的"圆形人物"。

"文言文阅读教学着力点，是引导和帮助学生通过'章法考究处、炼字炼句处'具体地把握作者的'所言志所载道'"，"回归文本的语辞世界"。[①]像《廉颇蔺相如列传》这一类的史事传记作品，其文本的重点内容之一就是要从"炼字炼句"处来读故事与人物，然后再从故事的缩合处、精致处和人物的丰富性、统一性上来品读"章法考究处、炼字炼句处"，让学生在这些熟悉的故事和人物中，着力于"从它的遣词造句、谋篇布局看它语言表达方面的品质"[②]，感受语文的意义，进而发展学生个体的言语经验、进行语言的建构与运用，提升语文素养。这才算得上把课堂教学往培育学生的语文学科核心素养这一课程目标上走，这才算得上是一堂真正的语文课。

① 王荣生. 文言文教学教什么［M］. 上海：华东师范大学出版社，2014：24.
② 王尚文. 语文品质谈［M］. 上海：华东师范大学出版社，2018：3.

第二章　阅读教学（下）

第一节　依情而教　“为情而造文”：
《陈情表》教学解读

古人云：“读陈情表不哭者其人不孝。”这是从文本的内容层面讲该文本情感表达的真挚与动人。其实任何情感的表达必须通过语言这一形式呈现出来，换句话说，我们必须通过言语来感受其言语的内容——情感，而只有言语形式和言语相互之间的适切与妥帖，才能达到“情动于中而形于言”这样的效果。这就意味着这样一篇奏表，其措辞是极其缜密到位的。

在教学的过程中，学生对这一篇文章的情感内容不难理解，难以理解的是这种言意之间的精准、精致与精妙艺术效果——如何从词语运用的角度来体会这一篇文章的浓烈情感，即如何体味文本的语言运用之效和运用之妙。可以说李密在这篇文章中把语言运用到炉火纯青的地步，达到了语言文字运用的秘妙之境。

从教学内容上来看，言语形式下的情感表达应该是这篇文章所能锁定的篇章内容。这也符合语文课程标准的表述与要求：学习祖国语言文字运用的综合性、实践性课程。具体而言，就是让学生充分理解词语运用精准性、得体性、意味性、技术性与艺术性。这样一篇实用性的奏表，学生读后并不能体会很多语意内涵和意味，尤其是在翻译上体现得尤为明显，基本上没有办

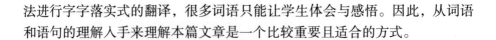

法进行字字落实式的翻译，很多词语只能让学生体会与感悟。因此，从词语和语句的理解入手来理解本篇文章是一个比较重要且适合的方式。

一、叙事剪裁与叙述策略的精准性

选取人生至关重要且符合题旨的事件和经历，删繁就简地写出基本事件的大致内容，这是语言精准性的最直接体现。如"生孩六月、行年四岁、九岁不行、晚有儿息、侍汤药、未曾废离"等。作者在叙述的过程中巧妙剪裁，精准表达，让自己的人生经历有一个非常鲜明而突出的核心——凤遭闵凶。这一惊异的概括与精确表述，形成一以贯之的人生遭遇与困厄，观者无不凄然，对其人生在世之路深感同情。

当然，在其表述后面的线索过程中，作者依然把自己所处的窘境和狼狈非常充分而形象地展示出来。这一精纯的背后是李密所想、所思的缜密以及表达的准确。试想：如果没有这两者情感的充分思考，是没有办法写出人生的冲突与内在的情感的。总体看，陈情说理的策略是：动之以情—晓之以理（自我贬低、自轻自贱—主动站队、表达忠心—以子之矛、攻子之盾）—提出方案。

二、语气人称与表达态度的得体性

自始至终，李密都以明确的身份，以真诚的态度、献忠的决心以及时时不忘自己的苦衷和难以言表的痛苦，来博取皇帝的同情。同时对于朝廷的称呼也潜藏态度与观念，"圣朝、伪朝、亡国贱俘、陛下、犬马、陨首、结草"等，而且还自觉地使用了多达 27 个"臣"字来自称，这都是在向晋武帝传递一个积极示好的信号——进献之心。

在处理"忠孝"这一矛盾过程中，作者谨小慎微的态度、进退维谷的狼狈，以及所谓的内心表达的直接等方面，无不以至诚至性至真的言语形式表述出来。但"忠孝"冲突的背后依然有李密的取舍依据。这一取舍的背后是换取更大的重心在于礼、在于理、在于义、在于利。因此，这一陈述对象、陈述语言风格、陈述的情感脉络最终体现为两大利器——以情动人和以理服人。

李密遵循先情后理、先感性后理性的顺序，先在情感上软化、感化晋武帝，以博得他的同情；后从理性的层面，以子之矛攻子之盾，让晋武帝言穷词尽；接着又主动站队，表达忠心，从而顺利地达成了自己的目的。总之，根据文本层次，可以看出先情后理的顺序，而这在晋武帝看来，如果一开篇就说理，则显得突兀、不自然，并且有露骨的阿谀奉承的嫌疑。比如把"圣朝以孝治天下"的国策方针放到第一段就会放大谄媚的特性。

三、情感传递与劝说目的的艺术性

情感的表达必须以接受者能够接受为目的，表达应以读者不反感、不讨厌为开始。因此，从对方理解的角度、共情的角度开始讲述自己的经历是一种比较能够引起同情与怜悯的方式。在此篇中，李密也是从"卖惨"的角度入手，让对方看到自己的遭遇。并处处体现为对对方的尊敬，以此来完成读信的人、读表的人的情感接受、认同与代入。在此基础上再给出自己的狼狈，献出自己的痛苦，设身处地地让读表之人感同身受。最终完成情感输出、道理解释与目的达成。

在劝说的过程中，让读者在不知不觉中换位思考，其中最重要的方法就是让情感传递为明确的时间节点与坚定信念，让对方信任、放心。当所有的想法与任务完全出于从对方的角度来考虑时，其情感线索大都是展示遭遇，博取同情，体现蒙恩，献出矛盾，写出狼狈，进入自我理解，形成理解性的换位的思考，最后再表露忠心。

最终"帝览之曰：'士之有名，不虚然哉！'乃停召。后刘终，服阕，复以洗马征至洛"（《晋书·李密传》）。这一表达决心、完成期待的劝说效果来自其言语运用的艺术。《华阳国志》记载："嘉其诚，赐奴婢二人，使郡县供其祖母奉膳。"在这一情感的思绪脉络下，最终完成情感的陈述，这都是在词语运用的过程中体现出来的，言语的艺术往往就是情感的艺术。

第二节　同题而教　"同题相与析"：
"终南山"群文的教学解读

"终南山"是古典诗歌中书写较多的文化意象。本节试图通过汇集相应的诗歌文本并解读这一抒写对象，以此来带领学生理解不同诗人不同的文化理想和文化人格，并感受这一文化诗学，进而实现一次古典诗歌教学的"立德树人"文化影响。这就是"终南山"文化解读的教学初衷。

古典诗歌的文化解读是通过作者高尚的人格，影响感染和激励学生。古代诗歌不仅是诗人才华横溢的结晶，也是他们高尚人格的体现，在我们熟知的古代诗人中，有立志为国驰骋沙场的辛弃疾、王维，有忧国忧民的杜甫、陆游，有藐视权贵的李白、苏轼……他们的作品处处体现着高尚的人格和爱国的情怀。课堂教学过程就是育人的过程，尤其是语文课更突出了这一特征。

优秀作家和优秀作品中人物的高尚品质和精神风貌对塑造学生灵魂，使学生形成健全的人格有着直接的影响和感染作用。因此，在分析文学作品的课堂上，要注重结合诗歌文本介绍优秀作家的生平、经历这一教学环节，它除了塑造人的作用外，还有助于发掘作品的思想内涵。中华文化向来崇尚清高雅洁之美，也注入了这种尚清意识。"不要人夸好颜色，只留清气满乾坤。""粉身碎骨浑不怕，要留清白在人间。"诗人托物言志，表现了坚定的志向，歌颂了高尚的人格。引导学生读这样的诗，让他们摆脱低俗文化的不良影响，将进一步提高他们的审美水平。

古代诗人大多有"修身、齐家、治国、平天下"的政治理想和抱负，他们要实现自己的宏图大略，要为国家建功立业，就必须当官、走仕途，而不得志的时候，这些诗人又都有一种"独善其身"的人生选择，遁隐山林，孤芳自赏。不管是哪一种诗人的人格画像，都要放手让学生去发现去开掘，教师只是扮演引路人的角色，适时点拨，激发学生的灵感，曲径通幽，诱导学生真正领会古代诗歌的意境，这样才能让学生与作品产生共鸣，实现对古典诗歌的文化理解。

📖 教学实录

山水美感的个性与生成——"终南山"文化解读

一、导入

古人云：每一片风景，都是一种心境。

终南山，密林烟霞，景色秀美，对素怀山水之情的古代士人来说，天然有一种吸引力。林泉清出，寺观密布，身临其境，往往油然而生出世之感，"一望俗虑醒，再登仙愿崇"。

古典文人常怀有一种强烈的出世愿望，梦想摆脱世俗牵绊，"逍遥不外求，尘虑从兹泯"，过一种闲云野鹤般的清静生活，并以此体现自己格调高雅，清丽脱俗。因此，来终南山的不仅有小诗人，也有大诗人，甚至还有皇帝。

整个唐代，除王维、岑参外，在终南山中或山下长期居住过的诗人还有很多，如陈子昂、宋之问、张九龄、刘长卿等，而像李白、杜甫等曾短期居住的诗人就更多了。

同时，终南山不仅是南北地理的分界线，也是帝乡与异域的分水岭，更是仕途命运顺遂如意与蹇困多舛的分际点。因此可以说终南山对于唐代诗人来说，不仅仅是物质上的，更是精神和心灵上的家园，是唐代诗人公共的审美空间和心灵的栖息地。

二、幽深空旷的终南山

终南山

王维

太乙近天都，连山接海隅。

白云回望合，青霭入看无。

分野中峰变，阴晴众壑殊。

欲投人处宿，隔水问樵夫。

1. 注释

终南山：狭义的终南山，在长安南五十里，秦岭主峰之一。广义的终南山指秦岭山脉。秦岭绵延八百余里，是渭水和汉水的分水岭。

太乙：又名太一，秦岭之一峰。唐人每称终南山为太一。如《元和郡县志》："终南山在县（京兆万年县）南五十里。按经传所说，终南山一名太一，亦名中南。"

青霭：山中的岚气。

分野：古天文学名词。古人以天上二十八个星宿的位置来区分中国境内的地域，与之相对应。就天文说，谓之分星；就地面说，谓之分野。"分野中峰变，阴晴众壑殊"这两句诗是说终南山连绵延伸，占地极广，中峰两侧的分野都变了，众山谷的天气也阴晴变化，各自不同。

人处：有人烟处。

2. 翻译

巍峨的终南山高耸入云，靠近天帝的居所；山连着山，一直通到东方的海边。

登上太乙峰顶，回望峰下，但见白云四面围绕，连成一片，而在峰下遥望峰顶时所见的青色雾霭，进入其中时却又不见了。

中央主峰的南、北面分属于不同的地面分野，各山间、山谷的阴晴、明暗各不相同。

61

天晚了，想要在山中找个人家去投宿，可以向溪涧对岸的樵夫询问。

3. 根据诗句内容填表（见表 2-1）

表 2-1　不同视角的感受

诗句	视点	视角	手法	物象	人对山的整体感受
首联	峰顶	仰视俯瞰	正面	天都，海隅	高远宏阔，绵延不绝
颔联	峰顶	俯瞰	正面	白云，青霭	云烟变幻，山峰高峻
颈联	峰顶	俯瞰	正面	分野，众壑	阴晴不同，广阔庞大
尾联	山下	平视	侧面	隔水，樵夫	幽深空旷，清寂辽阔

4. 点评

前三联，都是登上峰顶时纵览整个终南山所得到的印象与感受，展现了它的高峻、绵延、广大和云雾缭绕、云烟变幻的景色。

最后一联精心选择画面，以景作结，从另一侧面写出了终南山幽深空旷的特点。正因为空阔幽深，走许多的路都看不到人家，所以要问何处有可以投宿的人家，而所问的对象又是溪涧对面的樵夫，烘托出了山的深幽清寂和诗人安闲潇洒的风神意态。

此诗体现了一种雄浑阔大的意境，这是一种大山水、大场景、大手笔。透过此诗我们能感觉到诗人已经忘记了外面的世界，人在山上，"山高人为峰"；山在心中，"只在此山中"，人山一体。

最终，诗人在终南山找到了自己的精神家园，安顿了生命，丰富了心灵，提升了境界。所以，王维诗歌里的山水都是自己心中的山水，胸中有高山流水，才能真正欣赏世间的高山流水。这就是"终南之志"在王维山水诗中的体现。

三、略带寒意的终南山

终南望余雪

祖咏

终南阴岭秀，积雪浮云端。

林表明霁色，城中增暮寒。

1. 注释

祖咏：《唐诗纪事》卷二十："（会试）有司试《终南山望余雪》诗，咏赋云：'终南阴岭秀，积雪浮云端。林表明霁色，城中增暮寒。'四句即纳于有司。或诘之，对曰：'意尽。'"祖咏为开元十二年（724）进士。《南部新书》（北宋钱易撰写的笔记小说）载此诗，题为《雪霁望终南》。

林表：树林的上端。

霁色：雪止天晴之色。

2．翻译

从长安遥望终南山背阴的一面，即使在寒冷的早春，仍是树木繁茂，满眼青翠苍郁之色。山顶的积雪仍未消尽，云雾在山腰缭绕浮动，山顶积雪皑皑，看上去积雪就像是在云端浮动一样。远望终南山苍郁树林的上方，西斜的阳光照射在林梢上，给青翠的树林抹上了一层明亮的色彩。终南山上的积雪增添了长安城中的寒意。

3．点评

前三句写的全是远望中的终南晴雪之景，第四句似乎撇开"望"字，转写终南晴雪给人的触觉感受与心理感受。关键就是"暮"字，雪后天晴，气温明显下降，傍晚时分，更是寒气凛冽。诗人因遥望终南积雪而产生心理反应，与雪后初晴的傍晚所感受到的凛冽的寒意复合，于是产生了山顶积雪增添城中暮寒的错觉。这是视觉通于心理感受，有进而通于触觉感受的结果。正是这辗转相生的感觉，才传出了终南积雪的寒意与神韵。

笔者不想对这首诗做过多的解读，更不能由此延伸出什么关注底层人民的思想情感。但这首诗竟然是在考场上完成的，而且敢于对有司的诘问说出"意尽"的话，这从某方面不得不说作者有一种不受羁束的独特个性，敢于突破应试敷衍成章（即凑字数）之陋习，很有盛唐士子的风骨与气象，最起码有为了诗歌艺术不惜科举考场落榜的勇气。这事估计也只有在盛唐才可能发生。

这样的"考试人"在面对"终南捷径"时，所体现出来的坚守、见识和勇气，正是通过"终南山"的"秀美"来反映的。所以，本诗中的终南山又是另一种艺术形象——诗歌艺术感觉辗转相生中的审美渠道、依靠与触媒。

四、隐喻快乐的终南山

下终南山过斛斯山人宿置酒

李白

暮从碧山下，山月随人归。

却顾所来径，苍苍横翠微。

相携及田家，童稚开荆扉。

绿竹入幽径，青萝拂行衣。

欢言得所憩，美酒聊共挥。

长歌吟松风，曲尽河星稀。

我醉君复乐，陶然共忘机。

1. 注释

斛斯：复姓。

翠微：指青翠掩映的山腰幽深处。

挥：指振去余酒，倾杯兴尽而饮。

河星：银河中的众星。

陶然：欢乐陶醉貌。

忘机：消除机巧之心。

2. 翻译

傍晚的时候，我从青翠碧绿的终南山上下来。随着暮色加深，一轮明月升上天空，好像也在随着我缓缓而归。

回望来时走的青翠的山峦和路径，已经笼罩在一抹苍茫的暮霭之中。

与友人一起相携到其田庄，家中的孩童出来急忙打开柴门，迎接来客。

沿着夹道的竹林，穿过幽静的小路，青萝的枝叶轻拂着行人的衣裳。

大家高兴地说，现在终于到了一个可以好好休息一下的地方。美酒在前，我们只管开怀痛饮。

在松下清风中，吟唱舒缓曼妙的歌曲。一曲吟罢，仰望天穹，已经银河横斜，星斗已稀。

我喝醉了，你也醉了；你很快乐，我也很快乐。我们陶醉其中，一切世俗的纷扰与心机都没有了。

3. 点评

李白的"山水"诗里写满了自己。此诗也不例外，诗中的"终南山"看似只是人物活动的背景或交游的出发点，但从最后的"陶然共忘机"中，我们不难体会到诗人在"暮从碧山下"的纵目远眺与流连忘返，那种尽情游赏之乐都在后面的酒杯与畅谈中挥发出来。

因此，恰恰只有经过游山赏景的尽兴，才能体现出访友谈天之欢，才能表现出开怀痛饮的生活基础，才让整个诗歌具有快乐的源泉，才让整首诗字字有根。尤其是以"碧"字来形容终南山，拈出了"苍苍""翠微""绿竹""青萝""松风"，最终青翠碧绿的终南山对"厌机巧"的诗人乃是一种心灵的熨帖与抚慰，也让整首诗在绿色的合围中有一种飘逸流通的美感。

只有具有人与山、人与自然的和谐，才能表现出人与人、人与内心之间的自然和谐。这样，一切纷繁的尘俗之事、一切内心的纷扰才能够消失，否则就是强作欢颜。因此，李白的终南山是人与自然、人与人、人与内心自然和谐的投射物，是诗人进入快乐世界的入口，也是回到快乐世界的通衢。李

64

白的终南山就是快乐的隐喻。

五、精神解放的终南山

游终南山

孟郊

南山塞天地，日月石上生。

高峰夜留景，深谷昼未明。

山中人自正，路险心亦平。

长风驱松柏，声拂万壑清。

到此悔读书，朝朝近浮名。

1. 注释

景：指太阳。太阳落下之后，似乎留在西边的高峰之后。孟郊一生对功名的追求非常执着，从《登科后》一诗即可看出。

2. 翻译

从山下仰望终南山，高大雄伟，塞满了整个天地，太阳和月亮都是从山顶的石头上升起。

未攀上高峰时，太阳已经落下高峰；及至登上峰顶，却见夕阳仍映照在高峰的山峦上；下到深谷投宿，第二天当终南山其他地方都已经洒满阳光时，深深的幽谷中还是一片昏暗。

终南山矗立在那儿不偏不斜，山中居住的人也和这山一样爽直正派。虽然山路陡峭，崎岖不平，他们却心地平坦，从不会有路险身危的感觉。

山高风猛，长风吹动松柏，松枝松叶在风中呼呼作响，松涛回荡在千山万壑之间，十分清脆激越。

来到终南山，见到如此险绝壮美的景色，我真后悔当初为什么要刻苦温习经书，天天去追求那些浮利虚名。

3. 点评

孟郊的"终南山"诗像一面镜子一样，虽然也写出了山之高、山之阔、山之壮，但更多的是表现诗人在亲近大自然的过程中所感悟到的人生真谛。

诗人在亲近崇高、壮伟而又远离尘嚣纷扰的终南山时，由此产生的感受、自省，也是自然而真切的，正是由于诗人在游终南山的过程中暂时摆脱了名缰利锁的拘束，精神上得到解放，才能发现终南山壮伟雄峻的崇高美，并加以出色的表现。这是此诗较为成功的地方。

六、总结

同一座山，为什么会有这么大的不同？原因如下：①山本身很大，每一处风景都不一样，所以看到的风景不一样。②观赏人的身份不一样，所以关注的风景点也会不一样。③看的时间、想象、感受和心境不一样，所看的风景也会不一样。所以，诗人们看的虽然是同一座山，其实赏的不是同一座山，因为他们所寄托和安放的生命意识和精神内涵不一样。（见表2-2）

表2-2　不同身份的作者关注的终南山特点

具体身份	所关注的终南山特点	个人的安放与寄托	所体现的时代风貌
隐居者	高远幽深，清寂辽阔	内在灵魂	在"终南之志"与"终南捷径"中完成了对人生归退的思考，以及由此所凝聚起来的大唐气象——由大气、昂扬、包容、自我、真实、信仰等所形成的综合精神体
应试者	高大秀美，凛冽寒意	诗意理解	
谪仙人	青翠碧绿，流动飘逸	快乐潇洒	
读书人	高大雄伟，中正壮阔	人生反省	

第三节　观法而教　"喻"的思维空间：《寡人之于国也》教学解读

《寡人之于国也》文中，孟子在解答梁惠王"邻国之民不加少，寡人之民不加多"的疑惑时，说了一句："王好战，请以战喻。"教学参考书和教师大都不太重视。这一句话常被一带而过，直接进入对"五十步笑百步"所喻内容的理解上。问题是，孟子为什么非要"以战喻"？其劝辩之目的和劝辩之艺术又如何因这个普通的"喻"而完成？"喻"在此文中话语机制又是怎样的？进一步想，孟子在"喻"的过程中，有没有夹带自己思想上的"私货"？

依据《汉语大词典》的解释，"喻"的含义为：①晓喻，告知，开导；②知晓，明白；③说明；④比喻；⑤姓。《汉语大词典》把此处的"喻"解释为比喻，目的是使内容更形象生动、明白晓畅。据此，大都认为孟子"以战喻"的目的是让梁惠王的疑惑得到一个"形象生动、明白晓畅"的解答，从梁惠王快速果断的回答中也可以看出，孟子的"喻"的效果似乎是达到了。但如果仅仅到此为止，好像"喻"的作用太单薄了，孟子语言的劝辩艺术也不足以充分体现。

季广茂教授在《隐喻理论与文学传统》中关于隐喻理论与隐喻的运行机

制这样总结："隐喻是在彼类事物的暗示下把握此类事物的文化行为。所谓'把握'，指的是感知、体验、想象、理解、谈论的总和；所谓'文化行为'，指的是心理行为和语言行为的总和。就其实质而言，它首先表现为语言现象，却暗示出更具深意的心理现象，而任何心理现象都是文化现象的深层性展示。""隐喻的运作机制，可以划分为四种：修辞论（rhetoric theory）——认为隐喻的基本功用是语言修辞，修辞的基本方式是替换和比较；情感论（emotive theory）——认为隐喻的基本功能是激发情感，而激发情感的代价是牺牲其认知上的可能性；语义论（semantics theory）——认为隐喻是人类认识世界不可或缺的工具，隐喻可以脱离语境、主体意图等超语言的因素创造出新意义；语用论（pragmatics theory）——认为隐喻意义的创造不能局囿于某个语言单位，隐喻意义的创造必须借助于语境、主体意图等超语言性因素。"①

一、修辞论：用"喻"巧妙地解答"惑"

从句子所在的语境来看，孟子之所以"请以战喻"，是因为"王好战"。"好"，即"喜好"，那好战的梁惠王为什么会静下心来思考"邻国之民不加少，寡人之民不加多"，而且还发出"尽心焉而已"的感叹呢？又是如何体现孟子的辩论艺术的？不能说此处用了一个"比喻"，找到这个比喻，就体会到"孟子语言的劝辩艺术"，就深入地理解了这一"有意味的形式"。

根据杨伯峻先生的考证，孟子年近七十才来到梁国，梁惠王在位已经五十年，年纪也在七十上下，和梁惠王的问答都在这一时期。② 也就是说《寡人之于国也》中，其实是两个"叟"在对话，两个饱经沧桑的老人在进行一次关于政治理念、社会理想的交流与探讨，虽然"道不同"，但"谋"大致相同，都是为了富国强兵，实现"王道"。

这就说明梁惠王的"王好战"并不是目的，而是不得已，是为了"王道之成"不得不战，正如司马迁在《史记·孟子荀卿列传》中所表述的这一时代状况："秦用商君，富国强兵；楚、魏用吴起，战胜弱敌；齐威王、宣王用孙子、田忌之徒，而诸侯东面朝齐。天下方务于合从连衡，以攻伐为贤。"

因此，这个"好战"的梁惠王，其实只是时代潮流的顺应者而已，或者说是众多"好战"王的一个代表。而孟子就偏偏要和这个炫耀武功的时代唱

---

① 季广茂. 隐喻理论与文学传统［M］. 北京：北京师范大学出版社，2002：17，21.
② 杨伯峻. 孟子译注［M］. 北京：中华书局，2010：导言.

反调，另辟蹊径，提出"仁政"之说。也就是说，梁惠王如果想通过"战"来解决"民加多""王天下"的问题，无论怎样的"尽心焉"，都无济于事，只能通过另一种途径——仁政。正如"隐喻的话语机制"中所说，"隐喻的基本功用是语言修辞，修辞的基本方式是替换和比较"，孟子正是通过比较或替换，用"战"来达到对"民不加多"之惑的解答。

二、情感论：用"喻"进行情感上的铺垫

面对像梁惠王这样一位自我感觉良好，甚至有些自负、傲慢的君王，孟子没有，当然也不能直接指出他的错误，而是"欲擒故纵"，用"五十步笑百步"的故事进行"喻"指。这样既避免了直接冲突，又启发了对方思考，暗示他"移民移粟"的补救方法与邻国治国的不尽心并无本质区别。尤其是最后一问"则何如"，问得梁惠王毫无准备，顺理成章地牵引着让梁惠王说"不可"，这样就在情感上牵住了对方，占据了理性上的主动，也为下面阐发自己的主张做了情感上的铺垫，为仁政的宏图描述埋下了心理上的伏笔。

可以说，就是这样一个简单的"喻"，由浅入深，步步诱导，精心布置，让梁惠王在情感逻辑牵引下不自觉地进入孟子精心布置的理性逻辑中，即这个"喻"其实是个"精致的瓮"。当孟子说"王好战"的时候，估计不仅仅是对梁惠王治国的困惑的解答，更多的是对其在位五十年的概述，并勾起了梁惠王戎马生涯的回忆。而对于梁惠王来说，这三个字也不仅仅是理解孟子解答的开始，估计也会让梁惠王有很多治国兴邦的感慨与兴叹，"寡人之于国也，尽心焉而已"，费尽了心力，还是百思不得"邻国之民不加少，寡人之民不加多"之解，多年的南征北战还是换不来一个强大的国家。可以说，"王好战"这三个字对梁惠王来说不仅仅是回忆，更是一句打开情感闸门的钥匙，并有醍醐灌顶之功效。否则，梁惠王也不会对孟子的"战喻"回答得如此之快，如此之坚定，如此之自信。

尤其是，"填然鼓之，兵刃既接，弃甲曳兵而走"，这一战事过程描述简单而精妙：大国征战，震天的战鼓声，铁骑突出刀枪鸣，丢盔弃甲的混乱场面，一方取胜，一方败北；一方严整有序地追击，一方一败涂地，混乱而逃。在这里，战争变成了一个虎头蛇尾的游戏，孟子不仅仅是在描述"场景"，更是在进行一种"煽情"，勾起的不仅是梁惠王的想象，更是想让其回忆，尤其突出了"五十步笑百步"中的"笑"字。一个"笑"字表现了失败一方就是一群乌合之众，溃不成军，而且没有丝毫的耻辱与悲壮。这对于熟悉战争且"好战"的梁惠王而言不言而喻，只会有憎恶、愤慨与愤怒。

这样，不自觉地就进入孟子设置好的思考环节——没有"民本"思想，没有"仁政"，妄谈"王道之成"。因此，孟子的"以战喻"虽简要，但其情感上的意义与功效却很强大。

三、语义论：用"喻"艺术地否定"霸道"

在隐喻的话语机制中，隐喻还可以生成"新意义"。在此文中就是"请以战喻"可以让梁惠王对一贯所主张并践行的霸道思想进行重新审视。霸道和仁政，基本是孟子和梁惠王的根本分歧。孟子对梁惠王"霸道"的否定，看似没有直接的描述，仅仅说了句"王如知此，则无望民之多于邻国也"。其实，孟子接下来所提出的七条实行仁政的具体措施中，已经包含了对"霸道"的否决。

后文孟子关于生活富足的描述可看作"请以战喻"的补充、延伸或剩余，没有前面的"喻"就没有所谓的"王道之始"，就不会进而引发对方的好奇心，就不会进一步映衬烘托社会的安定和谐，进一步满足对方的心理需要。面对自负又不免颟顸的梁惠王，孟子用具有鲜明视觉效果和对比感强的生活图景，"狗彘食人食而不知检，涂有饿莩而不知发"，组成反诘语气的长句，并再一次通过比喻论证推出结论："人死，则曰，'非我也，岁也。'是何异于刺人而杀之，曰，'非我也，兵也。'王无罪岁，斯天下之民至焉。"又一次以好战者必弃民的事实来达到对"战"的否定，并重新回到梁惠王"于国""尽心"上说，不仅给对方以视觉冲击，更给以心理震撼。由此可见孟子语言论辩艺术的精湛。

正像曹勇军在解读此篇文章时所说："在此过程中，我们从字里行间可以感受到论辩双方的心理活动，如主动与被动的转换，攻与守的变化，机关与陷阱的埋设与避让，自我情绪的表现与对对方情绪的控制，说话分寸恰到好处的拿捏等。此外，排比、比喻、反诘等众多修辞手法体现出来的文章的气势，也展示了孟文的特色。"[①]

四、语用论：借"喻"恰当地提出"仁政"

季广茂教授说："隐喻的意义不仅仅来自词语之间的交感和互激，而且更为重要的是，它还来自话语发出者和接收者的意图（即主体意图）。""隐

[①] 曹勇军.《寡人之于国也》备教策略 [J]. 语文教学通讯，2007（21）：96 –98.

喻长于说明而拙于论证。但在传统文论中，隐喻常常被当成论证的工具，即使隐喻的使用者意识到了隐喻论证的无效性，还是无力跳出这一陷阱。"①

在孟子的"请以战喻"中，孟子并没有论证霸道之所以行不通或失败的根本原因，也没有谈论霸道和仁政的冲突具体表现在哪些方面，也没有说明违农时，斧斤不能以时入山林，数罟入洿池，使民养生丧死有憾的原因是什么。孟子虽然没有确切地说出，但梁惠王在"喻"的过程中，已经心领神会，这都是战争和征伐造成的，都是"王好战"惹的祸。

孟子在七条具体的仁政措施叙述的暗示下，让梁惠王既感知、体验、想象、理解了自己的失误、错误，又在心理行为上给以新的意义的暗示——推行仁政。司马迁在《史记·魏世家》这样描述魏惠王："惠王数被于军旅，卑礼厚币以招贤者。邹衍、淳于髡、孟轲皆至梁。"由此，也可以看出魏惠王好征战，想用武力完成"王天下"的目标。在执政五十年的时候，开始反思自己"走向大国之路"的方式，对魏惠王来说，这个转型是一个"智慧的痛苦"。孟子"请以战喻"，就不仅仅是一个比喻了，更是"兜售"自己学说、实现政治抱负与治国理想的一个机会，至于所谓的在"喻"中的反对和讥讽，如吴小如在《吴小如讲〈孟子〉》里所说，"梁惠王所言，乃移民就粟治标之策，故孟子以五十步笑百步讥之"。② 还是就修辞、情感、语义等层面上而讲的，上升到语用层面而言，其实就是对实施仁政的"广告植入"、启发、认知、理解、实施。

孟子的仁政思想，核心是民本，而民本的矛盾方就是"霸道"，因此，"以战喻"就是对"霸道"的否定，就是对"仁政"的宣扬与张本。

第四节　象物而教　"物象"的流转：《辛夷坞》教学解读

"象思维"是王树人先生在 20 世纪 80 年代提出来的，以区别于概念思维的思维体系，"象思维作为中国传统思维的本质内涵与基本特征，乃是区别于概念思维或逻辑思维的一种思维，或者称之为非概念思维。如果把概念

① 季广茂. 隐喻理论与文字传统 [M]. 北京：北京师范大学出版社，2002：42.
② 吴小如. 吴小如讲《孟子》[M]. 天津：天津古籍出版社，2008：5.

思维或逻辑思维划为理性思维，那么象思维亦可称之为非理性思维。"①

王树人先生认为，"象思维"的"象"是有不同层级的，是"流动与转化"的，是需要不断"体悟"的，其中"象的流动与转化"是"象思维"的关键。"'象思维'之'象'，就其本真本然而言，就是'大象无形'之'象'，或'无物之象'。这种作为'道'之'象'的'原象'在思中所开辟的，既是大视野，也是高境界。从象的意义上来说，要进达这种大视野和高境界的'原象'境域，也只能从与实际生活经验相联系的具象和意象起步，或者说是借此向神思的'原象'过渡。"②

"象思维"区别于概念思维，体现在：概念思维涉及主体的，主要是认识之理，并不涉及主体境界如何；而"象思维"则需要有更重要的"体道"功夫，在求悟中不仅思理，而且还要提升境界，其深邃之理往往就寓于诗意盎然的境界之中。"'象思维'不同于概念思维的显著特点，就在于它是借助'象的流动与转化'，达到'象以尽意'。所谓道家的'体道'，禅宗的'开悟'，以及诗人所从事的诗的创作，实质上都是'象以尽意'。"③

因此，从文化发展的源头来看，古诗词不仅在文化各门类中占有数量上的优势和重要的地位，还构成了传统文化底蕴与内涵的特征。从"象思维"的视角才能进入古诗词的本质或本真内涵，才能从根本上真正理解王荣生教授所说的"从文本特征入手设定教学内容进行教学"的含义。

一、"象思维"与古诗词教学内容的设定

《辛夷坞》是王维隐居辋川庄时期的作品，短短二十个字，描绘了一幅清新静谧的风景画，如果简单划归为"咏物诗"、"山水田园"类的诗歌，仅仅从"托物言志""借景抒情"的角度浅尝辄止地梳理一下，其内容好像"空洞无物"，没有什么可说的、要说的、值得说的。这样的诗歌在教学备课的过程中，如果没有有效的解读方法与解读目的，会让教师在教学内容的开发上捉襟见肘、空洞乏味。

按照王荣生教授对"定篇"类的教学文本进行处理，应该是"熟知经典，了解和欣赏作品，这本身就是目的"，并且"作为'定篇'的选文，其课程内容，既不是学生对这一'定篇'的感知，也不是教师对这一'定篇'

---

①② 王树人. 回归原创之思："象思维"视野下的中国智慧［M］. 南京：江苏人民出版社，2020：17，5.

③ 王树人，喻柏林. 论"象"与"象思维"［J］. 中国社会科学，1998（4）：38－48.

的理解……而是文化、文学等专门研究者对该作品的权威解说"①。这就意味着教师可以在个人解读的基础上，从诗歌接受史的维度来对这首诗进行教学内容与教学目标的选择。比如清人刘宏煦认为"摩诘深于禅，此是心无牵挂境界"，沈德潜认为此诗"幽极"。学者霍松林更明确地指出，"这首诗昭示了什么呢？深山无人，辛夷花自开自落。花开，并不是为了赢得人们的赞赏；花落，也不需要人们悼惜。该开便开，该落便落，纯任自然。"②

教师可以结合各家的评点与诗话，进行文本解读，让学生"彻底、清晰、明确地领会"作品，但教师作为读者又该如何解读这一作品？如何不硬塞给学生一个结论，或给这首诗贴一个标签，让学生能感受到、体悟到这首诗，并且还能掌握阅读这一类诗歌作品的方法？

二、"象思维"下的文本解读

如果没有"象思维"的理论视野，笔者认为在教学古诗词文本时，还会遇到很多这样"没什么要说的、值得说"的文本。那么，作为教师，在教学古诗词时，必须首先要对每一首具体的古诗词文本进行解读，当然，如果能从"象思维"的文化特点与民族思维层面进行解读，自然会有一番新的观察与体悟。

笔者以为，《辛夷坞》这首诗歌所传递的生命感悟是深刻的，也就是说这是一首有"诗魂"的诗，一首有"原象"的诗歌。

"木末芙蓉花"，描写辛夷花像芙蓉花一样高高地矗立在树梢上，这是一种较为客观的"外在之象"或自然物象的描写与叙述，并不能，也看不到诗人的"情志"。至于用"芙蓉花"来比"辛夷花"，这一比较也仅仅是"物象"的类比，并没有超出"物象"的东西，溢出的顶多是另一个"物象"而已。因此，第一句仅仅是"物象"的选择与确立，为后面的"象的流动与转化"设定了一个起点。这可以说成是庖丁的"见全牛"阶段。

"山中发红萼"，这一句已经把"象"流动到"红萼"上，如果上一句是概括的花开之"象"，那么这一句就"流动"到具体的初开之"象"上来了。这两种"象"有什么区别吗？流动的意义与效果在哪里？这个时候可能就需要运用到概念思维进行分析，刺破这一句诗歌的"统一性"，用孙绍振教授的话就是，使用还原的方法，找出矛盾，贴着诗句的机理进行分析，进入诗歌的内部空间。

① 王荣生. 语文科课程论基础（2014 版）[M]. 北京：教育科学出版社，2014：303 – 304.
② 霍松林. 霍松林选评唐诗 360 首 [M]. 西安：陕西师范大学出版总社，2017：89.

　　前一句讲"木末"，这一句为什么要用"山中"？"发红萼"更应该在"木末"上，辛夷花带有红晕的花苞在"木末"上应该更具体、形象，符合事实。如果用"还原"法，使用概念思维进行分析，这就是一个矛盾，找到这个矛盾，就抓住了诗歌一个"无理"的方面。至于如何体会"其妙"，又能体会到什么程度，这还得回到"象的流动与转化"层面上来，即这一句和上一句有没有一个"象"的"转化"，如果能感受到这一"转化"，就意味着这一句有多余的东西溢出了上一句单纯的"物象"。

　　强调是"山中"，而不说"木末"，至少可以有这样几层含义：说明"木末"之多，漫山遍野的都是"木末发红萼"，从一个广度上来看这一大面积的景象，用"山中"更符合新的"物象"；突出山中的颜色，因"红萼"多而带来的是视觉上的冲击，这就突破了"木末"的单一限制，走向了广阔的意象空间，带有了想象的意味，"山中"就是一个能产生联想与想象的空间概念，即意味着有一种广阔的、竞相生长的审美想象；"萼"这一"物象"的出现，作者把"物象"的辛夷花转化到物象的原初状态上，正是在这一时间的拉回与空间的切换中，把生命最初的状态写了出来，因此这句有一些"情志"附着在"物象"上，加入了想象与情感的成分，形成了"意象"，而不再仅仅是物象的选择与确定。

　　"涧户寂无人"，"无人"是一种现实描述，也是一种超越现实的整体性特点，更是一种带有个人"情志"的感觉体验，最终形成个人的"小宇宙空间"。"无人"是相对于诗人而言，"有人"是相对于"红萼"而言。"无人"是相对于"自然""无""空"而言，于是就"转化"到"空"这一"原象"，就进入了个人对天地人间真情拥抱的升华阶段，所以"寂"的听觉描述和"无"的视觉状态，就把这一方天地推向了一个人生感悟的对象之中，人和这一方自然天地融合在一起，消弭了人与外物的对立与差别，让诗歌确立了"诗魂"，"寂无人"可以说既是处于意象境界之中，又是对意象境界的超出，即这一句写出了"超越的情景"，即融会天地人间的整体情境。只有当一个有灵性有体悟的人，才能让其神魂徜徉在这样一个超越时空、瞬间永恒的情境之中，才能产生与"天地境界"整体沟通的感悟。这句诗歌为读者打开了一条领悟之路，沿着这条路走下去，可能就能到"本原之象"或大宇宙的"整体之象"。

　　"纷纷开且落"，这一句是对"寂"和"无"所酿造的"本原之象"——"空"的意象回归，也是诗意的酿造，"以景结情"，"情志"得到了统一表现，诗人把大宇宙的"整体之象"拉回到可视可感的意象层面，"体道"而不空。辛夷花从"发红萼"到"盛开"再到"凋落"，一个完整的生命流程展示出来，作者巧妙地把"意象的流动与转化"镶嵌在生命的流动与转化中，完成了"情志"与"物象"的融合与建筑。正如王树人所说："从象思维的体验和感悟出发，则'情志'在联想创造的筑象中，乃是物我两忘。诗中所显示的情景交融的境域，就是这种不分主客的一体相通境界。就是说，经过'情志'筑象，在诗中一切物都披上'情志'的光和色，或者说都成为'情志'所筑之'象'，也就是为'情志'所通透。"①

在"纷纷开且落"中，还能让人体会到一种"言不尽意"——借助概念思维不能把握的整体内涵。这一句诗可以作为一种能通向"原象"的体悟之路，进行整体分析，有这样几个特点：

首先，具有动态平衡性。"纷纷开"给人一种生命律动之感，好像进入一种"生生不息"的生命境界中，争奇斗艳，繁花似锦；"纷纷落"自然而然，水到渠成，没有丝毫的悲戚与忧伤，物象流转，体现着宇宙万物的流动不居与自然平衡。这就是生命的历程，也是一种自然随性的表达。

其次，具有整体统一性。从开始类比的"芙蓉花"的"具象"，到"发红萼"和"纷纷开且落"的"意象"，再到最后的"言外之意"，"寂""无"的"原象"，在"象的流动与转化"中，诗歌境界完整而统一，表达了作者从"以物观物"的自然描写，到"以我观物"的主体观察，再到"以物观我"的视角转换，最后到达"物我两忘"的"大宇宙境界"，这一整体性的"情志"，就是意脉，就是诗魂。

最后，与人的精神世界密切相关。这样一种"言不尽意"是通过"筑象""立象"完成的，好像能让人感受到在这样一种"外在"宇宙的平衡中，体悟到一种内心的平衡，内外合一，物我两忘，生命与自然相与为一，息息相关。花的"开"与"落"已经不仅仅是"花"与"外在"的关系，而是"花"与人的生命攸关，与人的精神世界融为了一体。

对《辛夷坞》的解读可以像《庖丁解牛》里的"牛"一样，成为"道"的表现，"辛夷花"可以成为通向"原象""道""大象"的"物象"、表征，因此对这一首诗所有关于"咏物""山水田园""自然""禅意"等方面的解读，必须从"体道"的角度来进行解释才能站得住脚，解读者也必须从"象思维"——这一民族思维的角度进行解读才符合诗歌的本体特点，才能真正进入诗歌的文化审美空间。

---

① 王树人. 回归原创之思："象思维"视野下的中国智慧［M］. 南京：江苏人民出版社，2020：372.

第五节　主题而教　"导读"整本书：《论语》整本书教学解读

　　吴承恩在《西游记》的最后用一首诗总结了唐僧师徒五人西天取经的旅程："圣僧努力取经编，西宇周流十四年。苦历程途遭患难，多经山水受边遭。功完八九还加九，行满三千及大千。大觉妙文回上国，至今东土永留传。"如果把这首诗放到孔子及其弟子身上，也较为合适、恰当。

　　孔子及其弟子的周游经历不正像唐僧师徒五人西天取经的过程？其路途的艰辛经历与其乐融融的境遇不正是唐僧师徒五人修成正果所经历的九九八十一难？同样是师徒团队，同样是肩负着个人信仰和伟大使命，同样是在外奔波14年，经历万千磨难，如果不了解孔子及其弟子周游列国这样一件"大事"的大致经历和过程，我们很难说理解孔子及其弟子的个人志向与人生状况，更难说理解《论语》中有血有肉的人物形象、深邃通达的观点和忧乐圆融的思想，也更没办法从文化史、思想史和教育史的层面来理解《论语》的伟大与深刻。所以，了解清楚孔子师徒团队的构成及行程，是阅读《论语》的起点与基点，更是景点。

　　对于中学生来说，阅读《论语》又谈何容易，且不说书中那博大精深的中国智慧和体大思精的语录文体让人一头雾水，单是书中零零散散的哲理隽语和堆积着时代价值差异的深奥句子就让人难以把握和理解了，再加上汗牛充栋的集释、集注、译注、注疏、注解、新解、心解、别解、正义等，更让人眼花缭乱，不知所措。而且对于一个中学生来说，又哪有时间、精力和能力来深入地进行文献梳理和专业研究呢？那又该用什么样的方式来阅读和打通《论语》呢？

一、把经典的主题与问题生活化、情境化

　　如何拉近学生和《论语》之间的距离，是把学生带到《论语》面前，还是把《论语》带到学生面前，这不仅是一个教学的基础，更是阅读《论语》的态度。把《论语》融入自己的生活情境中，把《论语》变成一种自我的理解，打破《论语》和生活之间的界限，不仅从书籍知识的角度，而且

是从生活的情境、生活的体验来理解它。这种类似于生活体验式、经典还原的阅读，可能才是真正的阅读，才是真正滋养生命和情调的阅读。

《论语》所讲的问题有很多，所谈的话题也都很高大上，但如果把它神圣化、教条化，那么读起来自然会很枯燥。李山教授把《论语》的内容分为"奋进的人生""永不妥协""本色的人生""人格的底线"等四个方面，这样就把《论语》中的人生品格精神融化到生活经历和实践当中，就把论语相关的内容主题还原到日常生活中了，这样就去除了隔膜和隔离，让《论语》和生活有关，而不仅仅是让阅读和《论语》有关。

阅读是一种姿态，在体验和情境理解中感受《论语》，这是一种更高级的阅读，这样的阅读更符合当下核心素养的培育，也让经典更有趣、更有效，而不仅仅是对概念和词句的理解。当然这要得益于教师把经典融入学生的日常生活中，把经典和人生打通，不仅仅是在读书，而是用书中的内容来引导学生，让学生和圣贤对话，让圣贤的思想和学生的生活形成关联。这样的阅读才是真正为人生的阅读，而不是为知识的阅读，更不是为阅读的阅读。

还原情境生活，把学生遇到的困惑难题用经典来阐释。比如关于学习、人际交往等各个方面，用《论语》中的内容来进行沟通与对话。这样既可以更深切地体会《论语》的内容，让我们对于《论语》和人生都有双向的理解，在理解孔子人格魅力的同时，又解决了阅读的问题，也回答了生活中的难题。圣贤不是指高高在上的活死人思想的傀儡，而是活生生的人，要从人的角度、个性的角度，要从内心体会的角度来理解对方。孔子是一个什么样的人，他为什么会出现这样的问题？从今天的思想价值和社会层面上如何理解？这是圣人的问题，也是每个学生的问题。

阅读最终的目的是滋养生活，丰富精神，让人生的状态更丰盈。不管是对于孔子，还是孔子与其弟子之间关系的阅读，都应该有这样一种意识：从人格、人性的角度，从心理层面来理解人的丰富性。比如，孔子和弟子之间的关系有两种类型：第一种就是孔子和子路之间的关系，这是一种气命上的相似，而孔子和颜回是一种情志上的相似，这两种相处模式、两种人生关系都是好的。但是两种相处模式，是人与人之间志同道合的不同体现，我们可以更好地把它理解为人与人之间的相处之道。

这就是读书所能带来的生活认识。

二、把圣贤人物个性与思想日常化、底线化

圣人首先是一个日常的、正常的人，只是圣人做到了平常人无法坚持、无法完成的事情。因此，从孔子的独特性与个性方面来理解他，可以把这个

人理解得更有温度、更有生命力，而不仅仅只是一个符号、知识点。阅读的感悟，必须经过对孔子这个人物的"同情之理解"，才能更好地读进《论语》。只有把圣人作为一个常人、一个普通人，其伟大之处才能更好地体现出来。进行人物解读的过程中，义必须立足于人物是普通人的个性心理，从平凡当中理解他，从伟大当中看到平凡的一面。平凡和伟大常常是辩证而存在的，理解圣人身的平凡与伟大是一个角度，也是一种方法。

在"F永不妥协"这个环节里，圣人最后到了一个什么样的境界？人生在青年、中年和老年应该是一个什么样的状态？通过孔子的发展可以看出创造的时期要有所成就，老年的境界要心态平和。不管是曹操还是杜甫，可以比较出人物之间的这种关联性和普遍性，才更容易理解这一内容。如果把孔子仅仅作为一个圣人和君子，怎么更好地理解他的本色人生和人格底线呢？课堂上多教学生底线，而不是教圣名，就是要从人与人性的角度，从心理的角度来教最基本的、最起码的阅读方法和阅读方式，而不是教教条、教知识，要把这个知识情境化、日常化、底线化。这样才能读出书的内在奥义，才能把书变成生活的呼唤和呼应，而不仅仅是一个读书形式和活动。

读书是一种价值的阅读，是一种生活的阅读，更是一种精神的阅读。阅读能帮助我们理解伟大人物的平凡之处和伟大之处。越靠近圣贤，越能发现其在平凡身上的一种伟大。人生的乐趣和智慧就是在阅读当中获得的。靠近伟大圣贤，用生活的眼光、底线的思维，并把他们的思想用来治愈我们当下的心灵问题，改善我们的精神生活，这就是阅读《论语》所能感受到的生命情调与生命方式。

当然，这样的阅读方式可称之为情调与生命的阅读。

三、把阅读内容与活动方式结构化、任务化

整本书如何进行教学导读？依托于语文课程标准中两大学习任务群的要求，试图通过设计子任务的形式来一步一步地走近孔子、走进《论语》，沉浸式地理解《论语》，使用人物理解、情境还原的基本方式，运用化乱为整、提纲挈领的结构意识，达成以古对古、古为今用的教育效果，以期学生在"语言建构与运用""思维发展与提升""审美鉴赏与创造""文化传承与理解"等语文核心素养方面都有所提升。

所以，针对《论语》看起来好像散、难、古、乱的特点，应该由浅入深，由外而内，以故事联人物，以人物串情境，以情境讲主题，以主题挖体系，以体系讲思想，最终达到对《论语》的通读、通释和通识的教育目的。

所以，要设置这样几个方面的子任务来完成对《论语》的导读与引介，让学生能更亲近且较为深入地理解《论语》。

首先，要想读进《论语》，一定要了解孔子及其主要弟子们的生平经历。"周游列国"的任务是为了完成学生对孔子生平的大致把握。这一任务内容，可以结合司马迁的《史记·孔子世家》、钱穆的《孔子传》、李长之的《孔子的故事》、鲍鹏山的《孔子传》、骆承烈的《孔子历史地图集》、孔祥林的《图说孔子》等内容进行补充和拓展阅读。当然，为了节约时间，也可以仅把《孔子的故事》和《图说孔子》当成补充阅读内容。在此基础上，就可以把《论语》中所涉及的主要人物及周游经历贯穿起来了。

其次，要想读深《论语》，务必把《论语》各章节的逻辑关系梳理清楚，结构化地把握这20篇492章的内容，而不是零零散散地了解、认识和理解。因此，找到《论语》全书的逻辑核心尤为关键，而"仁"字（109次）作为出现次数最多的核心概念无疑是最好的抓手，以此为中心进行逻辑思考和排列，自然就能把整本书的"整"字梳理清楚。在此基础上，再对《论语》的各个道德概念，比如孝、悌、忠、信、勤、义、勇、敬、诚、恕、温、良、恭、俭、让、谦、和、宽、敏、惠等内容的理解与关系进行梳理，就一目了然了，这正是整本书阅读的最重要的方式。

再次，要想读好《论语》，必须以古对古、古为今用，即读整本的原著，积累文言语料和思维表达的方式，并且运用好想象还原法，从"想成为一个什么样的人"入手来参悟《论语》。《论语》是语录体，孤零零的一两句话，如果不进行语境的还原和背景交代，我们很容易对其做出片面的、机械的、现代人的理解。因此，以"君子"为人格画像，进行各种道德概念的勾连，以及和孔子思想的着力点的连线，就可以把《论语》的内在结构和逻辑关系形象化，对于一个人的价值成长与教育追问就有了基本回答，而这正是阅读传统经典的最大价值和意义——"立德树人"，"培养什么样的人""为谁培养人"，这也正是当下阅读《论语》的必要性与必须性。

相信通过这一任务形式的阅读，学生对《论语》的思想理解会有一个大的提升，而且在人物故事、思辨能力、文化理解、阅读整合等各个方面都会有一个质的飞跃，距离"加强理性思考，增进对中华文化核心思想理念和中华人文精神的认识和理解，体会中华文化创造性转化和创新性发展的趋势"的课程目标也就会进一步了。

以下是为《论语》整本书阅读设计的任务群：

任务一　"周游列国"：《论语》中孔子及其弟子的经历与主张。

子任务1："一带一路"——梳理周游的队伍构成及到访的邦国。

子任务2："各言其志"——整理孔子及其弟子的个人志向与理想。

任务二 "求仁得仁"：《论语》中以"仁"为核心的逻辑关联。

子任务1：概括"仁"的内在特点与外在表现。

子任务2：用"仁"来关联《论语》相关主题。

任务三 "君子人格"：《论语》中"君子"是什么样的人？

子任务1：君子与小人都有哪些方面的不同？

子任务2：探究君子的人格追求与人生境界。

任务四 "辞达而已"：《论语》言语表达特点的探究。

子任务1："维度的力量"——多角度、多层次的语句特点。

子任务2："诗性化阅读"——隐喻思维、哲理旨趣的诗性。

第六节　推篇而教　"单篇"推向全书：《复活》整本书教学解读

统编教材对名篇名著选取片段的"节选"文本，落实到高中阅读教学中，有两个方面的关系要进行思考，一个是片段的"独立性"——既是内容相对独立又能够体现名篇名著的特征，另外一个是"关联性"——即"节选"与整篇（部）的关系，进而寻找在"文化的传承与理解"中对外国文化的"理解"。因此对《复活》进行的讨论，试图建立路径清晰的文学研读路径，在关注片段独立性的同时，加强对小说的整体理解，一方面为高中语文教师的备课提供相应的学术探讨的思维与方法，另外一方面探索融于基础教育的相应的教学实践，探索节选文本的阅读以及从节选推向整篇（部）的阅读。

一、文本外围："推向"驱动与文学预备

（一）灵魂："人物'善—恶'冲突"阅读框架的建构

高中语文部编本选择性必修上册第三单元外国文学单元，节选了《复活》片段。所选内容为：主人公聂赫留朵夫作为陪审员参与了审判玛丝洛娃

谋财害命案件之后，良心深受谴责，于是前往监狱探望玛丝洛娃并祈求原谅的情节，两位主要人物首次正面公开接触，拉开了"复活"序幕。为使学生实现对节选内容的深入理解，以及整篇（部）的阅读，不妨把《复活》看作一个通过"太阳式"的人物（聂赫留朵夫）、"月亮式"的人物（玛丝洛娃）和众多"星星式"的人物（底层、革命者和贵族人物）活动所组成的社会生活的历史记录，从监狱犯人、陪审员与警察及法官之间的社会交互关系中，窥见一个更贴近作者写作的真实社会，并从俄国的司法制度方面考察底层人民生活的惨状与人物精神复活的困境。也就是说，把对小说人物灵魂"复活"的理解当作节选内容的教学内容和教学价值选择，并以此来串联起小说情节，驱动学生完成整篇（部）阅读。

《复活》是托尔斯泰世界观转变后创作的最重要的作品，也是他晚年思想与艺术探索的结晶。像《复活》这样的经典小说必须以小说的文体样式，以及其独特的叙述方式为依据进行阅读和教学，必须从人物形象、人物性格、人物灵魂的角度进行小说的分析与理解、审美与鉴赏、积累与表达，才能完成对小说的整体理解与意义建构。此外，根据小说的叙述对象和叙述内容：讲述了聂赫留朵夫和玛丝洛娃各自道德复活、人格复活、精神复活和灵魂复活的心路历程，因而只有从"人物—作家"的同构关系中才能更好地理解人物形象和小说深邃题旨。而进行所谓的人物形象分析与理解和小说的审美阅读、思想品读，具体到"聂赫留朵夫"和"玛丝洛娃"身上，再结合小说的情节发展和人物心理变化的推进逻辑，以及小说的"复活"题旨，就必须从小说人物形象内心所展示出来的"善—恶"纠缠与冲突入手，才能窥探到时代与社会下的人性之光与灵魂秘密。正如伍尔夫所说，"俄国小说里的真正主人公，就是'灵魂'"。因此，从这个意义上讲，理解《复活》小说人物形象的内在心灵的冲突与矛盾，以人物形象的行动和心理描写为抓手，并从节选的部分推向整篇（部）的阅读，进而完成对人物形象的整体理解与把握，这正是阅读《复活》最好的打开方式。

（二）语境：作家与作品简介

列夫·尼古拉耶维奇·托尔斯泰，1828年9月出生于俄国贵族家庭，但托尔斯泰从小所接触的亲人都是仁慈善良之人，逐渐形成了善良的品格，并发展成为一个人道主义者。19世纪四五十年代，托尔斯泰伯爵还曾经尝试探索解决贵族与农民的矛盾，试图协调贵族与农民的关系。后来，托尔斯泰在自己的家乡为农民办学，参与创办教育杂志等。在与农民的接触中，他逐渐接受了农民对事物的一些看法，也增强了对普通人民的同情。再后来，托尔斯泰开始过像农民一样的生活，亲自缝鞋，担水劈柴，到田里从事一些农业劳动等。

1887 年，托尔斯泰和检察官朋友科尼谈话时，科尼讲了一个他所听到的事情：一个出身贵族刚毕业的年轻人，在他亲戚家的庄园度假时，诱奸了女主人收养的姑娘。该姑娘后来成了一名妓女，而且因为盗窃被判了刑。在审判时，诱奸过她的那个年轻人恰巧是陪审员。当年轻人认出她以后，良心发现，认为她的堕落是由于他个人的情欲所造成的。因此，他决定同她结婚，以赎自己的罪过，但最后她因患伤寒而死。年轻人知道后，悲不欲生，把自己为她准备的嫁妆捐给了狱中的女犯，从此，便不知去向。这样一个颇具感伤新闻特点的故事被托尔斯泰听到后，他就开始构思这部小说。经过前后十年的时间，托尔斯泰把他对社会的观察、审视以及对"自我完善"的追求，都融入了这部小说中，寄托在小说的人物身上，并通过对社会深入全面的表现与批判而实现。从《复活》的整篇来看，聂赫留朵夫对于一些社会问题的思考，如土地问题、对待贵族阶层的态度问题、封建官僚制度问题、宗教问题、法律和监狱问题、对待政治犯态度问题等，正是托尔斯泰创作中的现实指向表现，而且也只有从现实的层面来理解聂赫留朵夫的"复活"，才能看出托尔斯泰对人性复活的期待与愿望。

通过现实的这面"镜子"来反射教材中《复活》的节选部分，可以发现：其人物形象的刻画不仅充分显示了托尔斯泰精湛的小说文体艺术表现功能，即于细致的艺术描写中生动展开人物形象的心理刻画，更体现了人物之间与人物内心的冲突与矛盾，而要理解人物矛盾的根本要素和人物"复活"的历程，必须结合作者的社会指向、思想背景与信仰追求。而理解小说人物形象，又不能仅仅局限于节选部分，这就要求我们立足于节选部分来推向整篇（部），因为人物形象的多面性必须从整篇（部）出发才能理解，人物的形象的发展性只有从整篇（部）视角才能把握，人物形象的层次性只有从整篇（部）高度才能体会，而且人物形象也只有在生动复杂的情节中才能得到充分的发展和表现。

二、文本路径：心灵之法与小说结构

《复活》中的聂赫留朵夫是一个忏悔的贵族形象，他不仅意识到个人行为层面以及本阶级的罪恶，而且还否定了贵族阶级，直至最后与之决裂，成为原本阶级的叛逆者。托尔斯泰在展现聂赫留朵夫进行忏悔、赎罪的过程时，主要使用的是让人物形象与性格在动态的心理描写中表现出来，俄国评论家车尔尼雪夫斯基把托尔斯泰的这种心理描写手法称之为"心灵辩证法"。在教材的节选部分中，作者成功地运用了"心灵辩证法"的艺术手法，出色地刻画了聂赫留朵夫进行忏悔的心理活动过程——其内心有两种声音交织在一起。作者在描写聂赫留朵夫和玛丝洛娃重逢的时候，是有着"善性"和"恶性"的冲突的，但最终让"善性"作为美好的过往与完善道德的自尊等表现形式涌上人物的心头，让被生活与现实压抑而成的"恶性"——社会和经历的黑暗已经把微弱的人性之光吹灭，使得人物表现出一种自我放弃、自甘堕落的形象——走向"复活"。理解人物身上的这一点亮光至关重要，这是复活的基础，一个完全跌到谷底的罪恶的人，如何有得救的可能？

《复活》中的卡秋莎·玛丝洛娃是一个受尽凌辱的女性形象。从情节上来看，相对于聂赫留朵夫的"复活"，玛丝洛娃的"复活"更艰难、更深邃、更震撼，也更能体现作品的文学艺术性，对人物的描写和刻画也最为成功。因为聂赫留朵夫身上还可以用"自我得到的完善"完成人物性格的统一性以及心灵的矛盾性统筹，但对于玛丝洛娃则必须有大量的情节、细节以及环境内容和过程的铺展，才能让人物的心灵和精神立体且自然地"复活"，而且还要把人物的社会关系从原来的"堕落"范围渗透到广泛的底层人民中，这就要求作者必须对人物有合逻辑的演进和改变，让人在阅读的过程中能破解"为什么就堕落了呢""为什么就变好了呢"的疑惑。

这时就必须从情节上进行回溯，从节选内容推向整篇（部）才能理解人物经历的复杂性与完整性。托尔斯泰在作品中精心描写了玛丝洛娃"复活"的历程，主要是从环境和人物的神态等细节上进行营造与表现。从教材所节选部分的狱中初见内容看，聂赫留朵夫的出现对玛丝洛娃来说是完全出乎意料的。她感到愕然，当他问到往事时，她不愿也不想回忆曾经纯洁的爱情和令人陶醉的幸福，因为在那种欢乐之后就是一连串的苦难与屈辱。于是，她表现得心不在焉，这其中掺杂的没想到、遮住、驱除、不情愿、小算盘让人物更真实、更丰富、更统一。试想，如果相见之后的"玛丝洛娃"立即就变成了聂赫留朵夫的"卡秋莎"，那能体现出被男人玩弄所带给她的伤害阴影以及生活苦难吗？这就让玛丝洛娃的"复活"打开了更广阔的社会空间，让小说人物注入了丰富的社会性，也让小说的主题走向了另一个层面，也符合并配合着聂赫留朵夫最终阶级立场转变的逻辑。

因此，在阅读或教学中应当首先把握"守本"解读，像理解聂赫留朵夫一样，要读出人物的灵魂，即完成对小说人物形象构成的理解和透视。我们不能只简单地去了解或认知人物的个人状况与性格特点，如善良、温和或虚伪、狠毒等，更重要的是要把握人物形象及其性格特点是怎样刻画和表现的，要启发学生学会"怎么读"小说。

三、文本内核："人性—社会—宗教"的善恶主题

《复活》通过对两个主要人物性格发展、人生命运和生活道路的描写，呈现出俄国 19 世纪末社会状况的本质特征，进而猛烈地抨击了俄国沙皇专制制度。大学时期的聂赫留朵夫是一个真诚善良、有美好道德的贵族青年。可是三年后，军队的生活和彼得堡上流的社会生活在他身上引发了利己主义的"恶"，他很快就滑入了堕落的泥坑，这一阶段是肉体战胜了心灵，欲望腐蚀了灵魂。十年后，聂赫留朵夫在法庭上与玛丝洛娃的意外相遇，使他的思想和性格开始出现转机。最初，他感到恐惧，怕玛丝洛娃认出自己，让自己当众出丑。随着案件的审理推进，聂赫留朵夫的内心也在激烈地斗争着，羞愧、悔恨，同时又想逃脱。当法庭宣布判处玛丝洛娃到西伯利亚服四年苦役，玛丝洛娃哭喊着"冤枉"时，聂赫留朵夫的心灵受到了强烈的震动。他开始认识到自己所犯罪恶的严重性，开始痛责自己，他决心忏悔过去，弥补自己的罪责，重新做人。这一阶段是人物形象的道德之善开始逐渐征服内心的欲望之恶与社会之恶。

开始，聂赫留朵夫只是为个人忏悔，为自己赎罪，并为了赎罪，提出与玛丝洛娃结婚。在这些举动中，不能说没有虚伪自私的因素掺杂其中。例如，他一会儿为自己往日的罪行感到羞愧，一会儿暗自欣赏自己的"牺牲精神"，欣赏自己的崇高和善良，在赎罪中以求得自己内心的平静。但到了后来，随着对玛丝洛娃的深入了解，尤其是在为玛丝洛娃奔走上诉的过程中，从莫斯科、彼得堡的官场，到荒凉凋敝的农村，他目睹了沙皇专制下社会现实中的种种丑恶——政治腐败、法律反动、教会欺骗、经济衰落、民不聊生，让他愈来愈认识到上层统治阶级罪恶的深重，并对人民的苦难给予深厚的同情。这一阶段的人物灵魂已经完成了精神的"复活"。

相比较于聂赫留朵夫灵与肉的冲突及"复活"，玛丝洛娃的"复活"显得更为深刻，从对美好爱情的幻想到对生活的怀疑和绝望，后来到对有企图的男人们的报复，再到变得冷漠不愿回忆曾经的美好过往，直至被聂赫留朵夫一步步的忏悔行动所打动而"复活"，玛丝洛娃最终成为一个情操高尚、灵魂至善的人。在这一"复活"的过程中，表现出被黑暗时代所裹挟的个体生命的价值，表现出对人的内在力量与崇高精神的高度肯定和信赖。小说通过描写不同阶层的精神复活，展示了即使在遍布诱惑和苦难的生活中，人仍

然可以自主选择，仍然可以冲破重重黑暗的帷幕而做出善的选择。弘扬人性、歌颂善性、否定恶性，这是小说《复活》所传递出来的永恒价值——穿越时代的人生价值和终极关怀。

从一个更广阔的角度来说，《复活》也是作者面对社会现状和理解社会问题的心灵史，体现了"批判现实主义""真实性"的表达功能。在小说《复活》中涉及的案件有 40 多起，我们可以从中窥见俄国社会的司法制度、庭审制度和监狱制度，加深对俄国社会真实性的认识。《复活》中，聂赫留朵夫辗转上下，穿梭来往于社会景观的两极，他不仅出入彼得堡上流社会及贵族沙龙，而且还走访了农庄、监狱、贫民窟等底层社会空间，让我们看到黑暗社会给人性以底造成了怎样的摧残；同时，透过玛丝洛娃被冤判的冰山一角，聂赫留朵夫看到了充满苦难的巨大冰下山体。这样托尔斯泰就打开了俄国社会各个层面的帷幕，让存在于社会各方面的根本矛盾得到了全面深刻的反映与展示，对沙皇专制下的国家制度、社会制度、教会制度和经济制度都进行了深刻的揭露和激烈的批判。然而，托尔斯泰又大力宣传自己的"勿以暴力抗恶""道德上自我完善"的学说，即所谓的"托尔斯泰主义"，号召人们以基督教的"博爱"思想彼此放弃暴力。聂赫留朵夫所信奉"道德上自我完善""勿以暴力抗恶"的思想，正体现了作者思想的局限性。

四、文本延伸：任务群设计与阅读拓展

新课标中"整本书阅读与研讨""外国作家作品研习""跨文化专题研讨"等与整本书阅读相关任务群无不强调"研"，以对任务的研讨从广度、深度两方面来推进整本书阅读，这应该是整本书阅读的大道、正道。对于教师来说，最关键的无外乎精准设置具体的任务，这就需要教师对于篇目与学情有着翔实而深入的理解和掌握。就《复活》整本书阅读来讲，学生对于俄国文学的接触应该是不多的，而且俄国文学中人物的姓名、大段的心理独白、大段的景物描写、情节推进的滞缓等都是学生研习俄国文学的障碍，教师应该设置相应的任务或项目让学生适应俄国小说的节奏，继而帮助学生进入小说的情境中。

（一）项目一：演绎人生

梳理《复活》（第一部分）的情节脉络、人物关系。①参考《雷雨》（借鉴《雷雨》中设置矛盾冲突的方式和技巧）编写《探监》剧本，剧本应

当清晰地展现聂赫留朵夫、玛丝洛娃的人生经历。②学生分小组排演戏剧《探监》。演员要结合剧本的情境仔细揣摩人物动作、语言、心理，并以恰当的方式演绎。③点评戏剧《探监》。学生不仅要点评演员的表演，也要点评剧本（剧本的语言、剧本设置的矛盾冲突、剧本展现的人物形象）。教师奖励学生评选出的优秀剧本、优秀演员。学生通过自主编剧、演剧、评剧等具体任务的施行，能够深入领会《复活》（第一部分）中聂赫留朵夫、玛丝洛娃两个迷茫的灵魂堕落的过程以及其中的无奈、痛苦与挣扎，为研读《复活》全篇打下扎实的基础。

（二）项目二：绘写人生

梳理《复活》（第二部分）的人物关系并考察主人公堕落的渊薮。①阅读《复活》（第二部分），并梳理聂赫留朵夫为监狱中的案件奔走路线。②用思维导图的形式，描绘出聂赫留朵夫的整个社会（包括上流社会和底层社会）关系。③聂赫留朵夫为玛丝洛娃案件奔走的过程，对 19 世纪俄国的司法制度、土地制度、社会阶层、宗教信仰等各方面做了深刻的反思，玛丝洛娃堕落并被判苦役与这些社会因素有着密切的联系。学生分小组撰写一篇小论文，从主客观方面的因素深入分析玛丝洛娃与聂赫留朵夫的情感变化和婚姻选择的深层原因。④学生对聂赫留朵夫的社会关系思维导图、有关玛丝洛娃的小论文互评。

（三）项目三：知人论世

理解"复活"以及托尔斯泰主义。①阅读《复活》（第三部分），梳理西蒙松、谢基尼娜、诺伏德伏罗夫、克雷里卓夫等政治犯的人生经历。②结合《复活》（第一部分）中玛丝洛娃首次在狱中与聂赫留朵夫会面的场景，撰文比较并深入分析她最后一次在狱中与聂赫留朵夫会面时所发生的转变，分小组撰文阐明玛丝洛娃"复活"的含义。③《复活》是托尔斯泰最后一部长篇小说，在某种程度上也是具有自传性质的作品，是作家用十年时光对自己一生经历的探索和思想的总结。写作的过程本身就是极好的立德树人的教育资源。要理解《复活》的主旨，有必要考察托尔斯泰跌宕丰富的人生。结合《托尔斯泰的烦恼》（视频资料）、茨威格《逃向上帝》等学习资源，分小组撰文阐述聂赫留朵夫的"复活"之路。

（四）阅读拓展

《复活》是一部现实主义作品，整部巨作 44 万字，对于具体的社会有着真实而详尽的刻画。《复活》可概括为两个主人公"复活"的三个阶段：堕落—救赎—新生。如此概括，对于学生来说比较容易把握小说的主干。当然，《复活》的两个主人公玛丝洛娃、聂赫留朵夫都完成了自我救赎，实现了人性的、良知的、良心的复活，这也是作者托尔斯泰的救赎之道，由此形成了托尔斯泰主义。托尔斯泰主义的要义有三个方面：博爱思想、道德至善、不以暴力抗恶。托尔斯泰主义历来讨论颇多，对此我们应该理性辨析，扬弃吸收，让这个思想融入我们的社会主义核心价值观之中。结合列宁对托尔斯泰的评价，学生在肯定托尔斯泰对于现实的反省以及批判的同时，比较鲁迅《一件小事》中"我"的反思与聂赫留朵夫的救赎，理解"复活"的深刻内涵。

①阅读《一件小事》以及列宁对托尔斯泰的评价，对托尔斯泰主义进行论辩。班级分小组开展以"我们该如何评价聂赫留朵夫以及托尔斯泰主义"为主题的大讨论。小组做好讨论记录，提炼核心观点并在班级进行分享和思维碰撞。②阅读杨绛《老王》，对比分析这篇课文与托尔斯泰《复活》的异同，探究心灵与精神上自我救赎的根源和过程。此外，在《复活》的整本书阅读中，启发学生不断完善自我人格，培养仁爱、宽恕、善良的精神品质，落实"立德树人"的教学目标。

第七节　单元而教　"大单元"的落实：统编教材单元教学解读示例

一、乐与悲：存在与表现

统编教材选择性必修下册第三单元单元学习内容导语上有这样一句话："要理解作者如何通过特有的语言形式去抒发情绪，形成独特的美感。"也就是说在这一单元进行教学的时候，应该着重考量如何通过文章的情感内核和语言形式之间的关系，来理解文本的表达特点和美感。比较本单元的几篇文章，可以发现它们在情感内核上有一个共性，这可以作为这一单元的人文主题或情感内容，那就是乐与悲，进而可以把单元的主题定位为"乐与悲：存在与表现"。

乐与悲作为人类的两种情感形式，成为人生的两极，整个人生的过程就在这两极中来回地重复与延宕，最终形成人生的体验。当然，能把这一体验用情境或叙述等文字传达出来，形成美好的语言形式，正是这几篇文章潜在的话语机制和生成原理。因此，从这个角度进行主题整合和比较，可以更好地理解言和意的关系，进而体会语言的表达与情感的塑造，以及手法媒介的互通、互联，并在此基础上进行语言的建构与运用、思维的发展与提升、审美的鉴赏与创造、文化的传承与理解等语文核心素养的提升。

（一）乐与悲的存在

综观几篇课文，乐的情绪、悲的情绪相互融合、相互转化而辩证存在。为了更好地理解这两种关系的呈现和表达，首先要感知这两种情感的存在基础和要件，可以先让学生梳理出乐在何处、悲在何处，并依据事件、情境和行为要素勾连出《项脊轩志》《兰亭集序》《归去来兮辞》等三篇文章的内容结构，形成表格化的任务活动。学生在填写乐与悲的原因、条件、要素、手段、情境等内容时，可以思考乐和悲在这三篇文章中所呈现的具体情况。

首先，从生活的层面概括出乐在何处、悲在何处，用具体的事件、景物、行为，并用特定的句式概括为××之乐。以此类推，根据相似的句式，概括为××之悲。当对这两种情感的表达和呈现能够基本概括和理解后，再做进一步的分析、比较与思考。

其次，从维度和层次角度思考乐与悲的区别。由外而内、有形到无形、表面和内里等层面概括出乐与悲的层级与梯度。这样能更好地理解文章所表达的层次性和深度性。比如，《项脊轩志》中的"乐"，有外在的情境之乐，更有内在的情趣之乐；《兰亭集序》有九种要素的"乐"，从时间、地点、事件、活动等方面逐渐而生，最终体现为游目骋怀之乐；《归去来兮辞》有14种"乐"，层层叠加，按照时间顺序、心理和精神层面的乐，体现出乐的级别和梯度。通过这些比较，可以发现古人对乐的追求、对乐的理解并不空洞、肤浅和庸俗，而是指向精神层面、思想层面和生命层面。

再次，对悲的理解有什么区别。古人之悲，悲的可能是人事、责任、使命与生命的短暂，是人生的无常、美好事物的转瞬即逝，更是对于永恒的无法把握，这不仅体现在《项脊轩志》《兰亭集序》《归去来兮辞》中，更是传统文人士大夫的一种总体的时空观、价值观及对人生的理解。因此，对文中之悲的理解，不能仅仅停留在乐极生悲这种惯性思维上，而是要从乐的过程和转化中，理解相互转化的要素、意脉和因子。这就要考虑到在乐的过程中，古人常常会暗含着悲的要素，思考梳理出来：这一乐的要素怎么转化出悲的情绪，其内在的意脉和关系是什么样的，这是第三步的内容。

这一情感内核转换的分析恰恰是学生理解文本内在机理和结构的关键所在。从乐的背后发现其潜在的人生体悟，这种体悟常常伴有自我主体的无法掌控和最终消失的人生感慨。于是悲的情绪自然会有一种弥漫和凸显，渐渐地体现出人生在时间永恒面前的短暂和叹息。因此，这样一种情感逻辑就会自然而然地呈现在学生的面前，学生就能够理解这样一种文章结构的共性特点、古人情绪的普遍发展和母题结构。

（二）乐与悲的表现

乐与悲不仅在情绪的结构层面上有探索的价值，在语言的表现层面上更具有审美和艺术的价值。语文的学习更多是要通过这一言语表现形式来体悟作者的情绪内涵和情志。比较三篇文章，要从炼字炼句处进行体悟。《项脊轩志》使用了"物我关系"把这一情感推向了极致，用"庭有枇杷树"和祖母所持之"象笏"两个物的形式体现了"人""物"之间的浓浓情感，最终呈现了表达形式的别致和独特。《兰亭集序》用了千古同悲、士大夫生死观，用"岂不痛哉"简短而决绝的判断概括出作者对于人生本相之悲的认同，并用乐、痛、悲的情感逻辑，表达了对人生哲理的思考。《归去来兮辞》选择了不同的反问句呈现出人生的短暂感和无法掌控自我的无力感。三个篇章，三种形式，通过这样比较的方式就看出各篇言语形式与篇章结构的独特性。

每一种乐与悲的背后，都有一个独特的自我，这个自我就是作者的个性或心境。《项脊轩志》中的"我"是一个深情款款而责任使命重大的士大夫形象。《兰亭集序》中的"我"是一个潇洒飘逸、思想高妙、情智兼备的人生终极价值的思考者形象。《归去来兮辞》中的"我"是一个寻找自我、追求自我的回归者形象。三篇文章体现了三种人生的态度，一种是世俗家庭与社会价值的方向，一种是关于生死发展与时间永恒思考的方向，一种是自我体验、个人主体建构与体验者的方向。三篇文章，三种形象，也是三种人生的选择路径。

乐与悲存在于我们人生的每个环节、每个层面，而且两者不断交织在一起，并演变成当下的生活。人生的理想恰恰就在于乐与悲的交织中，并成为人生意义的追求。对人生的目标和理想，我们当然可以概括为社会层面的"桃花源生活"，"采菊东篱下，悠然见南山"，或者"心远地自偏"的自我感受；也可以是"临文嗟悼""后之来者亦将有感于斯文"的无奈与叹息，更有可能是"今已亭亭如盖矣"，可以不断品尝、不断回味的人生深情与至爱。

这才是比较而读这三篇文章所带来的思考和启发，以此建构起对文言篇章言意关系的理解与表达，并在这一关系当中积累独特的言语形式，获得独特的言语美感、文化意味和生命价值。

二、古诗词中"归"字的文化审思

> 陌上花开，缓缓归矣。
> 归去，也无风雨也无晴。
> 田园将芜胡不归。
> ……

古诗词当中"归"字的描写与体现比较多。"归"字的本意是女子出嫁，引申为"回去""归还"等词义。这一语义的发展在诗词中慢慢形成了不同的语境义和审美义，并最终沉淀为一种文化思想。从"归"中可以看出整体的情感和情绪。"陌上花开，缓缓归矣"中，"归"不仅把时间、环境、心情诗意化了，还表达了一种兴奋、坚贞等文化层面的内涵。

（一）修辞价值：语意层面上的"归"

首先，"归"字意为"回去""回归"。结合不同的诗句及表达的方向，指向自己向往、希望之地或者自己的家园故乡。这一"归"意在情感，常表现为一种欣喜、期待。不管是"何日归""缓缓归矣"，还是"我欲归去""归园田居"，其语意已经凝聚为情感的载体。

其次，"归"可以成为诗歌文本的结构内容，其修辞效果可以分为"归前""归中""归后"。这样的逻辑关系理解可以把握文本整体，不管是在一句之内，还是整篇之内，归的内涵都可以在修辞层面进行文章学的考虑，并可以此来把握诗篇文本的结构特点。

依据"归"的修辞效果，再结合环境的描写和情绪的起伏，就可以更好地理解文章的意脉和内在的情感变化。这就是"归"字在文本中的修辞作用，但这一作用主要是从语义与篇章结构等层面上进行的考量与分析。如果从文学意味上来理解其表达效果，"归"之审美意味还会更深一层。

（二）美学价值：文学意味上的"归"

"归"不仅仅是一个动作，更指向一个审美动作和行为意象，甚至体现为某一人物形象，有时还浓缩为一种诗人情感的人格画像。不管"归"向何处，"归"的状态，"归"时人物的表情，整合这些内容可以看出这一形象的急切或兴奋之情，再结合具体的诗句，可以想象"缓缓归矣"之情之形在天真烂漫情境中所表现出的那种美好与幸福。

结合不同的"归"诗，诗人所塑造的形象自然也就不同。陶渊明的"归"是一种离开官场而返璞归真的归，是一种回到大自然，回到山水田园、精神家园的归，表现的是诗人率真自在的形象。苏轼的"归"是一种不断超脱、突围、豁达、自我突破的归，是一种从内而外的自我焕发。在不同的"归"诗中，可以看出不同的风神和精彩之处。人物的精神面貌、人格画像在这一"归"中，展示出其审美艺术的价值。这一价值体现为形象的建立、精神的体现以及人格的显露。"归"字承载了作者的内心追求和整体形象。

"归"还包含着不同的诗歌形态和审美意味。在不断地回去的路上，可以看出诗文中带来的冲突、阻碍、矛盾，以及背后的喜悦与期盼。所以，"归"字背后有着极大的文学意味。这一方面来自作者的形象建构，一方面来自于这种味外之味，也就是在作者情感之外的羁绊、努力和决绝之态。这都是"归"所透露出来的文学审美价值。

（三）思想价值：人生终极意义上的"归"

"归"不仅是回家，也不仅仅是回到理想之境，或者理想的生活方式。比如，陶渊明的"归"不仅仅回到山水田园，或者"采菊东篱下"的家园，或者世外桃源，更多的是回到"心远地自偏"的精神家园。而精神家园的指向是传统文人士大夫一直在追求、向往和期待的人生归宿。这是古代文人墨客的基本人生信念。从屈原、陶渊明到李白、苏轼、纳兰性德，一以贯之，都有着强烈的对人生终极价值的思考，而"归"字能体现出人生的思想美感。

当然，"归"字背后，不仅仅是一种回归，还是一种寻找与自我认识，更是一种自我的建构。诗人在"归"中找寻自由自在，让自我有一个比较明确的主体性，找到一种人生的确立感以及某种程度上的意义感、价值感。因此，"归"最终是回到自己，回到自我价值，回到自我认可与认知这样一种主体性的确认。

《归园田居》《归去来兮辞》中的"归"都是要回到自我确认层面，以此来寻找生命的意义和价值。诗歌中的"归"是诗人人生的指引和方向，这是一种回头、回望，更是一种寻找自我的眺望。"归"中所包含的精神追求和思想价值后来成为士大夫文人的精神家园、价值谱系和生命坐标。在此意义上来理解"归"，可以更好地感受古诗词中"归"丰富的表达之态，以及不同的表达之景、表达之意、表达之味。因此，从关键词入手才能更好地理解古诗词，才能更好地把握古诗词的味外之味和言外之意。

三、从"名都"到"空城"：《望海潮》《扬州慢》联读

新课程、新教材所主张或设定的大单元教学，其中的"大"既是指核心概念（知识）的提炼与迁移，又是指语文思维的培养。因而指向于大概念教学的语文课堂是语文素养培育的课程要求，它能够解决阅读和写作中的关键能力问题，并以此把语文素养培育落地。当然，在一个单元内进行一些微专题、小主题式的小单元整合，也是一种大单元教学的呈现方式。

比如，高中统编教材选择性必修下册第一单元关于"诗意的探寻"的两篇诗词《望海潮》和《扬州慢》，就可以采用联读比较的形式，让学生从一个更高深、更高远的视野和思维视角来进行阅读，并以此训练学生诗歌阅读的基本策略和关键能力——从"词"与"物"的视角深入理解诗词的情感与意旨。

这样的联读比较意在引导学生通过理解词语、还原景物、体悟情意三种方式，形成文本语言、物象意象到情感诗意的联动与统一，进而把这三个层次分别关联成"词与法""体与物""言与意"的关系，从而能更好地从"诗家语"的维度来感悟诗歌的情感内核。

（一）词与法，情感的生成场

诗词文本选择什么样的词汇、什么样的称谓，使用什么样的方法，表现什么样的事物，这就是词—法—体—物的写作逻辑和解读逻辑。其中关键的是词语表现力的差异。当我们把一个物象和诗词的意象放在一起的时候，就可以通过不同类别的词语选择来看出其中增加的部分——诗意之处，这就是

萌发诗意的地方。

因此，通过比较物象的不同称谓，不同陈述方式、限定方式和修辞方式，就能看出其中的情感的制造。可以把这些词汇分为称谓词、谓词和状词。通过对称谓的理解和比较能走入"诗家语"内部，看到不一样的情感风景。这是一种通过还原的形式把诗句还原成"物"，再进行比较，进而体现出诗意生成的内核和机制。

例如，"东南行胜，三吴都会，钱塘自古繁华"这样一种表达是从空间的角度不断地聚焦，把钱塘这一城市的历史、重要和繁荣表现出来。这其中用不断推进的空间手法和"行胜""都会""繁华"三个词汇的叠加，自然表现出诗人对这一地方的推崇和看重。无独有偶，"淮左名都，竹西佳处""都在空城"既写出了都城风貌和诗人所站立的位置，更有一种前后情绪的落差。让学生填写两座都城的地理位置、风格特点和使用词汇的列表，通过比较可以看出，两首词在词与法上有共同之处，进而明白诗人的情感态度是怎样体现出来的——对物象进行描述时，所选择的表达词语已经蕴含了诗人的情感内蕴。

（二）体与物，情感的孵化器

每一首词及词体是不同的，其体制也是不同的，这种不同不仅体现在其体制与音律上，还表现在其内在的意脉表达和文体结构上。从这两首词布局来看，都有"虚实"这一整体结构布局特点。通过这一结构布局可以展现真实的过去、现在和将来，才能把城市这一文化内涵扩大，其中的物象才能形成相互的观念和力量。《望海潮》中从过去到现在再到未来，这三个层面体现出杭州的繁华图景和融洽氛围，进而体现出对这个城市的颂赞之情。

而《扬州慢》更是一种虚实重叠的结构。全词通过多重对比的方式，把过去的繁华和如今的废弃形成了有力对比，突出了扬州城在兵火之后的破败与衰亡，以此展示了作者对城市兴废的沉痛感。词体结构的形式安排能表现出物的秩序，把相关的意象有序罗列，形成一幅特别的城市景象，并最终完成图景的描绘与呈现。这一切都要得益于作者依据词体对物象进行有意选择与有序整合。

（三）言与意，情感的巨流河

情感的表达，除了使用物象称谓之外，主要还是体现出动作、现状的谓词和状词。这其中不仅表现了物象的状态，关键是要带有作者的情感意态。

《望海潮》中"怒涛卷霜雪，天堑无涯""千骑拥高牙，乘醉听箫鼓，吟赏烟霞。异日图将好景，归去凤池夸"，这些动词的使用体现出一系列的情感态度。这是一条情感的河流，集中体现了作者对钱塘的繁华之貌与物阜民丰的颂赞之情。

这一点在《扬州慢》中更是如此，通过虚词和位次的赏析，可以清楚地看到，"杜郎俊赏，算而今、重到须惊。纵豆蔻词工，青楼梦好，难赋深情""念桥边红药，年年知为谁生"，其中的"须""纵""难""念"等词语体现出物的状态和诗人的状态，两相比较可以看出这种言意之间的关系：言状物，物传情。"言意物"之间的联系主要是在状词、谓词及称谓语等词上。阅读时要理解物的状态，通过理解物的状态，达到对情的体味与诗意的体验。

通过对"言意物"之间的流转与表现的理解这一概括性知识（大概念），形成对诗歌的基本理解方式和学科思维。再把这一可迁移的学科思维运用在日常的诗词阅读过程中，能通过语词的形式、物的形式，最终实现对古诗词情感的把握和理解，提升了古诗词阅读的关键能力，达成语文教学的素养目标。

第三章　作文教学

一、作文教学要教到什么程度，达到什么效果

作文教学不等于写作教学，更不等于文学教学，它是一种指向提升作文基本能力为目标的教学。因此立足于课程标准的作文教学，应该有课程内容上的规定。从《普通高中语文课程标准》的表述来看，作文教学缺少非常明晰的评价体系和评价内容，所以课堂中的作文教学要么随意、个性化，要么过难过烦，承担了不该承担的责任。总之，作文课程标准与评价内容的缺少导致作文教学走向不为、无为和乱为的境况。正如黄厚江所说："如果进行一个调查：有多少语文教师在进行正常的作文教学？那结果一定不乐观。如果再进行一个调查：有多少作文教学对学生的写作能力提高是有效的？那结果一定很可怕。"[①] 这是一线作文教学中存在的比较突出的问题。

那么，中学阶段的作文教学应该教到什么程度才算合适呢？这是一个需要深究的问题。从《普通高中语文课程标准》和《中国高考评价体系》的相关内容来看，对作文教学虽然缺少具体明确的界定和评价，但也有一些和阅读相关的内容，尤其是对学业水平测试的等级评价上，可以提炼出大概的作文教学方向，这一内容可以作为作文教学课程内容的评价标准，即学生要掌握的写作关键能力和写作必备的文体知识。当然，在高考的终端评价中，对于作文的评价更细致、更具体，如审题立意、遣词造句、结构谋篇、选材表达、思维能力等板块，但在日常作文教学中，还是要有一个明确的方向和目标。

---

① 黄厚江. 作文教学，我们教什么?: 关于作文教学内容的实践性思考 [J]. 中学语文教学，2010（11）：9 – 14.

（一）理解作文知识，掌握关键能力

王荣生教授认为："针对写作课堂教学而言，最为关键的可能是如下三点：（1）炼制写作教学知识；（2）设计写作学习活动；（3）开展写作过程指导。"① 所谓理解作文知识就是能够掌握作文的程序性知识和概念性知识，并以此写出基本的句子、段落和文章。不管是词语层面、句子层面，还是篇章层面，写作知识的建构很必要也很关键。

比如，对于"比喻"这一修辞格，学生能够依据比喻的定义写出一个合格的比喻句，这就是掌握了这一知识。但从当下的作文教学层面上看，很多学生并不能体现出掌握了"比喻"这一修辞的关键能力。学生在作文中还仅仅只能从外形上找到比喻的特点，没有办法进行比喻论证或写出一个有自我感知的比喻句。这就说明，在作文教学时，学生并没有很好地从写作的角度理解"比喻"这一写作知识。学生可能仅仅了解了"比喻"的概念而已，仅仅能在外形形态上写一个比喻句，但不能算是掌握了"比喻"这一写作的关键能力，更没有从同构性层面上利用想象写出两个相距甚远的事物之间的相似性，并且能够产生一点新奇感与贴切感。

（二）能够写出理解，不求写出巧妙

孟子曰："梓匠轮舆能与人规矩，不能使人巧。"作文教学也是如此。作文教学的关键是让学生掌握写作的关键能力，并不是写出文学性很强的作品。"中学作文教学，或者说中学语文教师能够承担的作文教学内容只能是：培养基本的写作能力，掌握常用的表达方式，学会常见文体的写作，能写切合题目要求、文通理顺、言之有物的文章。"② 也就是说让学生掌握基本的写作能力，能够根据文体、情境和材料要求表达出相应的观点、思路和结构，层次清晰，论点明确，材料和论点相统一，这就算是完成了作文教学的主要内容。

当然，作文教学要有一个明细的评价方案和评价标准，否则将会承担无法承载的任务与知识，反被过度扩张的要求吞噬了作文教学的功能性和目标性。比如，让学生写出一个比喻句，或者用一个比喻的框架写文章的结构内

---

① 王荣生. 写作课堂教学：现状与出路 [J]. 中学语文教学参考，2019（Z1）：16 – 18.

② 黄厚江. 作文教学，我们教什么？：关于作文教学内容的实践性思考 [J]. 中学语文教学，2010（11）：9 – 14.

容，就不能要求学生写出新奇巧妙的比喻——这样一个不切合实际的教学目标，而是教学生能够写出一个通过想象而产生的同构性的比喻句。不能把比喻写作的内容拔得太高，像钱锺书、张爱玲等大家一样，写出惊世骇俗的比喻，这是不切合实际的。

（三）开发作文技术，达成教学目标

没有程序性知识和作文技术支撑的作文教学只能是空泛的情感培育和无能力意义的指导，无法让学生完成真正实现作文能力的提升。王荣生教授说："合意的能力要靠适当的知识来建构。从语文课程的观点看，听、说、读、写能力的培养，首先是个知识的问题。"[①] 必须依据知识和情境的运用才能最终提升学生的作文素养。而程序性知识和技术又必须依赖于教师的作文教学，找到学生的写作痛点和难点，针对性地开发出相应的作文知识和作文技术，让学生在训练中完成作文的能力提升。

还以"比喻"为例，学生怎么写出比喻句，不能仅仅给出概念或分解的定义，而是要把这一陈述性知识变成可操作的技术或程序性知识，让学生明白比喻的写作形式和程序，且有明细有效的程序安排。要能够选择相应的句式进行呈现。比如，比喻词的选择，句式形态是喻体前置进行喻体强化，还是喻体省略进行相似性强化，以突出特点和相似性。这样才能有效地完成一个比喻句的写作，甚至进行关联拓展，形成一个比喻性的段落和篇章，在更高层面上掌握比喻的操作程序。

其实，写作比喻句关键是要有比喻思维的框架。这其中既包括喻体的积累，还包含进行思维长途贩运的能力，达到"平字见奇，常字见险，陈字见新，朴字见色"的比喻效果。其中对喻体的积累是比较重要的，要让比喻有一个比较明晰的可使用的语汇聚点，不能仅靠灵感或临时想象来喻，要有一定的思想储备和喻体储备。

此外，要突出比喻的认知性功能。要突破比喻的形象和修辞等方面的句法特点，在思维层面上，把比喻的认识功能发挥出来，以此形成比喻的延展性，让比喻成为一种认识的思维方式，能不断挖掘事物的各方面特性和特点。最终写出比较完整清晰而又层次分明的比喻句，这才是对比喻的深刻理解与掌握运用。

可即便如此，学生还是没有办法写出一个绝美的比喻句，因为"诗人就

---

① 王荣生. 简论制约语文课程与教学目标的知识状况 [J]. 学科教育，2002（10）: 23 – 26.

是比喻的天才"。比如，很多小说起名字就是一个绝妙的比喻，《围城》《红岩》《红楼梦》《沧浪之水》等作品本身就是一个绝妙的比喻。中学阶段作文教学中的比喻，仅仅要学生写出比较符合比喻特点和能力要求的比喻句，这就完成了作文教学的功能和责任。

二、语法与个性：作文教学中的规范与创造

语法作为语言现象的总结和规律，可以起到规范语言表达的作用，也可以起到对语言进行校对、分析的作用。对于作文教学而言，语法常常被用来当作修改病句的规范和标准，其实这是对语法的一种误读、误用，没有开发出语法在作文教学中的作用。比如，从词语选用、结构关系、表达效果等层面，都可以利用语法开发出有效的作文教学技术或程序性知识。

（一）语法思维下的语义强化表达

按照一般的语法规则和要求，对一个句子的语义表达，只要能完整而充分地表述出来即可。但从语言运用个性化层面来说，语意的表达应该充分细致、具体而深刻。这时就要用到语法思维下语义强化的多种表达手段和路径，以突出语意的表达效果。

1. 语义叠加的技术

很多时候一个简单的句子，可以言简而意丰，但更多的时候，尤其是在论述语段中，简短的表述往往意味着思维的单一与语意的单薄。为了表达内容的具体、细腻而丰富，就必须在语法思维下用词句叠加的技术，把语句的内涵充分而完整表述出来。叠加可以是同义叠加，也可以是反义叠加。修辞学上这是一种同义反复修辞，即在一个单位的语句里，使用不同的词语、在不同的层面上进行不重复和强化。这一强化既达到了强化的修辞效果，还从语义认知的层面丰富了语句的表达内涵。所以，刻意的修辞可以让语句内容更加丰富、广泛。

如《木兰诗》中的"东市买骏马，西市买鞍鞯，南市买辔头，北市买长鞭"，不仅是修辞效果的要求，更是语义表达的需要，这样才能写出人物在军事装备购置过程中，个人层面准备的充分、计划的周密和社会层面的严格要求，进而体现出木兰代父从军的意志和决心。正是通过这样的语句叠加体现出了人物的细致和情感的细腻。

2. 词句罗列的技术

句子选择不同的成分、维度，不仅可以展示出语意的丰富和强化，使得语意更加饱满，还能对所描之物、所绘之景、所写之人、所抒之情展示得更加具体、明确而周详。真正好的描写、叙述、说明、议论就是把所写的内容多角度、多层面，抽丝剥茧地表现出来。

如迟子健的《第三地晚餐》："装修考究的商铺都在东侧，譬如饭馆、理发店、洗染店、小型超市，而西侧拥塞的则是杂货店、自行车修理部、寿衣店、修鞋铺和废品回收站。"这样的词语罗列让整个叙述内容更具有场景化、画面感，要比简单而概括的一句叙述性的话更真实可感。

（二）让内容表达得更加多样饱满

句子中各种成分的叠加可以让内容表达得更加多样饱满，既能增强语势，也能强化语义。比如对主语、谓语、宾语、定语、状语、补语等成分的叠加，可以极大地展示各个层面的内涵和角度。当一个成分独立成为一个句子时，用相类似的句子形成排比句时——一种气势上的不可遏制就产生了，这也是语义形态上的丰富展开，更是一种表达上的充分而细腻。

此外，排比句的使用，不仅能写出对所写内容认识的加深，还可让情感和思维更加细腻和深入，正如"言之不足故嗟叹之，嗟叹之不足故永歌之，永歌之不足，不知手之舞之，足之蹈之也"。当充沛的情感无法用一句话说完时，用排比句就是一种自然而然的表达选择和形态。

比如，写一个事物、一句话、一个主题，都可以通过词句叠加技术进行扩展与表现。怎么叠加呢？可以在各个语法单位上叠加量词、颜色、形状、地点、嗅觉、动态、时间、想象、拟声等方面的内容，写出这一内容的丰富性。对于名词的概念，既可以从内涵、外延等不同角度进行叠加，找到叠加角度、内容和层次，如形态、质量、数量、性质等，让整个语言表达更加多样而丰富。

这不仅仅是同义修辞的问题，更多体现的是我们认识深入、具体的问题，对问题的了解更加详细、深入、细腻。从词语的相关性而言，叠加时可以从相关、相近、相反或相同的角度进行叠加。总之，要让叠加的内容、句式整齐中有变化、变化中统一，把内容叠加到语势和语义上来。

导论 技术·学科·科学

被当代语言学家、教育家张志公认为是"老大难中的老大难"的作文教学，一直没有一个确定的学科体制和教学内容，在各个层面的争议从未停止过。这固然是由写作这一属性的奥秘还没有被人们揭开所导致的，也有对一些写作教学的基本问题没有明确地梳理和传承而造成的。因此，梳理作文教学的发展史是理清作文教学的课程内容和构成的必要之路与便捷之路，更是对先辈作文教学文化思想的理解与传承。

综览百年作文教学的发展，科学化无疑是作文教学中最重要的课程指向和指导思想。尽管每个时期都有各种教学思想的冲击与课程思潮的起伏，但作为作文教学的这一根主线一直或隐或显地屹立在作文教学的实践中。正如郑桂华教授所说，针对写作教学中同样一个问题，20 世纪二三十年代、八九十年代及 21 世纪的前 20 年，我们在语文教育研究、写作教学观点上，提出过许多相似的主张，在写作教学实践路径上达到了差不多相同的高度，但前后之间并没有继承关系，也就是说很多教师和研究者分别在不同时空里花费了大量的精力，思考的是同一个问题，基于同样的低起点。比如对写作教学科学化道路的主张和实践，就分别在三个时代里上演过，又分别归于沉寂。

一、早期：方法的探索与文体的设定

作文教学的学科化与科学化最初的体现就是对作文教学方法的探索与写作文体的设定，因为这一对象与内容的确定让作文教学有教学的可能与可教的内容，让作文教学成为普及的写作能力而不再是神秘或高贵的标志。这基本也附和着近代思潮发展阶段，文学走下了神圣的殿堂，进入寻常百姓人家，成为生活中使用的学科内容。

自 1902 年《钦定学堂章程》（壬寅学制）正式在学堂章程中出现"作文"一词以来，百年作文教学一直在努力追求教学内容与效果的生活化、学科化和科学化。这可以从其设定的教学内容看出，如"作记事文""作说理文""学章奏、传记诸体文"等都具有其鲜明的生活化、学科化指向与色彩。1904 年正式颁布并在全国实行的中国近代第一个教育学制《奏定学堂章程》（癸卯学制），仍沿用了"作文"或"缀法"一名，并把作文的要求设定为"以清真雅正为主"，其基本学科设置思路也带有浓郁的生活指向与方法论色调。再到民国教育部于 1914 年 1 月正式颁布的《中学校令施行规则》，则明确提出作文教学注重的是"日常闻见及处事所必需"的"实用简易"的文章。从清末到民国初年政策文件来看，其作文教学的定调与定向基本设定在生活化、实用化层面上，尽管这一时期的学科化与科学化还不显豁，但是其文体写作教学的思路已见雏形。随着时代的变迁和对作文教学的认识，后来一批又一批的学者开始发挥智慧的大脑，研究作文教学的学科化与科学化，这在一大批的民国学者身上体现得尤为鲜明和突出。

吴曾祺在 1911 年出版发行的《涵芬楼文谈》是一部侧重于写作技法研究和传授作文方法的著作。正如作者在书序中所说："而书问往来，以作文之法来请者，络绎不绝，是亦不可无以答其勤也。"在"明法"篇中说："大抵文章一道，其妙处不可以教人，可以教人者惟法而已。"这一作文教学的方法论思想已成为明确的教学内容和指向。1917 年，谢无量著《实用文章义法》是一本较有影响的专门写作教材，其提纲挈领地阐明做法，再引用范文，加以评述的教材编写体例与通式，无疑是作文教学文体化与方法论的取向，这也为后面的作文教学的学科化与科学化做了先期的探索性工作。

当然，陈望道于 1922 年出版的《作文法讲义》也较为重要，此书堪称我国现代作文法研究的奠基之作，作文法体系由三个子系统构成——"文章构造""文章体制"和"文章美质"。其中最具科学性的探索是创立了科学的作文法基本概念系统，作文教学基本型文体分类法，在一定程度上注意了作文法的动态特征。相比较而言，1926 年夏丏尊、刘薰宇的《文章作法》提出了作文法的实践训练，让学生通过训练来提高写作技能，将法落实到练当中，把写作教育的科学实践性特征放在了首位。

随着研究的深入，梁启超于 1925 年出版的《中学以上作文教学法》和阮真于 1929 年出版的《中学作文教学研究》开始从科学的角度自觉提出作文教学的文体规制和教学法的探索，他们用科学的分类、科学的研究方法、科学的研究精神，对作文教学进行了方法论和文体论的分析与研究，提出了一系列的真知灼见，从教材选择、文体分类、命题的标准到评改的方法、写作价值的思考，无一不具有科学性，为作文教学的学科建设进行了开拓性的探索，打下了坚实的理论基础。

总之，在 20 世纪二三十年代，受西方科学思维方式的影响，黎锦熙、夏丏尊、叶圣陶、朱自清等大家学者分别从文体分类、写作主体、写作技术、写作训练、写作教材和写作思维等视角对作文教学进行了现代化改造，推进了作文教学的学科化和科学化进程，让作文教学到达作文教学"体""法""练"一体化的高度。此阶段作文教学的学科化与科学化的基本范式已基本形成，如果后代学者继续沿着前辈的研究成果推进，那么今天作文教学的理论与实践问题应该已经得到人部分的解决。

二、中期：知识的提炼和思维的开掘

随着时代背景和社会风云的变迁，对作文教学科学化的努力与追求一直没有停止过，从 1986 年出台的《全日制中学语文教学大纲》就可见一斑，"完善语文能力结构体系，对阅读、写作、听说分别提出能力指标，明确了具体要求"，形成了以文体训练为中心，追求训练的序列性、系统性、科学性的作文训练体系。既有社会背景的需求，又有文件政策的要求，还有作文教学的科学化的传统，于是出现了一大批主张与追求作文教学科学化的学者，如张志公、朱德熙、章熊、陆继椿、刘朏朏等，提出借助科学的思维方式对作文教学进行深化研究与探索。

首先，进一步对作文知识进行划分与明确，具体分为八大块——主题、材料、结构、表达、语言、体裁、文风、修改。略分为四大块——主题、材料、结构、语言。章熊在《中学生写作能力的目标定位》一文中，通过问卷访谈的方式，将作文的 18 种变量即"体裁、中心、材料、分析、思想、首尾、层次、过渡、连贯、详略、叙述、议论、描写、修辞、词汇、语句、文字标点、卷面等语言表达"概括为"语言表达、层次结构、思想内容"三个部分，进一步把作文教学的知识组块化、结构化。张志公先生也认为"思想内容、结构组织、遣词造句"是文章构成的三个方面。这样一套"八大块""四要素""三方面"文章学知识体系，为作文教学提供了基本的知识供给，也为教学的科学化提供了必备知识。

其次，在作文知识分类的前提下，定点训练，向写作思维层面进行开掘，以达到对写作能力的训练和提升。这方面的实践探索有陆继椿的"分类集中、分阶段训练"，如按照中学生的成长需要和语文教学的特点，从知识点的层面把记叙能力、文言文阅读能力、说明能力、论述能力和赏析能力共分为 108 个知识点，然后安排 108 个训练点分项训练，使课堂实现"一课有一得，得得相联系"的教学模式；常青的"百格训练法"，以"思路训练为核心"，将写作难点分为 100 个能力点，进行写作格式的训练，期望达到"分散难点，各个击破"的目的。刘朏朏的"三级训练体系"，以"观察训练、分析训练、表达训练"三个方面为内容，分别介绍知识，以范文为例分析其作用与原理，提供方法，指出运用的要领。这些做法都是作文教学学科化建设的体现，更是对作文教学进行科学化的努力与尝试。

再次，以训练科学的思维方法为核心，拓展语文能力。对这一方面探索的学者主要有宁鸿彬、洪宗礼、章熊、谢志礼、李德龙等。章熊在《语言和思维的训练》一书中提出，"语言和思维能力的培养应该有科学的方法"，应该"搞一些'分解动作'，分散矛盾，编制一些有针对性的训练专题和练习"，"把语言、逻辑和一部分修辞学的内容与人的思维过程联系起来考察，把这些学科的研究和青少年的教育、教学活动结合起来，使之具有一定的实践性"。一个最典型的科学化特征就是追求写作教学的序列化，分层分点分能力训练，把写作知识和过程拆解为各个层面的知识点和训练点，在点点教学的关联与整合中完成整体写作能力的提升。尤其是对思维方面的拆分是比较突出的，或者依据思维，或者直接针对思维进行分解。这样就从科学性、综合性、实践性层面上，把作文教学作为学习内容，进行专门训练，并借鉴了科学研究的思路来分析写作中的语言和思维问题。

总而言之，20世纪八九十年代关于写作活动本质和有关思维训练的研究还是比较多的，也比较深入，而且也开始引入其他学科的知识来进行作文教学的探索，但主要还是对作文教学学科内容做分解，把笼统的写作活动分解为若干要素，然后分别研究不同要素的特点和作用规律，再针对不同要素涉及分项目标开展各个级别的教学，让学生一项项掌握局部的思维方法和写作技能，最后才通过写作达成培养学生思维能力和整体写作素养的目标。比如章熊把议论文写作过程理解为"思想材料的序列化"，把思维作为文章的内在逻辑，格式为文章的外在形式，并试图以此提高学生的思维能力，进行习作训练。

三、发展期：素养的注重与情境的介入

作文教学在20世纪八九十年代的科学化探索之风随着语文"人文性"的高扬而式微。2003年，教育部颁布的《普通高中语文课程标准（实验）》对高中生的写作能力和高中作文教学的要求已经开始从"双基"（基本知识和基本技能）转向"三维"（知识与技能、过程与方法、情感态度与价值观），也开始萌生出"知识和能力"的命意转向"核心素养"命意的思路与方向，如"学会多角度地观察生活……对自然、社会和人生有自己的感受和思考"，"以负责任的态度陈述自己的看法"，"有个性、有创意地表达"等，这样注重对人的"核心素养"培养的指导思想。这是时代发展的必然，也是

教育科学化发展的逻辑，正如郑桂华所说，"20世纪80年代以后，写作教学的'科学化'追求并没有取得人们所预想的效果，思维训练的探索热情也随之慢慢冷却下来"。

21世纪的前20年，一人批高校课程与教学论的博士围绕写作教学进行了理论探索。这一大批高质量的作文教学研究的博士学位论文的出现，把作文教学科学化的研究推进到一个新领域和新高度。主要有：2001年何更生的《知识分类学习论和教学论在作文教学中的应用研究》，2002年周泓的《小学生写作能力研究》，2005年叶丽新的《信息技术与写作教学整合研究》，2007年叶黎明的《中小学作文教学内容研究》，2009年魏小娜的《语文真实写作教学研究》，2010年朱建军的《中学语文课程"读写结合"研究》，2010年荣维东的《写作课程范式研究》，2010年刘光成的《百年中学作文命题研究》，2012年周子房的《写作学习环境的建构——活动理论的视角》等。这些论文较为全面地探索了写作教学的课程内容建设，主要体现在重视交际语境、重构文体分类、重构写作知识、深化过程指导等方面。

潘涌在《21世纪作文教学新视野》一文中指出，在语文素质教育背景下的内地作文教学呈现出以人为本的作文教学新理念。21世纪作文教学的价值取向主要有三方面：其一，激励学生真实地展示经过心灵流程的自己的思想；其二，激励学生在真诚拥抱生活基础上抒发心灵深处的真情愫；其三，激励学生追随多元化和个性化的时代走势，以挥洒生命才情、凸显一己特色的个性化言语为真美。

刘光成在对近百年来作文命题的研究中，发现现代语文人本教育不断凸显，人本语文教育的重心在于人的语文素养的养成，体现了从人的发展的角度出发，为人的终身学习及可持续发展做准备的观念和主张。荣维东教授认为，世纪之交随着语文教育界"人文主义"思潮兴起，作文教学中的浪漫主义倾向大行其道。由于对"写真实""淡化文体""言语生命写作""新概念作文""才情写作"等玄虚化的"人文话语"的过分推崇，应试写作堕入"小文人语篇"制作的境地。

总体而言，当前对于写作教育的展开，已经突破了前两次的从知识思维层面的探索，进入了写作课程化、素养化、情境化的层面和领域，更注重写作教学的课程性、科学性和实践性，基本完成了写作范式的转变。

第一节　过程化：作文教学的设计、
　　　　策略与思维靶向

一、如何进行作文教学设计

中山市高中语文教研员张华老师在其著作《高考作文技术论》中阐述了技术作文教学的核心理念——一种"抵达"的作文教学观：技术作文教学的课堂理念、研发路径、操作要略以及设计流程。张华老师的技术作文教学的实践论纲要和方法论流程①，为作文教学进一步走向学科教学的课程化和科学化，给出了自己的思考和实践，为每一位语文人提供了一种设计模板和操作范式。

张华老师的技术作文教学立足于实践哲学思想，是以"抵达"为矢的与旨归的。其强调的目标意识、评价思想与效果导向是较为符合语文新课程改革思想与趋势的，从当前几个教学研究的重点内容来看，技术作文教学极为鲜明地体现了"教学评"一体化的教改思路，也符合逆向教学设计的课程理念。技术作文教学非常讲究可评价、可测量，尤其是对作文教学内容的提炼、开发与设计，也符合加涅对课堂教学的界定，"教学是一组精心设计的用以支持学生内部学习的外部活动"。因此，技术作文教学有着严格的学理基础和课程标准依据。

在具体的教学设计环节中，分为七个步骤。这七个环节把纷繁复杂的教学设计简化为一种简洁有力的行动指南。这一"精要""好懂""有用"的教学设计样式把作文教学的"教学事件"和实践效果功能凸显，体现了以"效果""抵达"为旨归的作文教学技术追求。从课堂教学理念来看，这一作文教学设计的思路和实践在作文教学的学科化道路上迈出了一大步。

首先，在作文教学内容的发现上，技术作文教学要求教师有一种敏锐的觉察力和惊异感。所谓"惊异"，按照张华老师的话说就是，要有对言语内容和言语形式惊诧的行动性，不能仅止于理解、观念和感觉，要能够感受到

---

①　张华. 作文教学的八种僭越："技术作文"认识论纲要［J］. 语文教学通讯，2018（Z1）：
4-9.

语言的内部力量与思维结构，要能够发现众多言语材料背后的语言程式。笔者的理解是，这正是语文教师进行作文教学内容开发的眼力与能力。强调"抵达"，是因为只有立足于对"教学目标"的评价才符合教学的范畴；使用"抵达"，是因为这一技术作文教学的隐喻表达不但符合新课程理念的"评价要求"，更是教师专业发展的应然要求。因此，就作文教学而言，教师只有不断提升课程的眼光和教学的认知，才能开发出有效的技术作文教学内容，才能不至于以己昏昏使人昏昏。

其次，在作文教学内容的开发上，技术作文教学要求教师能够提炼出语言程式——一种能够提升表达品质与表达能力的思维句径或言语图式。技术作文教学着力于丰富学生的言语表达图式，不断提升学生"自能"作文的水平，教学生"更能"作文。技术作文教学之"技术"的主体就是语言程式，而教学的过程也就是语言程式的"展""讲""演""练"的过程。在学生对语言样式不断内化的过程中，学生的表达力和表达品质不断得到提升，进而实现"抵达"。这样技术作文教学的"操作性""传递性""有效性"就自然生成了，这也是针对当前作文教学"教无力""教无效"现状的解决方案。当然，正如北京师范大学王宁教授所说，语文课不是文学课也不是语言课，要把语言规律化解到言语作品里，然后通过言语作品来真正培养一个比较饱满的、有内涵的语感。语言程式就是通过语理向语感培养的桥梁与中介，且不同于语法教学。

再次，在作文教学内容的设计上，技术作文教学要求教师有"看我练""跟我练""自己练"的训练观，要有从语理走向语感的训练思维与实践反馈。语文教学培养语感要以词汇为中心，而不是以语法为中心，技术作文教学强化的不是语法结构，更不是僵化的套路，而是依据思维形式与思维成果的句径，以及以情境化的语言运用训练为载体的图式建构。虽然技术作文教学也会用到语法规则、语言规律，但教学的着力点不局限于语法规则，而是想让语理内化成语感，并通过这一句径和图式产生出更丰富、更个性化的表达。所以技术作文教学是为了学生"更能"作文的教学。作为课程的作文教学，是要"教"学生写，而不是"叫"学生写；是"练"的落实，而不是"训"的张扬。因此，基于训练的技术提升是能力获得的必经之路。

最后，在作文教学内容的评价上，技术作文教学要求教师不应该把教学内容和目标扩散为"面面俱到"或"大包大揽"，而应该"精准靶向式"或"针对问题式"，聚焦学生写作时面临的一个关键挑战，通过教学事件解决这个问题。同时，技术作文教学还强调课堂教学内容的"单一性""挑战性""成功性""系统性"，摒弃作文教学内容开发的随意、放逐与无效；强调作文教学的课程目标与评价，一课一得，让课堂教学具有效果，教师指导有体现；教师不是在漫无目的地教、凌空蹈虚地教，而是在问题解决式地教，在用技术教，提升作文关键能力地教。

从今天起，在进行作文教学的时候，每一位教师都要不时地问自己：今天的作文教学目标"抵达"了吗？学生"抵达"了吗？这就是技术作文教学的理念要义和实践要领。

二、作文备考从高一高二抓起

高三的作文备考要有一个系统的思考：立足于高中三年的学习，从学科素养的高度，从学生的特点、高考题的特点、教学的特点等方面进行考量。作文备考不能仅从高三开始，高中写作训练也不能仅停留在议论文单一文体上。高一高二的时候不妨多结合学生的个人体验情境、学科认知情境与社会生活情境，多一些自由开放式的写作训练，多一点随笔式的写作，如书信、演讲、发言稿、辩论词等各种实用文体的写作。让学生保持写作的兴趣，并形成一些固定的作文训练题型，保留一些优秀的范文，提炼一些规定的写作动作与环节，形成一套行之有法、有效、有章的作文训练教程。

高一高二的作文教学内容，主要是对作文教学的课程内容开发，尝试建构起高中作文教学的基本底线与规定动作，通过写一些固定的作文题型，训练学生的阐述力、分析力、结构力、想象力、思辨力、表达力等作文的关键能力，形成一定的个人写作经验。在进行形式多样、话题鲜活的微写作、小作文的过程中，运用作文的必备知识，掌握作文的核心知识，提炼出一定的作文技术。在平时的作文训练过程中，还可以结合教学内容和教学评价来提升作文训练的针对性，以评价推动作文的训练形式的丰富和训练效果的提升。

高一高二时，也可以开始一些议论文写作的训练。主要练习学生拟写提纲，进行一句有思想的话写作、最美句子的写作、标题写作、段落写作、论述文摘要写作、时评写作等。通过让学生提炼文章话题的练习，强化学生议论思辨的能力与逻辑思维的能力。尤其是片段写作练习，在某种程度上可以改变写作过程指导空洞化的不良现象。同时，还可以结合教材篇目进行写作素材的积累，比如通过《青蒿素：人类征服疾病的一小步》《以工匠精神雕琢时代的品质》《改造我们的学习》《人的正确思想从哪里来》等课文进行话题提炼，这样既结合了课文，又拓展了写作，一举多得。当然，课外阅读也不能放松，高一的余秋雨散文的阅读、《乡土中国》整本书阅读、《红楼梦》整本书阅读，高二的时评文章的阅读、《围城》整本书阅读、《三国演义》整本书阅读，以及假期的片段文言文的阅读等。这就从阅读层面打下了写作的根基，让写作成为有源之水、有土之木。

高三的作文教学既是一件水到渠成的事情，也是一件落实好分点细化、深化、优化的事情。高三的作文训练主要是进行考试作文模式的训练，毕竟高考作文是一种特殊的写作状态和形态。从考场作文的角度出发进行教学才是切中作文成绩提升的肯綮，从评卷者视角进行作文教学也是一种必然的要求。但高三仍不能放松随笔的写作，仍要让学生在课堂上进行随笔的分享，并且让学生进行读书笔记写作，可以采用摘抄式、感想式、评论式等形式，在考场作文的枯燥与单调中保持一点写作的自由与个性。

其实，自由写作与规定性写作这两者并不矛盾，甚至还可以相互促进。自由写作可以为考场作文走向深度与个人化提供精神维度与思想资源，也让考场作文的模式有底气、有文气、有学生气。而考场作文也可以规约自由写作的散漫性与随意性，让写作话题更集中、深入，能够在一定程度上训练学生的聚焦思维、定点思维与辐辏思维。因此，根据作文教学的阶段性与系统性，要进行分层教学，要统筹安排与整体规划，让作文教学之道结合作文技术，立足于分点、分解与分层的方式，用技术思维解决作文教学的难题。

三、作文备考要从每个方面抓起

写作教学要立足于学情，突破学生作文中的每一个痛点与难点，也就是说作文教学必须针对学生的作文问题而教学。这就意味着作文教学要分解出一个个教学点，如审题立意、标题拟写、结构思维、谋篇布局、素材运用、语言升格等。但原来的教学思路因缺少"效果"的维度而式微，必须从技术作文实践论的角度重新出发，讲究作文教学效果上的"抵达"，重新思考这些教学点，重构作文教学的内容，让作文教学符合"教学评"一体化的新课程教学要求。

首先，审题训练。谈到作文审题，一般认为就是教师使用不同的作文材料类型来训练学生的审题能力，但这样的训练其实没有突出审题训练的能力效果，教学技术的缺少进而导致教学效果的低效，基本无法完成作文教学的"抵达"。如果是为了训练学生深入理解材料作文的本质，抓住材料审题的要义，审题训练就必须使用寓言类的作文材料。这样才能强化学生对"审题"技术的掌握，因为寓言类的作文材料概括最难，审题要求最高，所以用寓言类作文材料来进行技术训练才最为有效。

作文题型是丰富多样的，但作文教学的要义是抓住问题的关键与本质，要做到四两拨千斤，以一综多，抓住审题的核心知识与关键技术才能真正实现教学效果的达成。如根据漫画作文进行一段时间的审题训练之后，再进行实现类作文材料的训练，学生就能从"分解""整合""提炼""表述"等程序方面进行审题立意的技术操作了。这样才能让学生有效地完成审题能力的技术训练。

其次，结构训练。作文贵在结构，有结构文章才有骨架，有结构文章才能立起来。高三阶段可以针对每一个部分进行强调，比如并列结构、递进结构、对比结构、引议联结结构等，虽然每一位教师都曾有过这些内容的作文教学指导，可如何进行有技术、有效果的教学是值得研究和思考的。

结构的训练关键是训练思维的有序性和条理性，只有思维结构化了才能让文章呈现出结构化的外在特征。而思维的结构化，关键是要形成基本的逻辑关系，通过句子的逻辑关系来形成结构化的段落，再根据每一个层次的内容进行段落化处理，形成"关键词组句"句群、句子、段落三个步骤程序，形成结构化的思维技术。比如在构段时、使用素材时，要抓住"事件的影子"——事件的横截面，写事件的内容时，不能像记叙文一样细化、具化、形象化。这样才能突出作文教学的要点化与技术化。

最后，作文教学还有一个值得注意的方面——加强学生的观点积累。所谓观点积累，是指让学生学会欣赏观点，提升自我的思维能力，积累有观点的句子，锤炼自我的思想。比如，读完一本书，常常会有这样的感受：这本书讲述了一个这样的观点或看法……因此，读书读出观点才算是有收获与积累，而学生在作文中常常观点不清、不明，或观点不够深刻新颖。

鉴于此，在作文教学中突破观点的积累，当然这个可以从阅读的角度来进行开展，让学生在读与写中凝聚一些观点，提炼出让自我信服的观点，然后再运用到具体的写作过程中，比如在时评写作、读书评论这些写作形式过程中体现写作主体。其实在强化写作主体的同时，也自然就体现了写作对象，突出了写作内容。总之，作文教学的过程就是边总结边提炼，边提炼边实践，在分层、分点上改善作文教学。

四、作文教学的三种思维靶向

每一次的作文，从过程的环节看必然包含着这几个环节：审题与立意，遣词与造句，谋篇与布局，书写与成文。写作过程中，其实还包含着大量的思维活动，所以上述几个环节都是交织在一起的，审题立意的过程中已经包含了遣词与造句、谋篇与布局，也基本上实现了书写成文这一潜在的形式结构。综合这几个写作环节所使用的思维技术，可归纳为概括、转化和扩展。

从对材料的审题过程看，先要有分析与理解意识，再进行浓缩与概括，让材料的关键和要义充分地提炼出来，并把材料的逻辑关系透析出来，这就是对材料内容的理解与审题。在这一过程中主要运用分析、概括的思维形式，所以分析、提炼是概括思维的关键步骤。概括的过程中其实也暗含着写作者基本的思考和理解，这意味着也有转换的思维内容——如何在把材料的关键字句保留的前提下，进行理解和思辨，并用自己的语言充分地表达出概念内涵与逻辑关系。

转化就是学生用自己的语言充分地阐释出材料的内涵，并把自己的想法与思考和材料内容的逻辑关系进行对接与转化，形成观点和立意。立意的过程主要包含概括和转换的思维环节：概括材料的内涵，并把这一观点转化成自己的语言，在转换过程中实现观点和作文材料的互动；再根据知识和观点的积累，形成新的看法和观点；又结合着人文素养的知识和作文材料内容进行新一轮的对接、分析和转化，循环往复，螺旋发展，不断深化认识和思考。

在具体的写作过程中，概括包含着理解、选择和组合，相互叠加与合并归纳的方式让维度与角度抽象化，最终让思想与认知升级、深入。转化则要求必须用关联思维，从自我认知的层次对所概括的主题与观点进行转换与变化，让自己的认识和理解进入材料、吸纳材料，依据材料的内部逻辑关系，吐纳出个人的词汇句式和语言形态，再用概括、分析、关联的语言形成基本的观点句子和段落结构。概括、转化之后，还要使用铺展的思维，不断地用语言赋形，安排段落形式、关联词语使用，排列语句层次，调用选取素材等。在这一铺展过程中，依然不断使用转化的言语形式与概括的思维要点，由点到线，由线到面，不断地铺展与赋形，"铺采摛文，体物写志"。

在概括中提炼，在转化中发展，立意最后在铺展中生成。"立片言而居要，乃一篇之警策"，从一个想法变成一个句子，最后变成一个段落，正是运用了赋形、铺展的方式才能够完成整个作文的篇章建构。在这一写作过程中，概括、转化和铺展的每一个环节层次都比较关键，需要运用到不少的词句支架和思维框架，并形成句径思维，如概念语句的词语支架、逻辑关联的句径支架、思辨关系的结构支架等，这样可以让转化和铺展言之有序；而对素材的提炼与使用，在概括、转化和铺展的过程中，也会让写作言之有物。最终通过概括、转化和铺展，使文章言之有据、言之有理，达成作文教学的基本要求。

第二节　活动化：作文教学写作活动的
开发与实施

一、作文教学如何设计写作活动

语文学科中，活动是一个比较重要的教学内容和环节。让学生在活动中完成任务，训练语文能力，提升语文素养，是语文活动的课程论要求。但语文活动要有明确的指向与目的，如王荣生教授所说："（语文活动）按目标或任务的视角，去设计指向目标达成的学习活动；按教学内容（知识类型）的视角，去设计与教学内容相匹配的学习活动；按学习或认知心理过程的视角，注意教学的'外部事件'与学生学习的'内部事件'的一致；按教学原则的视角，将'意义性''先备条件''开放沟通'等教学原则落实在学习活动中；按教学模式的视角，老老实实地去实施'合作学习''基于问题的学习''课堂讨论'等教学模式；如果是基于问题的学习、基于项目的学习，则严格地按规范的阶段或流程设计学习活动，等等。"①

作文教学中，写作活动的重要性不言而喻，因为学生的写作行动必须依据一定的对象载体和情境任务。在完成任务的过程中，激发思维、运用知识、训练写作，相应的写作技术也会在情境当中形成、运用、内化，最后实现写作能力的提升。写作活动按照类型可以分为生活情境化的内容对象、任务驱动化的写作程序、激发兴趣式的写作事件和可评价式的写作效果。有时候一项写作活动就是一个教学环节，一项写作活动就是一个写作训练点。没有写作活动的写作训练过于机械，没有写作活动的写作教学过于空洞。但如果写作活动只停留在活动层面的话，脱离了写作能力提升的目的，那也不是一个合格的作文教学设计。因此，从这个角度来说，在设计写作活动的时候，要注重以下几个要点或操作要略。

---

① 王荣生."学习活动"的多维视角：基于对相关译著的考察分析［J］.教育发展研究，2020
（18）：1－8.

（一）写作活动的真实性

从学生的生活实际、学科认识或社会生活中提取写作情境。其中关键的是要把这一活动比较真实具体地展示给学生，让学生感觉到这是在他的生活中可能会遇到的，或者必然遇到的写作情境或要求，学生自然就会有写作的意愿和动力。比如，让学生将《扬州慢》这首词改写成拍摄脚本，这就是一个真实的写作任务，在微视频比较流行的当下，这样的任务会经常出现在学生的生活中；又比如，在命制写作题目时，根据学生的生活实践，命制不同的写作情境，让学生思考周围的人和事，以及遇到的学习困难或障碍等。如：

> 你的好朋友小王向你倾诉，自从上了重点高中之后，他再也找不到小学、初中时的那种自信和优越感。那时，他轻轻松松就可以稳居班级前几名，而现在无论怎么努力仍然在中下游徘徊，与周围的"大神""学霸"相形见绌。因此，他每天都感到挫败、无力，找不到学习的意义和乐趣。请你写一封信开导小王，帮他走出困境。
>
> 要求：选准角度，确定立意，明确文体，自拟标题；不得套作，不要抄袭；不少于800字。

这一根据学生的学习情况设置的写作活动，有真实情境的命题指向，就具有写作活动的真实性特征，自然让学生有写作的意愿和动力。

（二）写作活动的语文性

写作活动的设置和安排一定是指向学生作文学习的，目的是提升学生写作的能力点，比如续写、仿写能促进思考和深化理解，而不是为了完成活动而活动，或者是为了其他的目的。写作活动的设置不管是指向学生的思维盲点，还是指向学生的写作痛点，都要结合学生的写作问题进行。教学中这样的写作活动才有用、有趣，才能让学生感觉到需要去锻炼。如果写作教学的活动不包含写作能力的训练，不能完成其功能和指向，这样的写作活动，其目的与效果必然会滑向虚空，久而久之，学生对于写作的兴趣和动力就弱化了。

当然，也不能把写作活动设置得过于单调、单面，比如做完一次活动、读完一篇文章、看完一部电影就让学生写感受，笔者认为这样的形式过于简单，一次两次还行，三次就会让学生觉得索然无味，甚至对活动缺少了期待与兴奋。其中对活动内容的开发与写作技术提炼也要跟得上，否则写作活动最后只能沦落为一个繁重困难的写作任务。比如学生和家长一起出去旅游，家长常常要求学生旅游回来后写个游记，参观某个地方，回来写个观后感诸如此类的写作活动，都不是指向写作能力提升的活动，只是为活动而写作的"反写作活动"，这只会让学生越来越厌恶写作的活动。因此，活动和写作一定要比较好地进行融合，让写作成为活动中的有机部分，让活动带给学生真实的写作任务与写作技术。

（三）写作活动要有任务性

只有明确、具体任务的写作活动，才能把活动变成写的活动，学生的兴趣才能被激发出来。写作活动的任务性是让学生在思考过程中产生兴趣，甚至通过逗趣来引发学生思考。这就要设置好活动的任务，比如，用一些话题、一张图片激发学生的思维，进行任务写作。在给学生看综艺节目《奇葩说》的时候，在每一道辩题开始之前，都让学生思考对于这个辩题，所能想到的观点、立论的结构及论证素材是什么，先把想法写下来再看视频，这就是一个写作活动的有效任务。

在这一话题背景下，学生自然会积极思考，列出自己的想法，形成观点及基本的结构，再看辩手辩论的时候，就有比较性与参照性，写作知识就在比较中产生了，这就是任务驱动下的写作活动的设置。再如将一幅或几幅图片形成一个关联，让学生看图写话，在图片的关联中形成递进或反转，以此激活学生的思维，完成写作思路的调整与辩证，或者把学生感兴趣的事情变成作文辩题，让学生分组辩论。

2023 年 6 月 15 日，阿根廷国家足球队与澳大利亚国家足球队在北京工人体育场举行了一场友谊赛，比赛的下半场，发生了极具戏剧性的一幕。在比赛暂停期间，一个小伙子趁着安保人员没注意，从三米多高观众席上一跃而下，冲进球场，奔向球王梅西，给梅西一个大大的拥抱，然后又在众多安保人员的追击之下，左躲右闪，变线跑到阿根廷守门员大马丁身边，击了个掌。最终力竭，被安保人员扑倒，带着满足的笑容被抬出了场外。

要求：请谈谈你对足球场上的这一幕的思考，如果要记录与描述的话，怎么写？你是支持这一行为，还是反对？请分析并表达自己的思考。

类似这样的写作活动都是一种带任务驱动式的表达，或者对某一个问题谈自己的想法，可以用辩论、发言、演讲、书信的形式。这就把任务驱动放到写作活动中，然后完成写作内容，提升写作能力。

（四）写作活动要具有评价性

写作活动的效果和成效，必须要能够评价，不能让写作活动不了了之，要对活动的目标完成、效果达成和活动性质进行评价。可以根据活动完成的任务情况等级层次打分，也可以从过程表现中的思考角度、契合程度、语言力度等方面进行评价，这些评价可以让写作活动有更明确的学习性与目的性，也让写作活动形成逻辑闭环，关注活动的效果。没有对写作活动的评价，这一活动很可能流于形式，也会削弱学生对于写作活动的重视度与认可度。

写作教学中，很多写作活动的问题是热闹有余而效果不足，或者缺少明确的评价方案，对写作活动有没有达到写作技术的掌握这一目的不予关注，最终导致活动泛化，写作虚化，作文教学的指导力弱化。当然，评价的方式可以多样化，既可以同桌互评，也可以自我根据量表进行评价，还可以教师评价。根据一定的标准和维度评价写作活动的效果，这是写作活动得以完整开展的重要环节。一个具体的写作活动设计如下：

（1）《奇葩说》的一个话题：我没有上进心，有错吗？
（2）写和看结合，写和说结合，写和修改结合，三结合。
①首先选好观点，自己认同哪一个观点。
②播放相反观点的视频，播放两段，一段是立论的，一段是总结陈词的。
③根据自己的观点写一段话或一篇文章，发表自己的看法，写作时间 20 分钟。
④同学之间相互传看，向同学阐释自己的观点，读自己的文章。
⑤不同意的同学进行辩论，每人限时发言 5 分钟。
⑥再看反方的观点，一个很动情的阐释。
⑦思考自己的论述存在什么问题，想一想如何把对方的观点融合在自己的观点中，进行综合思考，让自己的观点有思辨性。

（3）根据上述理解，再分析一下自己的观点并表达成一个段落或篇章，要求使用概念分析法与细读法。

二、创设"情境"激发学生写作兴趣

2011 年，《基础教育课程改革纲要（试行）》提出："大力推进信息技术在教学过程中的普遍应用，促进信息技术与学科课程的整合。"十多年过去了，信息技术的发展深入生活的方方面面，电脑、网络、手机等媒介已经深深地影响了中学生甚至小学生的读写形式，同时也深刻地改变了语文教学的现实内涵与生活指向，很多学生在课外和校外早已利用信息技术进行各式各样的生活写作，体验着不同形式的写作与表达。但课堂写作教学仍没有有效地结合学生的写作实情和现实情境进行针对性写作指导与教学，相对于信息技术的发展对学生的写作影响力而言，写作教学的现实情境性和实用性是相对脱节与滞后的。这不得不说是学科教师的信息技术知识的问题，也是作文教学的观念问题，更是评价体系不健全的问题。

一线的教学实践中，一些语文教师已经开始利用信息技术进行作文教学模式的探索，如采用"创设情境—指导观察—局部分说—整体总说—打字表达—评议批改"等六环节写作模式[1]；北京师范大学附属中学语文教研组组长邓虹老师，利用计算机建立实验网页，借助网络技术创设多条师生交互渠道，实现作文教学由情趣激发与启动，到情趣传递与交流，最后到情感反馈与评价的完整过程的举措，都是难得的整合信息技术进行写作教学的成功范例。[2]《普通高中语文课程标准（2017 年版）》和《中国高考评价体系》也明确指出，要利用"个人体验情境""社会生活情境""学科认知情境"等载体来完成符合课程标准和评价体系的"素质化"应试，"从死记硬背的做题功夫向做人做事的能力转变"[3]。

信息技术对写作教学的课程意义，主要体现在教学媒介、写作环境、写作对象和话语形式等层面上的课程资源整合与教学设计，即利用信息技术进行写作情境的创生和写作过程的推进。其基本的实施路径大致为：依托网

---

① 何克抗，李克东，谢幼如，等. 小学语文"四结合"教改试验的理论基础与试验模式［J］. 电化教育研究，1997（1）：33.

② 郭扶庚. 网络教育的大胆探索[EB/OL].（2003 – 08 – 27）[2023 – 08 – 27]. http://www. gmw. cn/01gmrb/2003 – 08/07/09 – 8BD57493CF1E2C4648256D7A008168AB. htm.

③ 中华人民共和国教育部. 普通高中语文课程标准（2017 年版）［S］. 北京：人民教育出版社，2017.

络，创设情境，激发写作兴趣；利用网络，组合信息，提供写作素材；依靠网络，实施监控，针对性地指导；通过网络，评议修改，提高作文能力。比如，笔者曾经利用微信公众号推送进行"以读促写"的写作方案设计与过程评价，即通过书本阅读、网络测试、读后感写作等环节，再进行公众号推送，进一步激发学生的写作兴趣，其具体方案见表3-1。

表3-1　高一（1）班暑假阅读任务完成清单表（2015年7月7日至9月7日）

姓名	第一期			第二期			第三期			第四期			第五期			第六期		
	①读	②测	③写	①读	②测	③写	①读	②测	③写	①读	②测	③写	①读	②测	③写	①读	②测	③写

信息技术所提供的"情境"是一种课程语境，即信息技术下的学科立场。比如，教师通过网络跟帖的形式来进行写作的交流，这样的交流语境，不仅能展示出学生的写作过程，也能让教师及时地根据学生的写作状况反馈，还可以让学生之间进行相互评价，让写作的思维过程得以视觉化呈现。这样就把学生日常的写作生活情境在信息技术的作用下实现了"虚拟化"与"逼真性"再现。这也是一种学情视角的重构，正如于漪所说，"教师要从习惯的从'教'出发的立足点转换到从学生的'学'出发。要充分考虑学生的实际，考虑他们想学什么、怎么学，学的过程中会碰上哪些障碍，怎样帮助解决，怎样才能使他们发挥积极性，让他们有主动学习的时间与空间"①。因此，立足于信息技术，从教学设计出发，教师对写作情境的拟定大致可以进行如下重构路径。

（一）再现熟悉的生活场景

教师把学生的生活细节或事件用视频录像的方式拍摄下来，在课堂上展示出来，以此再现学生熟悉的生活细节，为学生提供从旁观察、反思生活细节的机会，让学生从现实生活的真实情境中抽身，用"旁观"的方式来审视看似单调但其实意义丰富的生活，以此来改变学生日常自动化的思维惯性，激活写作的神经。比如，进行微信公众号留言、演讲稿、发言稿、一封信等形

① 于漪. 我和语文教学 [M]. 北京：人民教育出版社，2003：155-156.

115

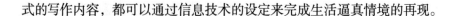

式的写作内容，都可以通过信息技术的设定来完成生活逼真情境的再现。

（二）唤醒相似的记忆情境

一般启示类材料作文题可以通过信息技术进行新的写作情境的开发与设定，比如"水滴石穿的故事""开罐头的故事""乌鸦喝水的故事"等，都可以进行动画处理，再配以文字介绍，就能够生动地呈现学生没有亲历的事件，从而让学生能够"触景生思"，联想类似的事件，并有所感悟，以此情境来唤醒学生相似的记忆情境，打开学生的写作空间，形成写作的触媒与刺激点。

（三）展示一个"非常"世界

大部分情况下，信息技术还能让人超越时空，在虚拟空间中领略日常生活中显得遥远而陌生的人、事、物。比如，进行时空穿越的人物对话，和文学作品中的人物进行交流等，都可以通过信息技术的方式来进行"互动地带""主题论坛"式的交流，以此营造一个有写作情境的、活跃的、思考的"非常"世界与"另类"空间。这样可以通过信息技术构筑具有某一特殊意义或目的事件的写作情境。

三、利用"过程"锻炼学生写作关键能力

写作情境是写作教学的重要奠基石，也是信息技术与写作教学整合的重要奠基石。写作情境关注的是写作的基本问题，即为什么写、写什么、怎么写、写得怎么样，这也是写作教学在写作本体视角引领下应当关注的基本问题。在信息技术与写作教学的整合过程中，更需要以这几个问题为基本出发点构筑起扎实的写作语境，以体现写作过程的聚焦，让学生立足于学科立场，提升学生写作的关键能力、学科素养和核心价值。

借助于信息技术所能提供的写作素材库、信息网站和软件栏目，以及作文题库，或直接或间接地提供"写什么"的问题。这可以从"量"上帮助学生对"写什么"的充分关注。同时，"在合作过程中，学生之间需要相互交流信息，共同协作完成作业，如此，学生的信息交流面扩大，在合作中，

他们能更好地感受自己的付出与收获，变被动为主动"①。因此，从教学的层面来看，信息技术可以为我们提供充分的写作内容和展示写作过程的资源，就看教师如何在写作过程中引导学生，提升学生写作的关键能力。

（一）强调"思"的环节

比如，在现实生活中学生都有网评或跟帖的习惯，如何以此为情境在教学上进行写作过程的开发与设计，这正可以利用信息技术的便利与优势。"语文是一门富有较强实践性的课程，以实践型作业引导学生完成，不仅能提高学生的实践能力，也可拉近语文和生活的距离。"② 具体设计过程如下：

环节一：思考网评是什么。

环节二：归纳什么样的网评才能吸引眼球，展示一组新闻，点击评论部分，阅读网评；思考：哪些是优质的网评，哪些是劣质的网评。教师总结：个性化、口语化、短小精悍和有独特见解的网评才是优质的网评。

环节三：尝试网评写作，看相关新闻链接"十大新闻人物"，点击"评论"，发表评论。

环节四：再讨论、交流、思考，总结出写网评的句式和词汇，进行语言的积累。

从某种程度上来说，传统的写作教学内容在进入现实中往往碰壁，致使有"写作教学无用论"的声音。而信息技术的介入正好可以凸显出写作过程的教学指导，让写作的关键能力得以提升，并找到施展的空间。比如，在学写网评的过程中，凸显思考的过程，就是让学生的写作有具体的指向与任务。从学生作文本上的红笔评语到网上的跟帖回评，其变化的不仅仅是评点的媒介和言说方式，而是一种独特的写作文体的变化，虽然它还没有学科理论的支持，却已经显现出了巨大的写作力量和批评效果。两三句话、几句评点，甚至只有简单的一个字，就可以构成一次精彩的跟帖、回帖。

①② 郭春英. 谈高中语文作业的设计［J］. 中学语文（下旬·大语文论坛），2018（5）：104－105.

（二）突出"辩"的环节

《奇葩说》是一个网络综艺，每一期都有一个辩题，由正、反双方进行话题的辩论，而且每一方有辩论导师的加入，辩论双方通过精彩的语言表达，把话题谈得深刻、实在、通透，让看的人的思维都跟着提升了。因此，节目辩论的部分可以作为一种写作思维的训练来进行课堂的嫁接。比如有一期讲"不给别人添麻烦，是一种美德吗"，这个话题既贴近学生的日常生活，又符合学生的思维水平，就可以拿到课堂上来进行写作思维的训练。

首先，在播放视频之前，先让学生对这个话题进行简单的思考与写作，写出自己对这个话题的大致想法，选择自己的观点，写出自己的理由及依据，然后带着思考与问题来看视频，并要求随时记下辩论双方的逻辑出发点与逻辑思路。

其次，梳理思路。虽然每个学生写的时候都会有自己的写作思路，但可能看不出自己的话到底哪里不够周延、自洽，如果看了视频，比较一下就会有一个清晰的判断与认识。更为关键的是，还要去想一想别人是怎样论证的，别人的逻辑思路是怎样的，别人的思路是如何起承转合的。

再次，激活思维，积累观点。很多情况下，学生很喜欢积累素材，积累名言警句，但没有积累观点的意识和习惯。其实，只有真正地激活了思维，才能积累真正有用的观点，进而产生思想。

利用信息技术，打通现实生活和教学情境的途径，用写作过程的现实发生来进行具体的写作指导与遣词造句能力的提升，是一种写作课程的整合。

综合来看，信息技术在写作教学中的作用主要在情境的再现和过程的重构上。"多读多写"是古老的写作圣训与命题，但往往停留在说说而已，只有依赖信息技术，精心设计、用力重构，让学生在真实的网络平台和写作项目中体验、实践，才能真正地打通写作情境和现实生活，让写作的关键能力成为"做事"的能力，而非玩弄文字的技巧。

四、依据名言锤炼学生写作思想

很多学生喜欢积累名言警句。当然，这些名言常常能道出一些真知灼见、某一方面的深刻道理。因此，从积累的角度看，名言确实能提升学生的认知水平，不管是对表达，还是对写作，都是可资借鉴与积累的资源和养料。在此基础上，学生也可以顺着名言的思想内涵来提升自己的思考角度、思维力度和思想深度。但如何更好地积累名言，而不仅仅只是对名言的下载与储存；如何利用名言教学生思考、思辨与思想，这才是名言积累的最大价值。因此，在名言积累这一内容上，可以用"名言改造与思想锻造"这样的话题来指导学生更好地积累名言。

首先，对于名言的理解和使用，可以进行思辨，可以加入自我不同的或补充的理解，把名言的思想内涵内化成自己的想法和体会。"所谓'思辨'，就要在充分考察事物的具体背景、来龙去脉、前因后果的基础上，做出具体的判断。"① 比如，很多名言的绝对化、单一性还是非常明显的，让学生从思考角度、思维方式、思辨内容这一维度来重新思考名言，可以更好地发挥名言指导效用，还可以提升学生的思辨能力，磨砺学生的思想。

爱因斯坦有一句名言："踏着别人的脚印，永远走不出自己的路。"这一名言当然蕴含着思想的深刻性与普遍性，但如果能从这一名言找到相关的核心主题词，如创新、传承、主体等，再从矛盾层面来分析，就可以把这一名言补写得更加具体、全面和周延。如：联系"创新"这一话题，再结合"守旧"或"抄袭"等内容，就可以写出另一句丰富、深刻、全面的句子：①不需要踏着别人的脚印，才是真正的创新。②踏着别人的脚印，才能在传承中创新。③只有独立自主的创新和发展，才是真正的创新。④走出自己的路，才是另辟蹊径的创新。⑤抄袭别人的步伐，踏着别人的脚印，会永远找不到自我……

其次，很多名言都有其限制情境和条件，具有具体的指向，是"片面的真理"，是在某一情况和条件下而言的。因此，在讲或用某一名言时，可以把这一限制条件提炼出来，让名言更具有适用的范围，也让名言的表达更具有针对性。比如，①任何创新都是一种另辟蹊径，都是在前人基础上的自我突破。②任何创新都是在不断突破自我的层面上，添加新的要素和方法。因此，名言的表达常常是一种限制性条件下的发言，找到这一前提条件或限制性条件，让名言的积累更丰富、更有自我，这样才能更好地理解名言。

最后，如果名言的使用具有情境化，就要补充情境，在情境中体悟名言。很多时候，对某一句名言的深刻理解常常是因为处在某一情境中，情境让名言更具思想的张力与场域性。如：天下兴亡，匹夫有责；无友不如己者。这两句名言只有放在某一特定情境中，才能感受到其中的感召力与使命感，如果在民族危亡、有大灾大难的时候，前句话会因为情境投射而加深对其的理解、体会与感悟。如果用逻辑推演的方式，就会发现后句名言的矛盾

---

① 余党绪. 说理与思辨：高考议论文写作指津［M］. 上海：上海教育出版社，2017：36.

性，不攻自破，只有放在有限的关系和"过，则勿惮改"话题上才有指导性与意义价值。因此，作文教学就是要把这一思想形式的土壤和情境设计出来，并让学生身心合一地理解这一名言名句，用好名句这一抓手，打破学生的思维壁障，放飞思维的翅膀，带着心灵和思想走向远方。

第三节　课程化：作文教学内容
开发与学理依据

一、开发什么样的作文教学内容

技术的尽头是艺术，而艺术的达成又必须通过技术。技术是一个抵达的方式和途径，也是操作的手段和路径。当然除了技术可能还有别的方式和途径，但从教学评价、实践效果等层面看，技术是较好的方式。从教学的本质看，技术能完成知识与能力的操作性、传递性与有效性。如此一来，技术的方式是一种可靠的科学的方式，任何艺术的达成，任何情感传递，其实都有媒介和途径，教学如此，其他亦如此。《庖丁解牛》中庖丁的"进乎技矣"，正是经过技术反复操练而达成的"道"，正是对技术的不断积累和深化，才最终完成了艺术的达成。这可以看成是一个教学论的隐喻，教学的真相和本体也是如此，必须从技术入手，经历情感和价值的浸染，最终达到"道"的境界。这也是作文技术的教学思路与原理。

（一）作文、写作和创作的区别

作文是学科教学领域中的内容过程、行为动作的概念和范畴，其对象、功能和效果分别指向的是中学生应该掌握的基本写作知识和能力。作文是一种基本的能力训练途径和表达形式，讲究教学目标的达成和评价。写作是一般意义上的自我表达，词的中性意味十足，谁都可以写作，且不论好坏。而创作指向的是以生命为表达和题旨、主旨的创造，文学艺术意味浓郁。

作文一般和教学联系在一起，完成、达成、抵达一定的教学目标，隶属于书面表达能力谱系；又带有一定的情感体验、生命感悟与价值观念，但不以生命、情感、态度和价值观为主要着力点。作文教学不是为了把每个学生都培养成文学创作者，而是"学习祖国语言文字运用的综合性、实践性的课程"，在教学中要极力让学生立足于自己的情感和价值进行真实性的表达，这就是作文教学的属性、内涵和目标。

（二）作文教学的效果抵达

作文教学是通过教师的指导行为，让学生在写作过程中能够完成一定的内容，达到一定的写作结果和可评价的成果，最终体现教师的教学效果。但很多作文教学常常背离了这一初衷和要求，凌空蹈虚，眼花缭乱，不见写作过程、写作结果，更没有可评价的写作效果，这样的作文教学是没有指导力的。正如王荣生教授所说，中学阶段是没有作文教学的。当前作文教学内容开发是首要问题，立足于写作学情，开发出针对性强、指导性强、操作性强的作文技术尤为关键。

在作文教学的过程中，以"抵达"和"效果"为首要考虑的设计逻辑，让教师的作文教学解决学生的写作问题，抵达一定的教学目标，这才是作文教学的实践品性与存在本质。开发出以作文技术为核心的作文教学内容，并在课堂教学中进行训练，改变学生的作文能力，提升学生的作文素养，这样才能称之为作文教学。

（三）作文是一个动宾结构

作文主要是指学生通过完成一定的任务要求的个人表达。根据中学作文教学的功能、主旨和范围，教师在特定的时空里，用一定的作文技术指导学生，改变学生的写作现状，最终完成教学功能。但时下作文教学逐渐成了一种无法改变、无力把握、无效操作的课堂行为。教学指导获得和个人习得，是学生写作能力提升的两种主要方式。当其在教学层面讨论时，主要是从教学内容的角度而言，要让作文体现出一定的课程性、效率化，而不是无可教、不能教、不想教。

作文教学的内容涉及思维、心理、意志、习惯、性格、兴趣、爱好、天赋等，非常综合，对其实践之难的认识自古有之，"盖非知之难，能之难也"。因此，以"抵达"为评价向度的作文教学是现实学情的必然呼唤。让作文教学成为学科课程，改变教学现状，完成学科目标，最终实现学科育人价值，出路只能是开发出具有技术功效和改变现状的作文课程。但从一线的作文教学实践情况看，立足于语文核心素养层面，建构起拥有"语言文字运用"土壤的作文技术，任重道远。

"语文学科的核心素养是学生在积极的语言实践活动中积累与建构起来的，并在真实的语言运用情境中表现出来的语言能力及其品质"，其中"语言的建构和运用"是作文技术的旨归和目的。在此基础上的技术性和语文性，以提升学生语文核心素养为目的，这样的教学才是有方向和意义的。技术不是异化，技术的尽头是艺术、生命与情感，但只有通过言语技术的提炼才能抵达。从这一角度上说，作文技术又不同于语言学。语言学仅仅是认知规律，理解规律，理解语言的规则，而作文技术是通过鲜活的词语，以及对规则、程序和规律的语句开发，形成开放性思维表达，走向个性化的语言运用与建构，这才是技术作文的力量、魅力与课程论价值。

二、靶向作文能力，提炼作文教学的大概念

在大单元、大概念教学改革的发展过程中，作文教学如何结合这一教改思想完成教学的改革？

首先，要明确大单元、大概念等教改思想的形式与目的。所谓的大单元、大概念，是为了提升学生的核心素养而采取的一种文本组合形式，培育核心素养的一种途径，进而提炼出的主题或者单元要义。它是基于对学生语文核心素养的发展而设定的。从这个意义上说，大单元、大概念是一种"概括性知识"。如王荣生教授所说："'大概念'分两类：一类是跨学科或超越单元主题的，因而需要'综合性理解'；另一类是关涉学科及单元主题的，是'主题性理解'。按照威金斯和麦克泰所提的设计标准的要求，'大概念'必须表述为完整的语句。关涉语文学科的，例如，不同的文本类别（如叙事的、悬疑的、传记的、说明的、劝说的）有不同的结构；有效的议论文会使用论据并采用与其目标读者相对应的语言。笔者建议，在正式的教研场合把'大概念'转述为'核心的概括性知识'，或将'核心的概括性知识'与'大概念'交替使用。"[①]

这一"核心的概括性知识"通过不同的文本组合形式和训练形式来提升学生的语文核心素养。鉴于此，可以把这一教学内容、教学目标的设定形式作为作文课程教学的结构和思路。作文教学的大概念和大单元主要是指学生作文能力的概括性知识，即学生写作能力的核心知识与"专家思维"。在学

---

① 王荣生. 略述"问题情境"中的探究学习：基于相关译著的考察分析 [J]. 中国教育学刊，2021（3）：71－76，81.

习这一核心知识的过程中，教师先要提炼作文相关的大概念、大主题，并通过不同的语料形式、训练形式，让学生完成作文能力的升级与提高。也就是说，教师首先要让学生占有丰富的感性材料，在归纳的基础上，举三反一，形成一个思维方式、概念主题，并形成可迁移的大概念。教师不是教一个概念知识，或者演绎式地理解大概念知识，而是用归纳式地提炼的方式让学生建构起作文能力。这样一种归纳式的学习思路，既可以进行读写结合，也可以进行写作知识的归纳，让学生在理解语言材料的过程中体会语言文字的运用和发展写作思维，最终凭借写作核心知识提升作文能力及语文核心素养。

其次，通过大单元、大概念的学习，有效掌握写作核心知识，必须经历三个训练的过程：跟着练，学着练，自己练。而要落实好这三个练习，必须设计出相应的教学环节与步骤，让学生在训练的过程中体会这一知识的运用和内化，落实过程，最终完成作文教学的有效性，这就是大概念的一个整体思路和想法。

比如，对"观点的表达和呈现"这样一个作文能力问题——大概念主题，可以提炼出"如何陈述观点"这样一个核心知识。再根据观点的构成要素，分解出概念、命题这两个关键点，并通过概念的阐释与关联才能形成观点的陈述性知识，进而对概念之间关系的组合和形态的描述形成相应的操作技术，用不同的句型展示出来，这就是观点的阐述与呈现。把这一思考过程变成一个作文教学的核心知识来设计教学，这就是大概念理念下的一种作文教学样式。

具体而言，关于语文教育问题，历来有讲究工具性与人文性的看法。那么如何表达这一观点呢？在这两个概念的基础上，就可以发展出如下的句式类型和逻辑关系：一是语文教育的工具性是指什么，语文教育的人文性是指什么；二是如果只重视工具性，而不注重人文性，或者只重视人文性，而不注重工具性，就会产生不同的命题表述或观点表达。这就是依据两个概念的逻辑关系所形成的观点。

当然，还可以加入不同的要素，如从历史的维度来看，曾经、当下和未来三个维度加入之后，会让工具性和人文性的关系变得更丰富、立体，形成更多的观点内涵和思维结构。过去，只重视工具性，而不注重人文性；现在，既重视工具性，又注重人文性；未来，可能只重视人文性，不注重工具性，或者既不重视人文性，也不注重工具性。这样四个象限就可以划分为四个层次的观点。在阐述这一问题的时候，就可以把这四个问题分别表述成四种观点。

再比如，对一个人来说有勤奋、懒惰两端。这两个相反的概念之间，如果再加入第三个要素——脸面，就可以形成多重的思维结构。把勤劳、懒惰和要脸、不要脸这四个要素进行组合，就产生出四个象限的内容：勤奋的人要脸，勤奋的人不要脸，懒惰的人要脸，懒惰的人不要脸。相应的结果与结论就可以成为四个观点或命题，而且观点之间也有相应的逻辑与层次。这一观点的产生过程，就是立足于大概念而设计出来的。

结合 2022 年高考作文题目"本手、妙手、俗手"这一内容，也可以通过上述的思维结构来完成"观点的产生和表达"这一大概念作文知识的学习。"立足本手，才有可能产生妙手；而一味地追求妙手，自然是只能产生俗手"，"深刻理解本手，注重本手的过程，还要注意其他的方面，如对自身的认知，对于策略的调整等，才能创造妙手"，"对妙手的理解与追求，一定要结合本手，没有本手的妙手是俗手，没有妙手的本手是烂手"，在肯定层面和否定层面的结合中，形成了不同的观点。这就是依据于大概念而提炼出相应的观点，并通过不同的形式组合而产生的逻辑关系与命题判断，最终完成"观点的产生与表达"。

三、基于作文课例研究，进行教学内容开发与实践

高中作文教学没有作文教材和作文课程标准，在只有作文教学要求的现实情况下，教师如何开发作文教学的内容，这是摆在一线教师面前的一个难题。从现实情况看，作文教学内容的开发无外乎以下几种途径。

第一，教师根据自身的写作经验、写作知识和写作能力进行作文教学。这是经验式作文教学，教师个人的作用性强，教学内容的经验性、随意性强，教学效果得益于教师的心法和经验，可推广性弱，形成学科课程的可能性较弱。

第二，教师根据学生写作过程中的一些问题，再根据这些问题开发出写作活动并依据教师自身所掌握的写作知识来进行教学。这是一种问题解决式的作文教学，目的性与效果导向意识强，对教师要求比较高。教师既要有知识开发的写作能力，还要有课程开发的设计能力。

第三，依据于名师、名家、专家、学者以及其他学科的写作知识，进行写作教学内容的开发与转化，并根据学生的写作问题、难题进行作文教学。这是一种学科思维式的教学取向，通过学理化的学科知识，使课堂教学具有课程论的价值与意义。

第四，根据考场作文的要求和应试任务，开发出应试的写作知识和写作技能，以此形成的作文教学内容。这一教学形态主要是应试备考，体现的是

对规定性写作的教学内容开发，从某种意义上说，也是一种日常重要的作文教学内容，学生写作的问题大都与此有关。

总体而言，不管是哪一种形式的作文教学内容的开发，都要从教师本人的写作观、写作经验、写作知识来进行处理。因此，教师的作文经验、作文观念以及作文教学的设计能力，才是作文教学内容的主要生成机制。这就不得不牵涉到一个问题：教师如何更高效、更有针对性、更有效地获取到作文教学内容，让作文教学在实践检验中完成教学实施，提升学生作文的关键能力。这其中可能比较适合的就是对课例进行反思和研究，以此来开发写作教学内容。

（一）研究名师作文教学课例，建构课程知识逻辑

名师的作文教学课例通常都经受过课堂检验和打磨，而且常常渗透着某一流派的学术观念、学术主张，其背后往往也有着学理的支撑。因此，某种程度上名师的课例可以作为教学内容的来源之一。通过对这些教学内容的提取、转化，可以快速地建构起作文教学的课程知识与教学内容。因此，通过名师作文教学的课例，可以便捷高效地把握或开发出具有学理性的作文教学内容。

同时，通过名师作文教学课例，还可以获得作文教学设计、作文教学指导的技术，让教师的课堂教学的能力更快、更有针对性地提升，也能提升教师作文教学的指导力。名师作文教学基本上符合了某一研究，也比较重视作文教学的一些问题。在借鉴和转化的同时，可以根据不同的学情或学生层次进行内化处理。名师的作文教学是一个快速开发作文教学内容、提升教学效果的方式。比如，黄厚江老师的一些作文教学课例就可以拿来借鉴、转化，开发出不少有指导力、有技术性、有效用的作文教学内容。对于年轻教师来说，开始进行作文教学不妨从名家的作文教学模仿和学习入手，这一点对教师快速成长比较重要。

（二）反思自我作文教学案例，优化作文教学内容

首先，教师的真正成长通常是自我反思得来的。只有在反思的过程中，才能对教学的本质、教学的要义有更深入、更真切的理解，才能深入到课程上面来理解自己的课堂教学或作文教学。只有不断地反思作文教学，从有效性、目标性、针对性、指导性上思考教学是否切中了学生的写作问题，是否

改变了学生的写作能力不足的现状，才能找到教学的着力点与破解点。对于一名教师来说，不断地反思，找到优化自己作文教学的一些指导力，这是提升作文教学效果的不二法门，更是提炼适切的作文教学内容的有效途径。立足于学情，给出能解决问题的作文教学知识和技术，才能有效地指导学生解决写作问题和难题。

其次，教师对学生作文学情的把握也至为关键。反思学生的作文实情，再结合教师自身的作文经验和作文能力进行课堂调整和优化，这样就会逐渐产生某类作文教学的课型和观念。作文教学的方式、方法、途径往往都依据教师本人对作文的理解，对作文知识、作文技术的把握而产生，甚至于考场作文，也是依据教师的作文水平而指导的。以己昏昏，无法使人昭昭，这就是作文教学的属性与特点。

（三）转化学术成果，让作文教学内容更有学理依据

中学作文教学虽然没有固定的教材和课程标准，但依然要从统编教材、课程标准里提取相应的作文教学要求和指导方向。广泛吸纳修辞学、语言学、逻辑学、文艺学、写作学等各个学科的学术成果，甚至把一些专家、学者所探索的作文教学的研究成果，转化成作文教学的内容。比如荣维东教授的交际语境作文研究、邓彤的微型写作教学等，这些都可以成为写作教学可开发的教学资源，并转化为教学内容，完成对作文教学课程知识的积累和建构。

研读相关作文教学的学术成果，可以通过大量阅读一线教师、学者著作来开发出相应的作文教学内容，比如章熊关于语言思维运用的内容，余党绪关于批判性思维的研究成果，这些研究成果已经经受过学术讨论的检验，具有一定的学理价值，都可以变成作文教学的指导内容。百年作文教学的发展，本身就是整个作文教学的学术资源，一线教师要积极获取，然后结合学情和自身的作文教学经验进行取舍、提炼，以此开发出更多的作文教学内容。这才是作文教学发展的方向和课程建设的实施思路。

四、指导学生把议论文写深刻的思维技术

在日常作文教学或考场作文评阅的过程中，笔者总能听到身边有教师说：这些高中生的作文立意还是比较幼稚的，且大同小异，不够深刻，缺少深刻的思想。这一情况确实值得深思：为什么很多高中生在作文中无法想得深刻、写得深刻，问题出在哪里？我们固然可以在人生阅历、阅读积累、社

会环境、题目限制、应试要求等方面给出一些外部归因，但如果从作文教学的课堂实践层面进行分析、思考，又该如何破解这一难题？教师有什么有效性的办法让学生的作文或表达有深度、有内涵、有思想？有没有什么作文的思维技术能够解决学生的这一问题？

（一）深刻是认知能力的深远和价值判断的深邃

所谓深刻，体现在高中生的作文中就是一种认知能力的深远和价值判断的深邃。尽管很多同学在作文中也有着自己的认知判断与价值立场，但在语句表达上却体现不出"认知能力的深远""价值判断的深邃"。"深远"意味着思考深入、思路清晰、思维有系统，"深邃"意味着雄辩有逻辑、观点有思辨、想法很深奥。当然，认知能力和价值判断在作文中常常是水乳交融，无法鲜明地区别开来，常常可以用一句话进行评价：作文是否有思想。

其实，每一篇作文都是学生运用语言文字建构意义的思维活动结果，都或显或隐地体现着该学生的认知水平和价值观念，通常学生的作文都会缺少些理性的反思和思考的沉淀。而作文教学的目的正是指导学生开展有深度的思维学习，提升其语言文字运用的能力。但作文教学所采用的教学方式、教学内容和教学过程不同于政治课、历史课和阅读课，要更加突出指导性、操作性和有效性。具体而言，就是教师要借助可视化的思维工具、认知图式和思维系统来提升学生的认知能力和价值判断能力。

比如，《奇葩说》（第七季）某一期的辩论话题是"好朋友失恋后天天找我哭，我听累了可以'糊弄'TA吗？"在观看这一个辩论时，笔者先让学生选择辩论立场、拟写发言提纲，而后发表自己的看法或观点。很多同学基本上都能围绕论题的关键词，从不同角度、层面进行分析，给出理由、条件和原因。从论证层面上看，大多发言都还算有理有据。但从认知能力和价值判断上看，却明显不够深刻。或者说没有把论题的双方进行辩证统一，没能把对立双方的内容进行整合，让自己的表达更深刻。

学生发言结束后，笔者又播放了刘擎教授对这一问题的看法。刘擎教授给出了一个简要精当的分析模型和认知图式。其发言的思路大致可概括为：①不糊弄。②"糊弄"的标准是什么？只有内在标准。③要帮他（她）做什么？恢复其自治性。④"我"会怎样做？客观化叙述。⑤这个过程对我们自己的意义是什么？成就了一个更好的自己。学生看完视频后立刻感受到一种深刻。这其中的差距就在于对这一问题的认知能力和价值判断上。比如选择"糊弄"持方的同学，在价值判断上就不够"友善""仁爱"，尽管这只是一次辩论活动，但也要和生活中自己的价值选择相关联，要知行合一。而选择"不糊弄"持方的同学，在认知层面上明显表浅、单向，缺少思维的深度，还容易让对方抓住漏洞进行反驳。

通过这一活动，学生获得了一种分析问题和价值判断的图式：①先明确矛盾双方论证点的概念或标准。②再从"条件""背景""影响""结果"等方面进行问题分析。③给出具体的解决的"方案"或技术。④最后从对象或主体层面上看到价值和意义。再面对类似关系的话题时，很多学生就掌握了这一分析思路与认知模型，并从中给出更深刻的价值判断。作文或表达也就较之前深刻很多。这就通过作文教学给学生提供了一个认识问题、分析问题和表达想法的图式支架与思维技术。

（二）深刻是思维技术和思维矩阵的言语呈现

作文的深刻不仅和个人的认知能力与价值判断相关，也和语言的呈现方式、思维能力有关。更多时候，作文中的深刻可能还是语言机制本身"制造"出来的。我们要从教学的层面给学生提供可操作的思维技术与可视化的作文技术，而不能一味地强调哲思与人文等泛化式的积累。正如语文名师黄厚江所说："通过思维的发展与提升让语言的积累和运用更有品质；通过思维的发展与提升让文本阅读与鉴赏更有深度；通过思维的发展与提升让表达与交流更有质量。"问题是如何进行"思维的发展与提升"，怎样在课堂教学中实现"思维的发展与提升"。

很多其他领域的研究者所开发的思维技术，都可供我们参考借用，来提升学生的思维能力。如心理学家爱德华·德·波诺的"六项思考帽"、心理学家诺瓦克提出的概念图技术、日本管理大师石川馨的鱼骨图等，这些思维工具都可以转化为作文教学中有实效的思维技术。一线教师、教研员的作文教学研究成果，也可以"拿来"变成作文教学的思维技术，如邓彤的"魔方六面体"思维技术、张华的"否肯"思维技术、郑可菜的论述文策略支架等。

思维和语言并不是两个独立的事情，而是一枚硬币的两面——思维促进语言，语言发展思维。学生在作文的过程中，不管是观点的表述，还是论证的过程，都离不开思维的参与。从语言文字层面来说，如何运用语言文字正是作文的呈现形式；从思维层面来说，如何提升学生的作文思维技术，是作文教学的主要内容与目标。如何依据于语言和思维这一同构关系，开发出解决学生写作问题的作文技术，这不仅是考场作文"应试"要求，也是日常作文教学的应有之义。

1. 组合核心词语，建立思维坐标

观察当下的作文题目，包括高考作文题目，不管是单概念的，还是多概念的材料作文，学生在审题的过程中，不再仅仅是能否抓住关键词的问题，而是能否立足于对材料关键词语的理解与把握，建立起自己的思维层次和思维结构的问题。考场作文写得不够深刻，要么是仅仅就于某一概念、某一关键词展开写作，要么是仅仅就搬运材料的内在逻辑而展开，缺少一定的思维深度、高度与密度。这类作文虽然算是完成了部分任务与要求，但距离深刻还差得远。究其原因，主要在于没有建立起以词语为核心的思维坐标。

所谓思维坐标，就是思考的结构化、系统性，也可以说是一种结构化思维的形态。如何培养学生的思维结构能力，并使之有思维品质地表达对某一话题的观点和看法？针对材料作文的核心话题：勇敢、成熟、竞争等，如何利用思维坐标写出深刻性的句子？首先，可以选择相反和相近的核心词进行关系定位，形成一个有逻辑关系的语句判断——勇敢不是从不畏惧，而是心怀恐惧依然奋进向前。这样通过反义词与近义词的关联建构，就形成了一个思维模型与句式结构：A 不是不 – A（A 的反义词），而是存在 – A'却依然 A'（A 的近义词）。如此一来，就把"勇敢""恐惧""无畏""奋进"四个词语形成了一个内在逻辑关系，并表现出了思维的内涵和深度。这一句式形态让认识的思辨性、深刻性呈现了出来。以后，在作文中对某一个话题或概念进行观点表达时，学生就可以运用这一思维坐标，结合相关核心词话，凭借相关句径写出深刻性的观点。

2. 强化逻辑关系，形成思维结构

在面对多概念和多观点材料内容时，我们可以利用思维坐标形成更有层次结构的思维样态，让段落或篇章的表达更具张力和结构性。通过组合多个思维坐标，形成思维矩阵，让思维层次不断深化与升级。比如，在两类词语的关联维度中加入新的条件和要素，构建出相互交叉的思维矩阵，就可以形成不同的观点区域，这样思维的结构性也就体现了出来。

比如，某一作文话题是"仰望星空"与"脚踏实地"，如果在其中加入某一身份内容和否定、肯定条件，就可以形成四个观点区域：高中生的学习，如果只仰望星空，一心想着宏大的目标和理想，而不脚踏实地，只会空想、妄想，最后只能落得个夸夸其谈、不学无术的称号；但如果学习只脚踏实地，埋头苦干，从不仰望星空，不知道为什么而学，那只能是盲干、蛮干，既体会不到学习的乐趣，也找不到学习的价值；当然，如果学习上既不脚踏实地，也不仰望星空，其下场只能是变成一个懒惰和无知的人；最高的

境界就是，学习既仰望星空，志存高远，又脚踏实地，一步一个脚印，才会走出一条光明灿烂，有幸福感的人生之路。

根据两端词语的结构关系，加入新的要素和条件，这样就形成了四个观点区域，阐释出了话题之间的内在关联与思维结构。这一形态的思维结构极具观点阐释力和结构表达力。当然，在加入新的要素和条件时，也要充分考虑到词语之间内在的逻辑关系，不同的句子顺序和逻辑关系就能表达出含义迥异的句子。总之，四个观点区域，不管是并列还是递进，它们之间都是动态的逻辑关系，这就是改编"约哈里窗户"理论而形成的思维体系，对于结构化的段落或篇章写作是非常有效果的。

3. 丰富维度，建构立体思维系统

随着人们看待事物的角度、维度变化，往往能获得一种新认识，或加深认识。议论文作文教学主要是培养学生的思辨能力和辩证能力——立体化的思维系统。因此，建构出多维度的思维坐标和思维结构，形成维度丰富、主题统一的认知图式与思维系统，是把议论文写深刻的关键技术。这就要考虑到维度的搭建问题，并直接关系到认识与表达是否深刻。

比如，"什么是榜样，做得好、优秀的人就是榜样吗？"这样一个话题，如果加入新的维度——勇气维度，就可以获得一个与众不同的观点，"榜样的意义不是示范一种成功的方式，而是给了整个世界一种新型的勇气"。甚至还可以加入不同维度，写出丰富多彩的深刻的句子，"榜样的意义不是示范一种新型的勇气，而是给了整个世界一种可能"，"榜样的意义不是给整个世界提供一种可能，而是让整个世界达成了某一共识"。

维度是多向的、多样的，既可以是时间的、空间的、心灵的，还可以是精神的、思想的、文化的、制度的。每一个维度都可以形成一个思考的角度，当这些维度之间产生关联和结构时，立体化的思维系统就形成了。在议论文写作过程中，如果能够使用好 2~3 个维度，并写出它们的关联，其认识能力、分析能力和表达能力就能更好走向深刻层面。

比如，对于 2022 年高考作文题"本手、妙手、俗手"这一关系话题，如果只是罗列三个概念之间的关系，也可以形成基本的文章结构。但是如果加入历史的维度、空间的维度、文化的维度、关系的维度、范围的维度、人性的维度等，思考会更加丰富、深入。"以本手为基，方能避俗手之劣。学习上我们常说：'基础不牢，地动山摇'说的正是这个道理。历史上，因为不以本手为基，而终沦'俗手'的例子比比皆是"，还可以根据历史的积累和未来的发展，从关系维度上看，"何为创新？这是在原有基础上的拓展新意，是以创新当为妙手。而本手自然是传承，唯有对本手传统的深刻理解，

方能创造有活力的创新妙手之举"。"本手"是起点，是传统；"妙手"是创造，是不断叠加的历史智慧。维度让这个句子很深刻。

作文教学关键在于教出教学的效果，让学生有看得见的成长，如"议论文如何写深刻"这样的问题，就是作文教学迫切要解决的问题，但如何实现有效有料的作文教学，还得群策群力，不断深挖、提炼、开发出更多的思维技术，这是一个任重而道远的任务。

附文

好朋友失恋后天天找我哭，我听累了可以"糊弄"TA吗？

刘擎教授的发言（立场：反方）：

大家讲了很多"糊弄"，发现没有标准。在我理解，"糊弄"一词没有外在的标准，只有一个内在的标准，只有你自己知道你是不是在糊弄。它的区别在于我出于累，我要让自己脱身，那任何方法都是糊弄；如果你的心态是我把我自己放在次要的地位，包括我的疲惫，我要让你走出来放在第一位，所有的方法都不是糊弄。所以糊弄不糊弄只有自己知道。

然后，我们要帮他（她）做什么的，一个人在天天哭，处在一种失控的状态。我们要让他（她）恢复自治性。可以通过各种办法陪伴他（她），最终的目的是要走出这个让他（她）接受无法接受的事实，让他（她）面对无法面对的真相。因为恋爱的真相，可能是没有道理，任何方式都是好的。你作为一个好朋友，不光是要关爱付出，你还要有智慧，有的时候就是陪他（她）哭，有的时候陪他（她）骂，或者哭完了骂，骂完了哭了，然后适当的时候讲道理。

你想一个人能在你面前敞开心扉，在你面前失控，特别我的朋友是男生，是非常非常不容易的。我的方式是让他（她）把这件事情客观化，就是给他（她）讲好多好多故事，让他（她）看待自己的经历像看待别人的一样。客观化会帮他（她）恢复理智，所以我觉得方法是千千万万的，但是真诚，还是在应付；在敷衍，还是在忽悠，只有你自己知道。他（她）已经失恋了，需要朋友的帮助，如果从他（她）的角度考虑，这是非常重要的。

再进一步，我们有没有想过：我们作为帮助他（她）的朋友，这个过程对我们自己的意义是什么？其实我们很少把自己不放在第一位的，我们在日常生活当中都是非常自动的，是一个默认选项（default option）的方式，常常先考虑这件事对我的好处在哪里，但在人生一些罕见的时刻，对家人、对恋人、对在我看来的好朋友，我们有这样一个时刻是把他（她）人的苦衷放到了自己前面，虽然这种时刻很少，但这个时候如果我们付出了努力，我们麻烦一点，我们动了脑筋，想了很多方法，包括对方可能认为是敷衍的方法，但这就是好的方法。

最后在这个过程中他（她）走出来了，我们自己也获得了新生，我变成了另外一个自己，变成了一个更好的自己。因为人的自我不是个人形成的，我们每个人都是关系型的，在哲学上叫作关系性的自我概念（relational self），我们的自我造就，我们的成长都是在人与人之间的互动中造就的，而这样一个时刻让我们有机会看看我们做的能够有多好，比我们自己预想的理想的自我差距在哪里，你是给自己一个机会，看看自己会成为什么样的人。

■ 作文教学设计 ▮

在破中立，立中辩，向杠精说"不"！
——"如何论证"作文教学设计（一）

【教材内容】

统编版普通高中语文必修下册第七单元"如何论证"。

本单元写作主题是针对统编版高中语文必修下册第七单元的古代论述文的学习而设置的。教学对象是高一学生，是议论文写作教学的起步阶段。学生还不具备较为充分的论证意识和丰富的论证方法，甚至对怎么议论、什么是议论文还比较模糊，因此从驳论论证的角度、论据类型使用情况和论证前提及过程的反思层面进行分解教学，很有必要。

同时，学习该主题，可以更好地从论证的层面来思考本单元《六国论》《阿房官赋》《谏太宗十思疏》《答司马谏议书》这几篇经典论述文，并在可以读写结合中感受思辨的理论和理性的魅力。

在教学目的上，本单元通过"如何论证"的写作指导和教学，让学生在生活情境和学习实践情境中掌握论证的支架，理解论证的方式和路径。这一举措不仅有利于语文核心素养的"思维发展与提升"，关键是把这一活动建立在"语言建构与运用"中，让"思维发展""审美鉴赏""文化传承"贴着语言发展，结合学生的实际情况教学。

议论文教学，是语文教学的重要内容，历来被重视，高考所占比例也最大，但如何更有效地提升、更有指导性地教学，却往往阙如，开展本专题学习活动，试图探寻一条有效提升学生议论文写作能力和写作效果的途径。

【教学目标】

1. 掌握理性反驳的基本态度：有理、有据、有风度。

2. 能够使用"举反例""归谬法"的驳论技术进行理性的反驳论证。

【教学条件分析】

1. 内部学情：高中生常常把驳论理解为争论，把爱争论的人理解为杠精，有些同学甚至认为批判性思维就等同于"批判""争论""杠精""怼"。

2. 课程条件：以"驳论"为切入口，不仅符合高中生的论证写作认知规律，也是进行高阶思维训练，尤其是批判性思维论证写作教学的应有之义。

3. 教学条件：一节课的教学长度，借助辩论综艺节目《奇葩说》来完成两个教学目标，从活动效果和教学程序上讲，是可评价、可操作、可完成的。

【教学步骤】

一、激发动力

通过借助网络词汇"杠精"，激趣引入。

最近，我在网上频频看见一个词——"杠精"，谁能给大家解释一下这个词是什么意思？

（"杠精"是网络世界里的一个新群体，他们的爱好是反驳别人，个人情绪大于公共理性，常使用道德武器和人格手雷，到处喷、和人怼，充满着戾气和杀气，他们常常为了反驳而反驳，反驳毫无逻辑可言，反驳毫无建设立场。）

虽然，在生活中，在写作中，面对不正之风，面对歪曲之理，我们常常需要挺身而出，批判之，反驳之。那么，该如何避免陷入杠精的泥潭，有逻辑、有态度、有说服力地反驳论证呢？

让我们进行今天的课堂——在破中立，立中辩，向杠精说"不"！

二、告知目标

特别需要提醒各位同学的是，向杠精说"不"的时候，千万别把自己也弄成了"杠精"，也就是说不能用"杠精"的方式进行"怼""争吵"，甚至人身攻击，而应该：

一是掌握理性反驳的基本态度：有理、有据、有风度。

二是能够使用"举反例""归谬法"的驳论技术进行理性的反驳论证。

三、呈现材料

1. 首先，请大家就这个问题选择自己的立场：要不要全人类知识共享？

《奇葩说》的话题：假如地球诞生了一项超顶尖科技，只要在每个人的脑中植入一颗芯片，地球所有记录在册的知识就能在一秒之内共享给全人类，并且只要有新的研究成果公开问世，我们脑中的知识库，也会同步更新，让所有人知道所有事，这样一来，不用学习就可以理解各种知识，有了它，无知与愚昧将荡然无存，地球未来将不可限量。

这项科技得到了不少支持，但反对的声音也同样存在。作为地球公民的你，是否支持全人类大脑一秒知识共享呢？为什么？

请支持的同学举手。

（请一位支持的同学简单说明理由，再请一位不支持的同学简单说明理由。）

2. 不支持的同学，你不是一个人在战斗，还有人和你、你们持有相同的立场。现在，让我们来听一组不支持知识共享的理由，听完后概括。

（播放《奇葩说》片段傅首尔的发言，并请人概括她不支持的理由，调查有多少人被说服。）

傅首尔的观点：①知识共享影响人类多样性；②知识可能造成人类之难；③无知也是一种快乐，朦胧也是一种美。

3. 她的理由是否就无懈可击呢？一位叫陈铭的选手表示不服，继续听，听完后回答，陈铭是如何反驳傅首尔的？

（播放《奇葩说》片段陈铭发言的第一部分，请一位同学概括陈铭的观点，再请一位同学说明他是如何反驳的。）

陈铭的观点：①知识不影响价值选择，人的个性依然可以多样；②不能因为知识可能造成灾难而拒绝知识；③多样的知识带来多样的快乐、多样的美。

针对：知识共享影响人类多样性。

反驳：同样知识背景的肺科大夫有抽烟的，也有不抽烟的。由此得出，知识不影响价值选择，人的个性依然可以多样。

针对：知识可能造成人类之难。

反驳：按照知识可能造成人类之难就不共享知识的逻辑，那么为了彻底避免人类之难，就应该毁灭知识。因而，不能因为知识可能造成灾难而拒绝知识。

针对：无知也是一种快乐，朦胧也是一种美。

反驳：《越狱》主角可以从不同的角度看监狱。可以推出，多样的知识带来多样的快乐、多样的美。

四、指导学习

1. 听完陈铭精彩的发言，相信很多不支持知识共享的同学已被说服，其中两个方面让人印象深刻。

一是反驳时的语言表达，有理、有据、有角度、有风度，不像"杠精"那样偏激傲慢、疯狂怼人。

二是反驳时观点明确、集中、讲逻辑，不像"杠精"那样无理取闹、不知所云。同学们记住：这才是在论证时使用驳论技术所应有的态度与风度，这才叫理性的驳论论证。

（学生概括陈铭所使用的驳论技术和支架，教师补充、完善。）

2. 概括反驳的方法。

举反例：针对对方的观点，举一个与之相反的例子，即能证明对方的观点不成立。

归谬法：承认对方的逻辑，依照对方的逻辑得出一个荒谬的结论，以此证明对方的观点不成立。

3. 概括反驳的方式。

直接反驳：直接反驳对方观点（破）。

间接反驳：通过证明与对方观点相矛盾的观点，间接反驳对方观点（立）。

五、落实训练

学生阅读补充的两篇文章：《中国人失掉自信力了吗》和《从来就没有什么救世主》，前者是鲁迅针对近代社会一些人的观点的反驳，后者是人民日报就美国重建中国的观点的反驳。

1. 在《中国人失掉自信力了吗》中，作者运用了哪些反驳的方法？

归谬法：承认自信力失掉，得出结论——中国人失掉了他信力，发展着自欺力。

举反例：我们有并不失掉自信力的中国人在。

2.《从来就没有什么救世主》第2~4段和第5~7段的反驳角度有什么不一样？找出第2~4段中运用了归谬法的句子。

第2~4段：直接反驳（破），使用了归谬法和举反例，美国没有重建中国。

归谬法常用句径：（对方）认为……（摆出对方观点）按照这个逻辑，那么……（结合相关事实，由此逻辑推导出荒谬的结果，可用反问句以加强语气）可见……（摆出我方结论）。

举反例常用句径：（对方）认为……（摆出对方观点）然而……（举出反例）可见……（摆出我方结论）。

第5~7段：间接反驳（立），中国的发展靠自己。

六、评估总结

通过两段视频和两篇文章的学习和感受，大部分的同学都有了反驳的意识、态度、风度，也基本学会了使用驳论支架，对"举反例""归谬法"的使用已经比较自觉，这是本节课成功的地方，也达成了教学目标。

但在使用的自然合理、熟练自洽层面上还需训练与锤炼，这是教学仍要完善的地方。

特别需要注意的是：①"举反例"的前提是处于观点的需要，不是为找反例而找反例，更不是为了怼对方，关键是很多时候"举反例"是自我论证的需要，是为了让自己的观点更理性、客观、包容、明亮，因此这是辩论节目所不能体现出来的。②"归谬法"的使用关键在于符合逻辑的同一律，不能偷换概念，不能诡辩，一定要弄清楚对方的逻辑思路，不能犯稻草人错误，即按照自己心中的靶子进行归谬。辨识归谬法不难，难在较为熟练地使用它。

七、迁移巩固

北京时间 2019 年 4 月 16 日凌晨，有 800 多年历史的巴黎圣母院突遭大火，圣母院塔尖坍塌，整个世界对为此感到痛惜。然而，在一片惋惜声中也有这样的言论：真的活该，天道好轮回，苍天饶过谁，他们当时火烧圆明园的时候不是很开心，我反正不会惋惜啥的，只能赞叹一句：烧得好。而且在评论栏里得到不少支持的表达。

请结合今天所学，以该网友的观点为反驳对象，写一段驳论文。要求：反驳角度：直接反驳（破）、间接反驳（立）；反驳方法：举反例、归谬法。

讲条件·述理由·出证据，向杠精说"不"！
——"如何论证"作文教学设计（二）

【教学目标】

1. 知道依据条件"前提"、论证"理由"和相关"证据"来对观点展开分析和进行论证。

2. 能够有意识地从对象、立场或观点的前提、理由和证据等方面来反思观点和论证的过程。

【教学条件分析】

1. 内部学情：高中生的论证思维多是直线式的表达，即写议论文时常是一种拼贴式的表达，观点加例子，缺少论证的能力，而以往所教所学的论证方法缺少思维的技术性和提升效果。

2. 课程条件：利用"前提""理由""证据"进行论证写作的教学，既符合高中生的议论写作的认知规律，也是获得语文核心素养"思维发展与提升"的应有之义。

3. 教学条件：一节课的教学长度，用三个生活实例来进行三个支架的训练，从活动效果和教学程序上讲，是可评价、可操作、可完成的。

【教学步骤】

一、激发动力

生活事例引入：问大家一个问题，如果假期你和父母一起去逛某商场，你看中了某一新款式的鞋，你想买，你会提出什么样理由来说服父母给你买，你会找一些什么依据来支撑你的理由？

（生活中相似情境还有很多，比如，说服父母同意自己在假期里与几个同学一起外出旅游的计划；参加班干部竞选，让大家相信你更适合担任某项工作；对某种社会现象或热点问题发表看法；你购买的某件商品有问题，你需要退货的时候，需要说明产品本身的质量问题，而不是你使用不当造成的；等等。）

这时，你如果说，这款鞋具有高科技功能，估计你父母会认为你是在忽悠，买的可能性应该不大；但你如果说，这款鞋有一种高科技性能，它的软硬度和弹跳性都比较好，比一般的鞋更能提高跑步速度和弹跳高度，非常适合用于下周学校的体育测试，更有希望拿个好成绩。试想：你的父母会不会给你买？

此外，你再反思一下你的整个说服过程，都包含了哪些层面的内容？

二、告知目标

因此，如果我们只用理由去说服对方，难度比较大，别人不一定相信；如果我们能用证据来说服对方，就会显得更有说服力，而且针对不同的对象使用的理由和证据是不一样的，比如上述对父母说的话，你对同学讲可能就没有效果，你讲了同学也不会给你买这个鞋的。这就是陈述理由和出示证据所需的前提条件。这就要求我们学会讲条件、述理由、出证据，就要做到：①知道依据条件"前提"、论证"理由"和相关"证据"来对观点展开分析和进行论证。②能够有意识地从对象、立场或观点的前提、理由和证据等方面来反思观点和论证的过程。

三、呈现材料

如果你要说服父母同意你在假期里和同学外出旅游的计划，你能够举出哪些理由来说服他们？

①古人提倡读万卷书，行万里路。②一张一弛，文武之道，劳逸结合能促进学习。③饱览祖国大好河山。④其他同学也有旅游计划，并有获益的先例。⑤已经考虑并解决了安全问题。⑥不会花费太多钱。

试想：如果你的父母不赞成你的旅游计划，他们又会讲出哪些理由，试着列出 3~5 项。

我们再反思一下：从"你"的立场来看，你向父母提出旅游计划活动的前提、理由和证据分别是什么？

前提："假期里可以出去旅行"就是逻辑前提。当然如果有特殊的限制条件，那就要考虑特殊的前提。

理由：就是论点为什么成立的道理，即经过抽象或概括后解释为什么的道理或原因。

证据：就是让理由成立的凭证，一般是事例、文献、权威话语、数据、常识（理论）等。

四、指导学习

因此，分析上述旅行计划的观点、理由和证据，我们可以用以下表格进行分类、确定，见表 3-2。

表 3-2　理由与证据

观点	理由	证据
在假期里和同学外出旅游		

根据理由"有其一必有其二"的原理，再反思理由是否合理、充分，见表 3-3。

表 3-3　理由与逻辑

理由/角度		
基于事实		是否矛盾
基于推论		是否重复
基于假设		是否交叉

根据证据必须支持理由的原则，再反思证据是否合理、丰富，见表3-4。

表3-4　证据的类别

证据	
事实	
权威言论	
文献	
数据	
常识	

五、落实训练

根据论题"线上教学和传统教学哪个效果更好？"自主选择立场，写一个论证内容：①正方：传统教学效果更好。②反方：线上教学效果更好。

正方阐述，见表3-5。

表3-5　正方理由与证据的观点阐述

观点	理由	证据
更偏向于传统的学习方法	①传统模式的学习方法让人更加全心投入，不那么容易被外界各种因素干扰。②传统教学更能体现出春风化雨、如沐春风的感受，更能有情感与眼神的交流，教学会更有温度	事实：在一个本来就舒适放松的环境下，身旁又有电子产品，真的能心无旁骛全身心投入学习的有多少人呢？权威言论：教育是一棵树摇动另一棵树，一片云推动另一片云。常识：教学是人的经验传递，是师徒情深式的交流和表达，没有语气和眼神，何来教学相长，任何艺术都只有在人与人之间现场的交流过程中才能发展

139

反方阐述，见表 3 -6。

表 3 -6　反方理由与证据的观点阐述

观点	理由	证据
线上教学相对于传统教学是一种更优的形式	①在疫情期间备受关注的云端教学形式并非突然兴起。 ②网络教学相比于传统课堂最大的优势之一在于具备回放功能。 ③网络教学的作业形式也与传统练习册有所不同	数据：近几年来，多家网课平台早已走进学生们的生活，成为课外学习的选择之一。乘着不断上升的市场需求浪潮，网校产业圈越来越兴盛。 事实：能非常有效地解决部分学生复习无门或是在容量庞大的课堂之上无法将笔记记得准确详尽的问题。 常识：这不仅可以节省纸张的使用，对环境有益，而且也解决了部分学生自由拓展的盲目性和低效性的问题，毕竟来自专业教师的推荐总归还是比独自摸索来得更有针对性，也更高效

六、评估总结

通过三个话题的讨论和论证，大部分的同学都有了关注逻辑条件的意识、提炼理由的举措、出示证据的行动。也基本学会了使用这三个支架来进行论证反思，这是本节课成功的地方，达成了教学目标。

特别需要注意的是：①"前提"是自我论证和审视对立观点的需要，前提不成立，观点就不成立；其次前提是直接对论点的反思，也不能把前提当成结果，这是很多同学没有注意到的。②"理由"的使用在于道理和角度，在于对观点的支撑和支持。理由和分论点不一样，分论点和论点主要是从属关系，是为阐明总论点服务的若干思想观点，而理由强调的是和论点的因果关系。③"证据"的使用和论据不同，关键在于证据强调证明，而不仅仅是议论，指向的是理由；论据强调的是议论。证据支撑理由，理由证明观点，论证过程就是围绕论点，运用理由、证据来说理，最终证明论点的过程。

七、迁移巩固

根据论题"签到打卡是不是形式主义？"自主选择立场，写一个论证内容：①正方：签到打卡是形式主义。②反方：签到打卡不是形式主义。

要求：从"前提""理由""证据"的角度来围绕观点写一段论证语段，并且用表格的形式进行反思、修改和提升。

思维框架：写作的台阶与扶手
——"审题与立意"作文教学设计

【教材内容】

统编版普通高中语文选择性必修上册第二单元"审题与立意"写作任务。

本单元写作主题是针对统编版普通高中语文选择性必修上册第二单元的先秦诸子经典论说的学习而设置的。教学对象是高二学生，此内容是议论文写作教学的关键环节。学生对议论文写作的审题立意缺少基本的思维方向和思路环节，写作过程中常常出现偏题、离题，不能深挖写作题目的材料，也不能紧扣写作任务和要求等问题。因此从审题立意的思维技术角度进行专项的教学，很有必要。

同时，学习该主题可以更好地从文本解读（审题）的层面来思考本单元《论语》第十二章、《大学》第一章、《孟子》第一章、《老子》第四章、《庄子》第一章这几篇经典论说文，以及墨家的《墨子·兼爱》等。并以此加深对传统文化之根的理解，进而形成自己的文化价值判断（立意）。

在教学目的上，本单元通过"如何审题立意"的写作指导和教学，让学生在学科学习情境中掌握审题立意的支架，理解审题立意的方式和路径。这一举措不仅有利于语文核心素养的"思维发展与提升"，关键是把这一活动建立在"语言建构与运用"中，让"思维发展""审美鉴赏""文化传承"贴着语言发展，结合学生的实际情况教学。

【教学目标】

1. 掌握作文审题立意的基本技术：词语思维坐标。

2. 能够使用图示化、关系化、观点化的操作技术进行作文审题立意。

【教学条件分析】

1. 内部学情：高中生面对一个写作题目或材料，常常不知从何写起，或者下笔千言，离题万里，有些同学甚至认为写作文就是拼凑与瞎编，把写作当成一件没有任何思维含量的应付行为与痛苦经历。在写考场作文时，学生作文常常出现审题不清、切题不准、立意不深的情况，具体表现为写作内容脱离材料内容，偏题、离题、跑题，扩充材料、泛泛而谈、缺少思辨。

2. 课程条件：以"词语坐标"为切入口，不仅符合高中生的阅读思维与写作认知规律，也是进行高阶思维训练，尤其是批判性思维写作教学的应有之义。教师帮助学生建立审题立意的思维框架，并用这一思维框架的技术流程应用于写作中，提升审题立意的准度、精度和深度。

3．教学条件：一节课的教学长度，借助三个写作题目来完成两个教学目标，从活动效果和教学程序上讲，是可评价、可操作、可完成的。

【教学步骤】

一、激发动机

向学生提问：①是不是任何一个词都有反义词与近义词？②一对反义词或近义词能否形成一个句子？

根据反义词、近义词的组合关系和聚合关系，可以得出句子的话语机制——依据于词语可以形成思维的框架，通过这一框架关系可以产生不同的立意表达。

二、告知目标

1．阅读下面四个议论语句，指出其语句结构特点：①真正的勇敢不是不害怕，而是心生恐惧，却依然选择前行。（加缪《鼠疫》）②世上只有一种英雄主义，就是在认清生活真相之后依然热爱生活。（罗曼·罗兰《名人传》）③榜样的意义不是示范了一种成功的方式，而是给了整个世界一种新型的勇气。（罗振宇《启发》）④高中生的学习，如果只仰望星空，一心想着宏大的目标和理想，而不脚踏实地，只会空想、妄想，最后只能落得个夸夸其谈、不学无术的称号；但如果学习只脚踏实地，埋头苦干，从不仰望星空，不知道为什么而学，那只能是盲干、蛮干，既体会不到学习的乐趣，也找不到学习的价值；当然，如果学习上既不脚踏实地，也不仰望星空，其下场只能是变成一个懒惰和无知的人；最高的境界就是，学习既仰望星空，志存高远，又脚踏实地，一步一个脚印，才会走出一条光明灿烂，有幸福感的人生之路。（李金华）

2．比较上述四个议论语段，指出两类思维框架的类型：①通过反义词与近义词的关联，形成思维模型与句式结构：A 不是不 - A（A 的反义词），而是存在 - A′却依然 A′（A 的近义词）。②根据两端词语的结构关系，加入新的要素和条件，形成四个观点区域（"约哈里窗户"理论），阐释出话题之间的内在关联与段落结构。

3．根据"教师""思想""行动"这三个词语尝试口头说几句议论性的句子以表达某一个观点，并分析所说的这几句话所用的思维框架类型，在具体审题立意写作中运用该思维框架。参考示例：①如果一名教师有思想又有行动，那么他的教育生涯一定是灿烂而光明的。②如果一名教师只有思想而没有行动，那么他的教育生活只能是一个浪漫的理想，缺少一个有效的现实生活。③如果一名教师只有行动而没有思想，那么他的教育生活只能是盲干、瞎干，不知道意义和价值在哪里，最后必然会走进教育的死胡同。④如果一名教师既没有思想又没有行动，那么他的教育生活只能是过早地"死亡"与结束，如果就懒散地干耗着，只能是一败涂地，了无生趣。

三、展示范例

1. 通过审题立意的思维框架来关联词语中的句式结构，见图3-1。

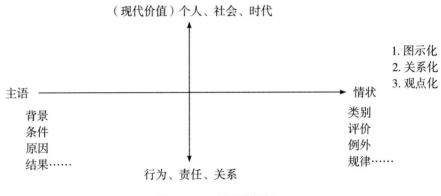

图3-1 词语思维框架

2. 审题立意示范指导：请谈谈"滴水穿石"这一成语对当代青年的启示意义，写一篇作文，不少于800字，文体不限，不得抄袭，见图3-2。

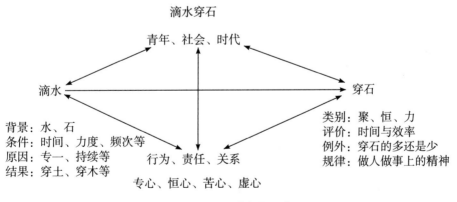

图3-2 词语思维框架示范图

四、指导跟学

1. 思维框架的审题立意流程：词语图示—补充关联—形成观点。

阅读下面的材料，根据要求写作。(2023年全国甲卷作文题)

人们因技术发展得以更好地掌控时间，但也有人因此成了时间的仆人。这句话引发了你怎样的联想与思考？请写一篇文章。

要求：选准角度，确定立意，明确文体，自拟标题；不要套作，不得抄袭；不得泄露个人信息；不少于800字。

第一步：词语图示。

依据作文材料内容，选出核心关键词语，利用词语在材料中的组合表达关系，转换成图示关系，在此基础上，挖掘词语间的关联，并涵盖材料内容的整体，见图3-3。

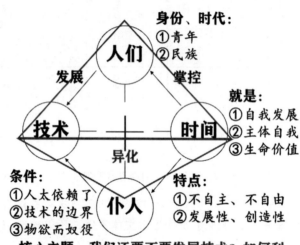

借技术之东风　做时间之主人

①要借助技术之东风，掌控时间，浸润时间，自主、自由地感受时间和生命的力量感，方可做时间之主人，成就完美人生。

②发展技术者，不能为外物所奴役，要有效利用时间，此谓人生发展之广度。从国家层面上而言，科技不仅是公民生活的保障，亦是一个国家的依靠……

③掌控时间者，不能为内欲所诱惑，要高效利用技术，此谓人生发展之深度。从个人层面上说，只有珍惜眼前的时间，方能创造自己的价值，为科技献身，绽放绚烂之花……

④时间是自我成长的基础，技术是自我成长的催化剂；时间为技术革新提供沃土，技术革新为时间沉淀提供工具；两者可实现有机的融合。

⑤我辈青年生于盛世，不能故步自封，害怕技术；也不能成为时间的仆人，而要成为技术和时间的主人，画出完美人生。

图3-3　词语图示1

第二步：补充关联。①人们利用技术可以更有效地利用时间，以此达到自我的发展，实现个人的自我价值和社会价值。②人们掌控时间也可以更高效地利用技术，以此达到自由创造的人生境地并在精神层面成为自主之人。③人们因为太过依赖技术和过度发展技术而成了时间的仆人，以至于人们丧失了主体性、自主性和发展性，比如对手机的使用。④青少年对待技术和时间，要敢于追求技术，掌控时间，但不能为外物所限制，不能成为时间的仆人，要成为技术和时间的主人，画出完美人生。

第三步：形成观点句。①利用技术、发展技术者，不为外物所奴役，可以更有效地利用时间，此谓人生发展之宽度、广度和高度。从国家层面上而言，科技不仅是公民生活的保障，亦是一个国家的依靠。②掌控时间、珍惜时间者，不为内欲所诱惑，可以更高效地利用技术，此谓人生发展之厚度、深度和温度。从个人层面上说，只有珍惜眼前的时间，方能创造自己的价值，为科技献身，绽放绚烂之花。③时间是自我成长的基础，技术是自我成长的催化剂；时间为技术革新提供沃土，技术革新为时间沉淀提供工具；两者可实现有机的融合。④我辈青年生于盛世，不能故步自封，害怕技术；也不能成为时间的仆人，而要成为技术和时间的主人，画出完美人生。

2. 在词语聚合中形成观点，在观点的关联中形成段落结构。

阅读下面的材料，根据要求写作。（2023年新高考Ⅱ卷作文题）

本试卷语言文字运用Ⅱ提到的"安静一下不被打扰"的想法，在当代青少年中也不鲜见。青少年在学习、生活中，有时希望有一个自己的空间，放松，沉淀，成长。请结合以上材料写一篇文章。

要求：选准角度，确定立意，明确文体，自拟标题；不要套作，不得抄袭；不得泄露个人信息；不少于800字。

思维框架展示过程（见图3-4），青少年也要反思一下，究竟是他人没有边界感，缺少理解和沟通方法，还是我们自己过于冷漠，在自己与师长之间筑起了一堵高墙。青少年所需要的不仅是物理上的空间，更是精神空间与心灵上的庭院。如果我们的内心被浮华与喧嚣填满，纵使与世隔绝，也无法获得休憩与成长，相反只剩下单调与荒芜。作为新时代的青少年，面对喧嚣和打扰的现实，我们应磨炼自己的韧劲和定力，沉淀自己，安静自己，在独处中回归生命的价值，安静成长，成为一个有个性、有追求的人。

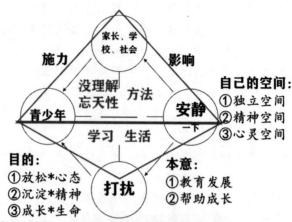

图3-4　词语图示2

五、迁移巩固

阅读下面的材料，根据要求写作。(2022年新高考Ⅰ卷作文题)

"本手、妙手、俗手"是围棋的三个术语。本手是指合乎棋理的正规下法；妙手是指出人意料的精妙下法；俗手是指貌似合理，而从全局看通常会受损的下法，对于初学者而言，应该从本手开始，本手的功夫扎实了，棋力才会提高，一些初学者热衷于追求妙手，而忽视更为常用的本手。本手是基础，妙手是创造。一般来说，对本手理解深刻，才可能出现妙手；否则，难免下出俗手，水平也不易提升。

以上材料对我们颇具启示意义。请结合材料写一篇文章，体现你的感悟与思考。

要求：选准角度，确定立意，明确文体，自拟标题；不要套作，不得抄袭；不得泄露个人信息；不少于800字。

思维框架展示句参考示例①以本手为基，方能避俗手之劣。学习上我们常说：'基础不牢，地动山摇'说的正是这个道理。历史上，因为不以本手为基，而终沦'俗手'的例子比比皆是。②何为创新？这是在原有基础上的拓展新意，是以创新当为妙手。而本手自然是传承，唯有对本手传统的深刻理解，方能创造有活力的创新妙手之举。

六、评估总结

根据本节课所掌握的审题立意技术进行自我打分，见图3-5。

审题立意技术水平自评

指标（分数）	特征描述	自评	师评
默读（3）	默读三遍		
圈画（5）	圈画出每一句的关键词，从主语、谓语和宾语处找		
标号（5）	依据逗号、分号或句号对每一句进行标号①②③…		
图画（5）	用标号显示出句子之间的关系，如①—并列—②—并列—③ 总结④		
	依据核心句、关键词形成十字架		
图示（10） 逻辑（10）	① 身份、时代　　　　　② 有人、二元 主语———述语　　　主语———述语 　关系、责任　　　　　主张、述语 补充条件、原因、影响…形成逻辑关系		
标题（12）	对仗式语句（单句4-7字，动宾句式，话题句+价值句）		
5个金句（10）	有语句特点（句式、用词、修辞）的观点呈现，形成议论层次		
时长	所用时长超过10分钟，扣5分		
总分			

图3-5　审题立意技术评分

七、小结课堂

1. 思维框架的审题流程：词语图示—补充关联—形成观点。

2. 观点表达的立意技术：主谓关系形成观点，补充关系形成观点，二元主张（或时代关系）形成观点。

一词定心智：提升作文语言的品质
——"语言的锤炼"作文教学设计

【教材内容】

统编版普通高中语文选择性必修下册第二单元"语言的锤炼"写作任务。

本单元写作主题是针对统编版普通高中语文选择性必修下册第二单元中国现当代文学中的优秀作品学习而设置的。教学对象是高二学生，语言的锤炼是写作教学的重要内容。在实际的作文教学过程中，教师和学生对写作语言的关注都比较少；在学生的写作过程中，教师也一直缺少有效的技术指导。因此从词语运用的角度进行专项的作文教学很有必要。

同时，学习该主题，可以更好地从词语的角度理解文学体裁不同的艺术表现形式，多角度、多层面探究作品的意蕴，获得鲜活的审美体验。比如，从词语理解的角度可以更好地感受《阿Q正传》《边城》的情感意蕴与语言风格。

在教学目的上，本单元通过"语言的锤炼"的写作指导和教学，让学生在文学文本阅读中感受语言的准确、清晰、恰当、生动、形象、传神等，并在语言的比较与锤炼中，寻找最合适最能出彩的字句，提升语言的品质。这一教学活动建立在"语言建构与运用"中，让"思维发展""审美鉴赏""文化传承"贴着语言发展，也结合学生的实际情况教学。

【教学目标】

1. 掌握内容表达的基本技术：立足于画面感，讲究修饰词。
2. 掌握语句表达的基本技术：定语言的基调，简约表达句式。

【教学条件分析】

1. 内部学情：高中生的语言表达一直存在平淡、口语化的问题，对高品质的典雅书面语言缺少敏感力、感受力与转化力。因此，从词语锤炼和语句写作的角度进行读写结合式的作文语言教学是一个较为合适的方式与途径。

2. 课程条件：以"词语锤炼""句子写作"为切入口，不仅符合高中生的阅读思维与写作规律，也是提升语言核心素养的主要方式，更符合"语言文字运用"这一语文学科的属性要求。

3. 教学条件：一节课的教学长度，借助三个写作题目来完成两个教学目标，从活动效果和教学程序上讲，是可评价、可操作、可完成的。

【教学步骤】

一、激发动机

展示学生收集的作文中语言平淡无味的例子，从所阅读的文章或书籍中挑选自己认为有品质的语言片段进行赏析。

二、告知目标

1. 有品质的语言要有文采，要运用好的动词、形容词，运用修辞。

2. 语言有品质的核心是情感或观点，与全篇内容和主旨吻合。

三、展示范例

（一）品质句子的对比

1. 父亲的手很粗糙，常年地接触机械油污，有些地方已经洗不掉了，手上还留着些褪不去的伤疤。

父亲的手很粗糙，常年地接触机械油污，有些地方已经洗不掉了，还有些伤疤在手上赖着不走，像一条条幽深的胡同。

2. 邮差的自行车和制服都全是绿色的，一起走街串巷，我骑着小自行车追着爸爸的背影，看着他把那些从很远很远的地方来的信件送到收信人手中，我觉得，他在做这世界上最伟大的事业。

邮差的自行车和制服都是森林色的，丁零零地走街串巷，我骑着小自行车追着爸爸的背影，看着他把那些从很远很远的地方来的思念送到收信人手中，我觉得，他在做这世界上最伟大的事业。

（二）品质句子的功用

某品牌有一条这样的广告语："你的能量超乎你的想象"。该品牌的核心与关键就在于两个词——"能量"与"想象"，一提到这两个词就能让人直接联系到该产品。这就叫一词定心智。

考场作文对字词的极致追求，就是写作的要义之一，如同消费者对产品过目不忘，产生记忆，激发购买欲望，正类似考场作文征服阅卷者、拿下高分的写作目的。

四、指导跟学

（一）例句分析

例句一：我不能忍受在乡下坐井观天的枯燥日子，来到了北京。我要看看大世界。那年我20岁。

按照一般写作习惯，这个句子应该这样写才对："20岁那年，我不能忍受在乡下坐井观天的枯燥日子，来到了北京。我要看看大世界。"应该说，这样更顺，更有"句点""句意""句心"。不就是想突出"（叙述者）想突破自己视野的狭小与局限，看看那么大的世界"吗，为什么非要把"那年我20 岁"放到句子的末端呢？学生都知道，这是一个语序的问题，如果分析的话，学生也会说"采用了倒装的方式，起到了强调的效果"。问题就是起到了什么强调的效果？

如果把"那年我 20 岁"放到前面，它就仅仅是一个记述时间的功能，因为汉语句子的重点一般都是在后面，这是语言表述的线性特点决定的；如果放在后面，那就意味着这个句子的重心或目的就在这里，仔细读两遍，什么感觉？

有没有一种涩涩的味道，其中有淡淡的回忆，有厚厚的过往，有沉甸甸的现实，有浓浓的酸楚，很丰富。但这还只是一点阅读感觉而已，如果再联系第一句话来分析，会发现：这个句子和第一句可以形成一个顺序，站在今天，向起点望去，自己的生存天地与生命空间彻头彻尾地"不忍卒读"，而20 岁那年，自己也曾经是理想充斥，热情高涨，勇气富足，一个人仗剑走天涯，那是"曾经的我"。

可是，当时并不明白起点的固定与锁死以及整个生命的悲哀与无奈，自己只能是莽莽撞撞式地一路向前。但并不遗憾，毕竟年轻过、尝试过，而且也只有这样才能证明自己确实努力过、年轻过、理想过。

例句二：便和一个东北人结婚，草草地把自己嫁了。结婚短短五六年，生了两个女儿。

这个句子没有主语，好像是省略了，但，主语是谁？是"我"吗？如果补上一个"她"，行不行？也行，好像也挺通顺的。

另外，把整个第一段中的"我"全部变成"她"，行不行，再读读，会感觉不同吗，好像变化不大，这说明什么？是叙述者有问题吗？好像也不是，第一人称和第三人称在这里好像打通了，合体了，都一样，为什么会这样？这样又有什么效果？

"草草地把自己嫁了""结婚短短五六年，生了两个女儿"，多么像一件别人的事情，如此地"轻松""旁观""冷静""平淡"，确实让人感觉到文字背后有一双冷峻的眼睛，有一种淡然的心境，有一种"没有陡峭的高度"的思想，这是出于一种回忆过往时的漠然，还是一种大事化小般的平静，不得而知。

"把自己嫁了"，还"草草地"，叙述看似随意、轻松，其实是一种重大事件与日常小事的错位，但其背后的泪水与苦涩、伤心与绝望、疼痛与幻灭，估计都混合着时光凝固在这句话里了。

另外，这个句子有点余华《活着》书里"小鸡长大了就变成了鹅；鹅长大了，就变成了羊；羊长大了，就变成了牛；等牛长大了，共产主义就到了"的色彩，也有点鲁迅《祝福》书里"镇上的人们也仍然叫她祥林嫂"的光芒。

这两句话虽然看起来简单，但内容却是浓缩的，有伸缩性；是全部生活的浓缩，有放射性；是全部情感的浓缩，有冲击力。平淡中深藏着光阴的故事，平静中暗含着苦乐年华，一种理解的透彻，一种放眼的释然，一种超然的心境……读者读这个句子的时候，会被这种黯然打动。

例句三：**母亲相信自己能改变这个事实，她相信西医，相信中医，相信神医，不放弃每一个渺茫的机会。**

这个句子使用了排比的修辞方式。但排比有什么作用？知道了排比又有什么用？读散文，要相信每个句子背后都是有心灵的。

这个句子有什么"心灵"可言呢？有三层，三条线相互交错，相互支撑，形成一个强大的情感场、心灵场。第一层：行动上，写出了母亲给女儿治病问医时，病急乱投医的情境，急不择医，一路慌忙，一段急切，如在眼前。第二层：心态上，从科学，到文化，再到宗教；从希望，到无奈，再到无助。读这个句子时，内心有一种被撕扯般的痛。第三层：灵魂上，对母爱的表达，一层更进一层。从相信科学开始，母爱被一点一点挤压，越是挤压，越是黑暗，母爱越是明亮、耀眼，直至刺眼，让人不敢再重读了。

（二）技术提炼与总结

1. 富有画面感，讲究修饰词。优美的文字，一般都会有生动的、贴切的笔墨，作文好比画画，如果作者对其所要表现的东西本身就着墨不够，又怎么能奢想看画的人面对一幅残缺的作品体会出更深层次的意味呢？

2. 定语言基调，简约化句式。一个巧妙的构思，一些新颖的题材，固然能博取眼球，但当他人的"设计图"和我们一样时，你的用词就会决定你的文章究竟是"瑕疵品"还是"精品"。所以斟酌好用词是件很难却是最基础的事情。

五、迁移巩固

有品质的语言是由有品质的句子组成的，而有品质的句子是由有品质的词语组成的。所以要写出有品质的语言，首先要在词语方面下功夫。一篇作品中的一字一句，其实都可展现这篇作品的风采。词语的使用不能过于单调，但也不能为了寻求某种风格而刻意的使用某些词语，否则会给人很浮夸的感觉。使用某些含有特定意义的词前，要先理解透彻词语，再考虑是否适合，否则就会适得其反。

扩写：桃李春风一杯酒，江湖夜雨十年灯。

学生当堂习作：

花开记春，花落记秋，又一度春风暖韵催开桃李芳华，与此番美景中把酒祝东风，想来是使人好不快意的。然然转而又是夜雨霖霖，江湖浮沉中守得十年灯。气氛顿感肃然，着实太怪。

我从中品味到的是一种寂寥，与春风共饮，虽无明细，但可能是自斟自饮。守十年青灯，若非有良人做伴，红袖添香，也定是一人于十年风风雨雨中度过。举酒一杯，无人共饮，江湖夜雨，无处话凄凉。任他是乘快哉之风的喜悦又或是悲苦凄寒中的煎熬，独自消受。

若是年轻气盛时举杯邀春风，疏狂图一醉；而尔后的仕途却是坎坷不适意，此句便是几分凄苦无奈。证了那句人生欢乐如酒，一饮而尽；而苦痛漫漫，似长夜中的青灯，冷而清洌地长明。

但若是千帆过尽后，在最终人生得意时回首来时艰辛，十年孤灯终赢得一杯醇酒，更别有一番风味。是一种历尽千回万转后看来时足迹，看云舒云卷的铅华洗净的淡然。

无论如何，作此句之人定是有故事之人。

六、评估总结

1. 教师点评。同学们通过对经典作品的研究，体会到有品质语言应有的模样。

2. 同学分享自己的写作体验：写作就是为了让人感受我的心情、分享我的经历。

3. 教师小结。有品质的语言具有的特点：①富有画面感（形象性）：讲究修饰词。②定语言基调（抒情性）：简约化句式。

第四节　技术化：考场议论文写作指导的思维技术

一、考场作文如何精准备考

单就考试程序而言，卷面的分数是阅卷者给出的，所以基本上可以这样说，"天下分数出评卷场"，阅卷者决定着学生的考试情况。通常，阅卷者出示分数的主要依据是试卷的参考答案，而不单是由阅卷者自己的知识素养与个人喜好而定。从这个角度而言，阅卷者只是一个分数裁定的"代言人"，并不是"法人"。这是就考试的总体情况而言的，具体到某一学科上会略有不同，比如在批改语文试卷时，常常就会有较其他学科更强的主观因素或个人偏好原因，其中作文批改往往是最显著的一部分。

笔者经历过一次这样的学校段考，因为安排上的失误，所有的教师都被安排批改部分的作文，也没有集中在一起充分地进行审题立意上的讨论，其结果可想而知：双改总数为 3 000 份左右的作文试卷，需要仲裁的竟然达到 600 份，同一份试卷双改后，分值相差最高的达到 20 分。这一因失误而造成的意外实验，其结果令人震撼，也彻底暴露出了长期以来都存在于作文批改过程中的一个问题——作文的批改很主观。

（一）偏重审题立意，不太看具体的语言内容

即使每次段考或期末大考，设定专人进行作文批改，而且批改作文的教师也要在一起商量作文的评分标准，但在具体的批改过程中，也往往只停留在审题立意层面上进行分数评判，如：哪些观点算是切题，哪些观点是基本符合题意，哪些观点算是离题、跑题、偏题，等等。至于作文的语言质地与内在的逻辑关系，基本没有提过，也难以顾及。所谓的创新与发展分，基本上也形同虚设。

那现状就不能改变吗？为什么不能在细则上多一些条款，在内容上多一些铺开的面？在大型的考试阅卷过程中，作文阅卷者主要是高中语文教师，且大都是经常批改作文的，他们看完审题立意，就已经基本把握住了语言，大致浏览一眼，也基本理解了文章的逻辑关系，所谓的内容与结构、语言素材与创新，其实都是一种阅卷现场的临时的阅读感受而已。这也就意味着不断地强调考场作文审题立意为先，是有现实依据的。

（二）作文审题的立意角度，看似多样、丰富，其实是有优劣与高下的

笔者听过很多作文课，发现在材料分析的时候，好像每个材料都有很多角度、观点、层面，都可以写，但其实，在应试的考试备考阶段和阅卷的过程中，是有最好的立意的一端的。所谓的选好角度，很大程度上就是选"好角度"。看似很多的角度可供选择，但在阅卷一端只有一个最好的、最深刻的、最有说服力的角度。

阅卷的时候到底看什么给分？一般而言，看的是审题与立意，看是否切

题；其次看结构，看论证关系，看文章的层次性；再次看所用素材及语言表达；最后看字数够不够。当然在完成这个程序的过程中，会因为书写的情况而产生一个阅读速度与分值修正的自我调整，如果书写非常工整，在切题问题不大的情况下是会加分的；如果书写非常糟糕，即使在切题问题也不大的情况下，也不会加分，甚至还有可能会减分。虽然在作文批改的时候会有一些数据上的监控与测试，但这些难不倒阅卷者，他们一般根据立意的标准基本可以把作文分为三六九等，根本就用不到语言与思想的考量层面。而且这样的认识是一种集体的无意识，无须沟通，阅卷者都秉承这个认识和态度。

那么，难道作文批改就不能把学生的作文当成文学作品那样细细地品读，发现其亮点，然后具体根据学生"写得怎么样"而给分，用较大程度上的细致性来纠正批改过程中的主观性？这是不现实的，作文批改就只能在个人层面执行普遍标准的条件下进行，也就是说，只能是尽量把每一个阅卷者训练成专家讨论后的观念标准的执行者，而减少个人的判断。如果个人的标准和普遍的标准偏离的话，自然就会出现很多仲裁的试卷。一则材料作文，如果没有集体讨论而单靠细致性批改的话，那每个阅卷者的审题结果差别也会很大。

二、如何训练学生的结构化思维

所谓结构化思维，是一种思维的习惯，也是一种思维的方式，也就是当我们面对一个问题或一个事物进行思考的时候，在头脑中能对这个问题或对象迅速地产生一些分解、分类，分别进行思考，然后形成一个大致的体系框架，能展开或深入论述或者思考。至于说这个最初的思维形式是否合适，是否科学严谨，还有待于进一步的梳理与思考，但头脑中一定要迅速产生一个结构化的想法和解决问题的方式。如此，久而久之我们看待问题就不会那么片面、狭窄，我们的分析也会更深入更多维一些，这就是结构化思维能给我们带来的一些效果或者作用。

如果把这一结构化思维运用到写作中，可对写作的结构框架和逻辑层次有很大的帮助。很多同学的作文之所以语言干瘪，结构单一，甚至无话可说，大多是缺少结构化思维。这一情况，从学生的作文到口头的语言表达都有体现。在议论文教学和日常的口头表达训练中，教师不妨从结构化思维的认识和训练入手，不断地提升学生思维的角度和广度。具体在实践操作层面，培养学生的结构化思维，主要还是在进行一些相关的示例展示中，让学生不断地感受结构化思维带来的非凡效果和表达水平的提高。

在日常的教学环节中，从学生的发言和演讲就可以看出很多同学总是线性的，不做任何分类、分解的表达。这样的表述自然只能是平面的线性的，没有分析问题的意识，其认知水平自然就只能停留在自我感觉的层面，对问题和思考都缺少反思。其实任何话题都有不同方式的分析和不同角度的思考，如果只是平面化地展开，如仅从范围的角度上展开，这顶多是一种铺展，还没有进行深入和延伸，则不能称之为结构化思考。比如，学生在写作文的时候对待任何一个话题，如果只能从个人、家庭、社会、民族这样的层面或领域进行简单的分类，就不是一种结构化思维，这只是一种低层次的表浅化的分类和区分，缺少深入聚焦式的分析。

长期而言，如果对任何一个话题，都能用概念进行介入，在概念关联中产生一些链接、理解和表达，就会有一些新的发现。正如牛顿所说，"把简单的问题复杂化，可以发现新领域；把复杂的问题简单化，可以提炼新规律"。就拿教育这一话题来说，如果从教育的方式、过程和结果上来看，就可以提出两个这样的概念，一是实践，二是思想。也就是说当思想和实践成为两个教育话题下面的子概念的时候，就可以形成很多的观点。

具体可以这样展开结构：如果说一个教师有好的教育思想而不去实践，只能是空想家；如果一个教师只去实践而没有所谓的教育思想，只能是教书匠；如果一个教师既没有实践也没有思想，那就是一个失败者；当然如果一个教师既有理想又有实践，就会是一个成功者。可以看出这样四种情况的划分是通过两个概念之间相互作用，并加入肯定和否定的形式而后形成的，而且它们之间有一种价值序列和认识的深化过程。这就是一种结构化思维的结果。它相比较于平面地理解"教育的教师类型"要更深入一些。

任何一个话题都可以用结构化思维进行分析、思考，比如：科技创新，"吸收、消化、巩固"，"本手、妙手、俗手"等这样的写作话题，在考场上或写作过程中，学生只要稍微做一些处理，就可以形成一个结构化的表达，然后形成一个基本的段落层次或者文章的结构。如：本手与妙手，追求本手，不要去刻意寻找妙手，打好基础，强化基础，自然就会产生妙手，这既是一种循序渐进打好基础的要求，又是守基创新的正道；如果只想追求妙手，一味地寻求捷径，寻找更快的成功之道，反而会适得其反，欲速则不达，那自然就会产生俗手；如果我们既注重本手，又不忘总结妙手，思考妙手，这就是一种全面发展综合考量的体现，这样的思路不仅是一种提炼，还是一种思想的提升和传播，能让眼光更长远，形成守正创新的自我发展之路。如果我们既不讲究本手，也不讲究妙手，这当然就是一种懒散，一种无所作为的体现。

结构化思维能瞬间架构起文章的结构，形成文章的段落。如果学生的写作有这样一种结构化的意识，那么他们的文段和文章结构会更有深度和广度。因此，训练学生的结构化的思维，关键是在话题的下面找到核心的关键概念，并以此概念形成关联，加入所谓的关系，如肯定和否定、支持和反对，然后把逻辑关系梳理清楚形成观点，这样就能写出比较有想法的作文。熟练运用结构化思维，在任何表达场合，都会有一个语言表达质量的提升。在作文教学中，教师还可以把它提炼形成一种表达句径，从这个意义上讲，结构化思维是我们值得开发的一种写作技术。

三、考场作文中思辨的技术

在高考考场写作过程中如何进行思辨？如何把握思辨的依据和起点以及思辨的程度和效果？这都是需要谨慎对待的事情，思辨某种程度就是"具体问题具体分析"，通过立足于材料、结构、内容、话题进行分析思考，不能无的放矢；思辨要能够形成自己的表达和想法，能让观点呈现出基本的逻辑和深刻，进而让整篇文章形成连贯统一、集中深入而又辩证灵动的文章整体效果，这才是思辨所要追求的考场作文的效果。

（一）界定好核心概念

思辨的前提是概念清晰而明确、统一而完整，不能违反逻辑上的矛盾率、统一率、排他律。因此，概念的清晰完整是思辨的前提与基础，在此基础上形成的观点、命题、判断才有依据，才能形成扎实的思辨。比如，2021年上海高考作文题"有人说，经过时间的沉淀，事物的价值才能被人们认识；也有人认为不尽如此"，审题时要能够界定好时间、价值和认识这三个概念及其之间的关系，并在此基础上形成命题、观点，然后再进行关系的阐述与思考，这样才算是基本的思辨。

（二）梳理清楚逻辑关系

思辨离不开形式逻辑的基本要求。学生在表达观点的时候，尤其是在阐述观点的时候，要能根据观点使用的情境条件阐释出观点的基本对象和适用范围。所以当表达观点的时候，要把观点的针对性和指向性体现出来，这样的思辨才具有逻辑性，而不是主观臆断地提出一个观点。比如，对于事物价值的认识是否要经过一定时间的沉淀这样一个判断，要有基本的逻辑，要根据三个关键词来对其进行一个指向。补充条件、范围和对象才能让这一观点立足，才能展示出这一观点的基本内涵。当反对某一观点的时候，也要从对立面来考量这一观点所使用的范围。这样的思考才能让观点的表达更具说服力。因此，思辨的过程，要从对立的角度来思考自己观点的不足和局限，更客观公正地看待所表达的观点。

（三）关键要有自我反思

思辨不是一种对外的扩张，更不是一种无理取闹的抬杠，而是对自己思考的不断突破和内省。当一个观点表达时，要不断考量自己这一判断的适切性和契合度，而不仅仅是为了情绪的表达。思辨时更多地要考虑有没有针对问题，是不是能带出新的角度和思考方式，而不仅仅是提供一种对抗或反对。思辨是明亮的语言输出与价值输出，是一种真诚的思考，不是为了个人的私利，仅仅是为了提供一种看待问题的方式和方法。思辨性表达的核心是一种修辞立诚的态度，更多的时候是从反省自己的观点开始。思辨不仅是一种具体问题具体分析的思维形式，还是一种包容平和的态度与客观公正的价值观。

四、考场作文的结构技术

考场作文写作过程中，如何快速形成结构或者让自己的表达有结构，这不仅是一个考场作文的备考要求，更是文章写作的必然要求。让文章外在形式上体现出条理清晰、主次分明、详略得当的特点的同时，还要能够凸显出文章内在的逻辑和层次，这不仅是结构安排的问题，也是思维结构化的问题。考场作文的结构要突出文章内涵、主旨，要让阅卷者看出文章的重心和均衡思考的优点。因此，考场作文的结构技术不仅要体现出一般的文章形态，更要符合考场作文阅卷者的阅读视角和期待。

（一）整饬有序的段落安排

文章的结构性首先体现在语义单位的排列，即段落的布局上。结构的外显就是段落的排布，结构的层次就是段落的语句关系。因此，段落过长或过短都有碍于观点的表达，妨碍阅卷者对内容的理解和把握，学生也就很难有效地把握住文章的内在逻辑和说理的层次，所以段落的分布和层次显得尤为关键，这是文章结构外在形态的基本要求。

一篇考场作文要多少段落，如何安排，长短如何，有没有统一的标准？法无定法，但有常法。文章的段落不能太长，亦不能太短，根据一目十行的阅读容量，结合考场作文纸的规格，一段内容最长不能超过 10 行 250 字，较为合理的是 8 行 200 字以内。首段、过渡段更应该讲究其长度，不能超过 5 行。

一篇 900 字左右的考场作文，7~8 段是比较适当的，3~4 段稍显凝滞，读起来缺少层次变化和角度调整。最好整篇文章看上去，详略得当，又能突出对观点的强调。至少看起来，首段、主体段、过渡段等要错落有致，灵动变化，让人知道重点在哪里，观点在哪里，这样的文章结构才是比较符合考场作文的特殊阅读情境的。

（二）辐辏相和的词语关联

作文的结构不仅仅体现在段落的形式上，还体现在内在的词语关联和思维结构中。结构化的思维最直观的外在体现就是词语的重复与呼应。重复能让语句表达得到强化，呼应能让语义内容更加集中。重复可以是近义词的使用，也可以是反义词的呼应。因此，通过语义的关联，可以形成辐辏型的语言形态，进而能够更集中地表达观点、强化观点。考场作文的结构的外在形式和内在思维结构的统一主要是通过词语的关联来体现的。

根据词语的语句功能，大致可以划分为三种类型：向度维度型、逻辑关系型和要义观点型。向度维度型词语主要是指分析的角度，如"回望历史""放眼全国""无独有偶""与此相反的是"；逻辑关系型词语主要指各类关联词语，"不但……而且""因为……所以""既……又"；要义观点型主要指体现观点内容的词汇，如"价值""有为青年""本手妙手""强弱之辩"。

当三类词语出现的时候，就意味着段落的关系结构形成了，如：原因、结果、背景等各个角度的词语呈现时，分析的维度与向度就指向了具体论证，这样读者就会跟着作者的分析不断推进，就能体会到一种思考的深度和力度。文章结构所要呈现的阅读效果，不能仅仅是一种并列的铺排，更要让人感受思维结构之美。

（三）思维的辩证性和独特性

考场作文的结构，最终的目的是让表达、思考和理解三位一体，形成语言、思想、思维的合体。一个优质有机的作文应该像一只手，每根手指头分别代表不同的段落，大拇指和食指之间的空隙意味着可以加入一个小的过渡段，小指和无名指之间也可以加入相应的段落，这样七个段落的安排就是文章结构的一种隐喻表达。这一言语表达最终形成一个有力度的拳头。

所谓的力度就是结构当中要有思辨的内容，不管是从反方的角度、例外的情况，还是深层的角度都要让论证具有多层次、多角度，让思考更加全面，让观点理性而不失情感的力量和温度，这样才能产生出结构上的多维性和思维的丰富性。同时，在相互辩证的过程中完成内在的统一，体现出观点的深度、宽度和高度。这才是文章结构的要义和题旨。

五、考场作文的审题技术

关于材料作文的写作立意指导有不少的方法和技巧，但从一些大型的考试阅卷情况来看，很多学生依然是读不懂题、审不对题，写不出符合题意的内容。教师所教的审题立意的方式方法，学生也懂，但就是在考场上不能有效地解决审题这一问题。

具体表现为在审题上缺少基本的经验和习惯，特别是在写作立意上不能在审题基础上深挖材料，让分析和思维更具有针对性，让议论更有具体指向性。这一问题的背后不全是学生思维能力、思维水平的问题，更多是思维习惯的问题。如何从习惯与经验入手，用思维技术的方式，让学生形成新的思维习惯。这就要开发出行之有效的审题技术——结构化思维技术。

（一）作文材料的结构化

解读好材料是写好材料作文的第一步。在高考中审题难度逐渐降低的趋势下，强化对材料内涵的解读和逻辑链的挖掘，就显得尤为关键。因此，把作文材料内容进行结构化处理，可以从两个层面进行：一是先画句子关系的示意图，用标序号的方式让材料的句子组合关系符号化。二是画关键词关系的示意图，让句子之间的逻辑关系图式化。在这两步的基础上，就可以看出所给材料内容的内在的逻辑关系、所要写的关键内容、题目涵盖的基本观点等。在材料内容结构化之后，可以进一步通过材料内容，进行立意结构化的延伸与拓展。

（二）写作思路的结构化

文从题出，题助文成。对于材料所谈论的话题，作文立意的逻辑必须建立在对关键概念的界定和分析上，并且深挖材料中的逻辑链，再结合相关、相近、相反的材料进行比较反思、引申拓展，以此形成作文结构的逻辑思路，并列出作文提纲。还要把作文提纲的示意图进行一分为三式的分裂，让论证有角度、有层次、有拓展。这其中比较关键的是能写出形象而有力的观点句。如果能够结合材料的内部含义和逻辑关系写出三个符合审题示意图的议论句子，那么这个作文提纲就算完成了。

在此基础上，由句子写段落，由段落写结构，最终赋形成文，完成考场文章的写作。在赋形的过程中，尤其要注意词汇的使用，不能轻易改变关键词语，比如：创新和创造，是不能轻易替换的，创造是无中生有，而创新是由有到优；创新可以是渐进积累式的，也可以是灵感突现式的，更可以是借鉴独创式的。这样的差别看似无关紧要，但在考场作文当中却至关重要。因此，在概念内涵和关系上进行思维磨炼，是写好议论文的基础与前提。

（三）素材使用的结构化

在进行相关论据的展示与表达的时候，也要符合结构化思维的表达。让作文素材呈现矩阵式、排列式，整齐出现会有一种修辞强化的效果。论证的有效性，不局限于同质的材料内容，还要有异质的材料内容；不仅要有单一独特的材料个案，还要有普遍共性的现象，关键是能从逻辑归纳的角度补充或强化观点，让整个的作文段落具有气势和说服效果。比如，在选用人物素材时，可以根据职业、身份、贡献、领域、影响等角度来选择人物事迹，按照古今中外、先后大小的结构思路组合人物，形成有序、整饬的论据内容，排列而出，让论证的效果更有力。

第五节 示范化：优秀例文与下水文的教学运用

议论文写作过程中，笔者发现学生常常会有这样的感受：当初教师讲得挺好，但对我的作用不大；教师教的方法挺多，但我在写的时候用不上、用不好。如何提升学生议论文写作的思维能力与表达能力，尤其是如何开发出可模仿、可操作、可提升的写作技术，让高中生在较短时间内有明显的效果提升？这是议论文教学要考虑的教学效果核心问题。当然，任何一项写作技术的开发都是一项庞大的系统工程，这里面既牵涉到学生的写作兴趣、写作意志、写作动力、写作思维等写作主体方面的"暗功夫""硬功夫"，又关系到审题立意、谋篇布局、遣词造句、书写呈现等赋形技术与策略的"巧功夫""显功夫"。而从"教学行为"这一层面来看，如何让学生快速地找到提升审题能力、构思层次、结构安排与段落赋形等方面的方法与技术，则显得尤为紧迫。因此，笔者认为可通过对高考优秀范文的研究，并从这些范文中提炼出可操作的议论文写作知识、写作立意与赋形的思维技术和支架，或许能更直接、更便捷、更实用、更有针对性地提升高中生议论文写作的能力，改善当前议论文写作教学的浮泛、虚空、老套、低效的状态。

一、过程支架：角度、结构与赋形

正如叶黎明教授所说："教师必须要认识到：对写作范例的语言形式作充分、精细的分析，是提高学生语言表达能力的重要途径。因此，开发嵌入写作知识的范例支架，是写作教师必备的技能之一。"[①] 从近几年全国Ⅰ卷的高考作文题目来看，越来越降低对语料内容理解的难度，而加强了对学生现实关怀、思维层次、思想认识等方面的考查，如：2017 年的向外国青年介绍"你所认识的中国"，2018 年的"与 2035 年青年的交流"，2019 年的对复兴中学的演讲等，都是主题明确、核心突出，要求立足于现实和自我的关系来进行思考。但很多学生恰恰不会从自身的角度进行思考与构思，或者说还没有建立起个人思考的图式与结构赋形图式，导致不少作文在结构内容或文体

---

① 叶黎明. 支架：走向专业的写作知识教学［J］. 语文学习，2018（4）：56–61.

样式上出现了偏离的现象。而教师如果能根据权威部门所发布的高考范文进行写作知识的分析与开发，提炼出有效的角度、构思与赋形的支架，"帮助学习者清晰地确定需求，使写作学习活动充分围绕既定的任务，而不至于使宝贵的认知资源浪费在寻找表达内容或表达技巧之上"①，这将大大提升议论文教学的效能。

例如，2017 年广东省高考语文阅卷组所给出的标杆文《科技之光，照耀九州》，让所有对这一道作文题目的分析与解读都有了可参考与可比照的标准。西谚云："例子是最好的定义。"因此，仔细分析此篇范文再与学生谈所谓的审题与立意，针对性会更强；再对学生进行所谓的写作思维上的调整，也就有了载体、依托和凭借。笔者曾就此范文进行了如下层面的角度分析、议论文结构与赋形技术的提炼：

首先，从《科技之光，照耀九州》这一范例中提炼出议论文写作角度的设定技术。分析这篇文章的写作角度，可以发现，作者并没有写整体的、宏大的、传统的中国，而是紧紧立足于"当下的中国""今天的中国"来写"科技的中国""速度的中国"。也就是说，作者关注的是当下现实的中国，并写出了自己的价值认识与判断。这个看似是写作者个人的兴趣和思考习惯的问题，但其实是一种作文命题的趋向选择，更是一种立意的支架。正像一线教师李正浪所说："高考议论文有别于科举考试的'策论'和公务员考试的'申论'，'策论''申论'重在策略研究，而高考议论文写作重在'心灵建构'（认识透彻与体验深刻）。"② 因此，真诚立意，思考当下，联系现实，实现善良和真实的统一是议论文写作角度设定的不二法门。

其次，作者在紧紧扣住写作对象的前提下，给出了一个限制属性——科技，以及由科技所带来的速度。然后再从这一限定出发，延伸到三个关键词上：高铁、共享单车和移动支付。或者从写作发生学的角度进行逆推：作者有可能是从三个关键词入手来思考其共同之处是什么，然后进行归纳、提炼和概括，得出"速度"这一概念，再从"速度"寻绎出"科技"这一限定。最终把"当下的中国"限定为"科技的中国""速度的中国"。不管是哪一种情况，作者都是紧紧围绕"话题对象"和"限定属性"的角度而展开写作思路，赋形成文的。因此，扣住写作对象，限定对象属性，确定核心概念，这应该是构思立意的逻辑。如果按照这个逻辑思路写作，文章自然而然就会形成有机的整体。

① 邓彤. 微型化写作教学研究［M］. 上海：上海教育出版社，2018：190.
② 李正浪. 疗救：议论文写作应有的情怀：以 2017 年高考作文为例［J］. 语文教学通讯（高中）（A），2017（9）：62—65.

当然，我们还可以把这篇范文划分为："当下的中国"是认识对象，"快速地发展"是对象的属性，"科技的中国"是对象的内核，三者的关系就是"速度"的动力源正是"当下中国"的"科技"，这样就形成了一个有层次、有逻辑的结构，这一关系可见图3-6。

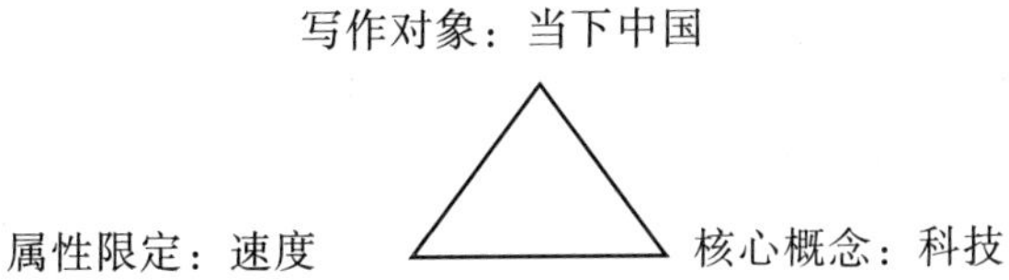

写作对象：当下中国

属性限定：速度　△　核心概念：科技

图3-6　范文图示1

再次，我们还可以从这一范例中提炼出议论文写作段落的设定与赋形技术。本文每一个段落的赋形上，作者都是紧扣住写作对象、限定属性和核心概念来写。如文章的第二段的第一句就旗帜鲜明地提出"科技之光催生了'中国速度'"，贴着核心概念和属性特点来写，然后再分别从"大处着眼"的"高铁"，"目光落在身边"的"共享单车"和"回到你手中"的"移动支付"的空间视角进行句径设定，紧接着又从时间视角的"高速""慢速""快速"三个方面进行句径设定，这样的段落阐释，层次清楚，逻辑关联性强，让论述不仅落到了作文题目上，还体现了思维的缜密性和严谨性。

最后，我们还可以从范例中提炼出议论文写作结构的设定与赋形技术。从整体结构上，《科技之光，照耀九州》可以概括为：科技之光催生了中国速度，分别体现在高铁——大速度，共享单车——小速度，移动支付——便捷速度等方面上。高速，慢速，快速，这样一个分类概括和分点处理把"中国速度"这一对象的属性结构化了，让不同性质的速度都扣在了科技中国这一核心概念上。这一结构的经营体现出作者高超的写作构思能力、精细的思维分析能力和精准的言语表达能力。在结尾部分作者又一次总说："高铁如树干，共享单车如树叶，移动支付如同其中脉络为树带来无穷的活力，中国这棵大树是迅速生长的，也是绿意盎然的……科技之光、照耀九州，三者合力，成就科技中国。"绾合结构，分述合流，在形象的描述中统一分述的内容，并再一次紧扣文章的核心概念——"科技中国"，令人击节。

当然，全国卷这一题目还可以写"当下中国"的其他核心关键词——传统古老的中国，享用美食的中国，生机勃发的中国，美丽乡村的中国，等等。但要真正能体现出所认识的中国的全部内涵，实现文章的有机统一，就必须在写作时要先确定好对象，限定属性特点，然后找到核心概念，再进行分解、分点、分类，最后一一对应到相应的关键词上，形成逻辑关系。这就是一篇典范的议论文结构的形成过程：限定角度，分解结构，对应赋形。

二、策略支架：仿格、出格与优化

"作文其实是'思维成果'的呈现，而不是'思维能力'的展示。作文思维教学的突破点，应当在'思维成果'的生成上。"① 也就是说，教师只有通过对范文进行深入的技术分析与提炼，开发出写作知识，形成教学的支架，才能让学生通过写作技术生成"思维成果"，这才是以提升议论文写作教学效果为目的的作文教学。

在高三的某一次作文训练中，笔者在考前明确要求学生要运用高考范文的构思立意的支架来进行构思赋形，要写出出格且优化的作文。最后，从所写出来的考场作文来看，学生的提升是比较明显、突出的。

考试题目为，在一次"美好生活"人物畅想活动中，某班级的学生提到了这样一些人物，袁隆平、司马迁、哈姆雷特、项羽、乔布斯、六一居士、甘地、哈利波特、小悦悦、乔丹。

请选择两三个人物，结合人物的特点和意义，谈谈你对"美好生活"的认识和理解。要求选好人物，使之形成有机的关联；选好角度，明确文体，自拟标题；不要套作，不得抄袭；不少于800字。

作文题目和2017年全国Ⅰ卷的题目的要求相似：请选择两三个×××，结合×××，谈谈你对×××的认识和理解，要形成有机的关联。最后评出来的考场范文正是在高考范文写作指引下所形成的"思维成果"，并有着某种"同构"——相似的角度限定，相似的论证思路，相似的分析思维，相似的层次架构，等等。这也从某种方面说明，考场范文是值得进行写作技术开发的，这样的技术指导是有效的。

首先，范文《与世界携手同行》采取了同一种结构范式，立足于"认识对象"，进行"属性限定"，然后紧扣住"核心概念"选择相应的"关键词"，形成内在的有机关联，最终完成文章的结构。把"美好生活"放在"当下中国"的位置，把"奉献的生活"放在"科技中国"处，然后把"价值意义"放在"快速发展"处。当然，"共享单车""高铁""移动支付"三个关键词可以被所选的关键词替换，统一到"价值意义"上。做如此相同的构形演示，就可以把所谓的有机关联轻而易举地实现。这是仿格的效力，而且只是大的结构和框架，还可以进一步细化、分类、整合，把这个结构调适得更精致、更绵密、更统一，见图3-7。

---

① 张华. 技术：推动语文教学改革的新视角 [J]. 中学语文教学参考，2017（10）：19-23.

图 3-7　范文图示 2

其次，"美好生活"一文，其巧妙之处不仅在立意的结构上和高考范文相似，还在于其对"美好生活"的写作角度与属性界定上，进一步优化了高考范文的思维角度，即引入自我与现实的关联，让写作对象进入个体，实现对核心概念的真切把握，升格高考范文的写作维度。具体来说就是，"与世界携手同行"不仅仅突出了个人的"美好生活"，即个人的"美好人生""美好经历""美好历程"，还进一步强调了另一重"美好生活"，即个人所带给后人的"美好社会""美好时代""美好世界"等。这一双重含义上的整合，作者没有单纯地用"奉献"一词作为标题，而是用"与世界携手同行"，即"我"有了"美好生活"，也给"世界"带来了"美好生活"，让这两重意蕴统一在属性限定的"同行"中，起到了遣词造句技术的升格效果。试想：如果只是机械地套用高考标杆范文的思维框架，那就会出现表达的扞格抵牾，造成观点的局限和偏狭，如：只有奉献自己才是美好的生活，只有大人物的奉献才能带来美好的生活，等等。

最后，通过总结写作对象、属性限定、核心概念，并结合相应的关键词形成议论语句，构成文章的结构。就文章的构思赋形技术，再运用到议论文写作中进行升格优化，就能形成新的写作经验与图式，比如，这篇文章还可以写出其他核心关键词——梦想、执着、目标、才能、个性等。对这一思路的展开与引导，就是写作的策略支架。这一策略的关键就是，要求作者界定好属性特点、确定好核心概念，并介入自己的个人元素与思考。如"与世界携手同行"，核心概念是"携手同行"（也就是两个方面，个人的美好生活和给世界带来美好的社会环境），分层为"物质""精神""日常点滴"，然后对应袁隆平、司马迁、小悦悦等人物。结尾处将物质层面，精神层面和现实层面三个角度统一于美好生活与世界携手同行中。如此一来，就比单纯的奉献层次更深入，更统一，也更有思辨性。

三、支架内化：分析优化与思维优化

《普通高中语文课程标准（2017 年版）》明确指出，"学科核心素养是学科育人价值的集中体现，是学生通过学科学习而逐步形成的正确价值观念、必备品格和关键能力"，"在语文课程中，学生的思维发展与提升、审美鉴赏与创造、文化传承与理解，都是以语言的建构与运用为基础，并在学生个体语言经验发展过程中得以实现"。议论文写作无疑是语文课程标准这一表述中的重要内容，问题是该如何建构与运用，又该怎样抓住其关键能力。

笔者认为具体到议论文写作上，关键能力就是学生构思赋形的能力，即写什么和怎么写的能力。只有抓住议论文写作中的"构思赋形"这一"牛鼻子"，并开发出可操作的技术和可践行的路径，才能一步一步地摆脱议论文写作教学的空泛性与无效性。而教师可为的、应为的正是通过引领学生不断地进行考场范文或考场标杆文分析，以此提升学生的分析能力、结构能力等，达到思维表达上的优化。

因此，教师不能只单纯给学生进行材料的审题与任务的分解，更重要的是给学生提供一种写作的思路或支架，让学生再遇到类似的材料时，甚至变形的作文材料时，也能够写得出、写得好。这才是每个学生所愿意学的——看得见、用得上、能提高的写作支架与技术。

当然，这其中，分析的优化和结构的优化是"构思赋形"技术的两翼，而产生和训练方式就是教师带领学生对考场范文进行思维的分析和议论文写作知识的提炼，然后让学生在写作实践中进行个性化处理和升格优化处理，再经过教师的批改，融入学生的写作经验图式中，成为学生自己在考场上写作的"半成品"。

因此，我们可以得出这样的总结：只要立足于认识对象，限定好属性的核心，紧紧扣住核心概念，然后分类、分层、分点对应所选的"关键词""核心词""语句材料"，再通过不同的句径形成不同的角度或段落，最后就能够形成完整统一的结构，写出高质量的考场议论文。这就是议论文构思赋形的写作技术，也是提升学生议论文写作关键能力的具体路径。

 附文

科技之光，照耀九州

广东省考生

中国，古称九州，是历史长河中古老神秘的东方国度。你们对她的印象或许仍停留在丝绸瓷器中，但今天——科技的火炬高高举起的时代，科技之光早已遍布神州大地，在你们面前的，是一个崭新而又充满活力的中国。

科技之光催生了"中国速度"：中国正如版图上的雄鸡，昂首阔步；着眼在大处，你会看到中国国土上遍布的高铁网，四通八达；将目光落在身边，你会看到橙黄蓝五彩缤纷的"共享单车"，绿色环保；回到你手中，不如拿起你的手机，尝试移动支付，轻松便捷。在飞速掠过的中国高铁中，你可以看到"高速"舒适；在共享单车，你看到的是"慢速"环保；在移动支付中，你看到的"快速"便捷。无论是哪种速度，都是中国走向繁荣昌盛的稳健步伐，而唯有让科技之光更加明亮，"中国速度"才有保证。

科技之光带来"大速度"，是飞驰的高铁。高铁，对世界，对中国而言都是新面孔。然而在中国，你看到的是世界上最多最发达的高铁网。你们也许无法想象，早在一百多年前的中国，铁路上慢如马拉火车的场景，而一百多年后的今天，高铁所展现的"中国速度"让世界眼前一亮。改革开放以来，你们或许只以为中国是"制造大国"，可今天我们已奋力跨向"制造强国"，更是由"中国制造"转型为"中国智造"，向世界交出了一张漂亮的名片。

科技之光带来的"小速度"，是街道上整齐摆放的共享单车。正如你们所见，口号为"实现出行最后一公里"的共享单车公司们，正逐步实现他们的目标。橙色的摩拜、黄色的OFO、小蓝单车……一列又一列，构成了"最后一公里"中彩虹般绚烂的风景线。我们在"高速"快速发展的同时，也能在"最后一公里"慢下来，筑建"生态中国"。这些共享单车不仅方便了人们的生活，更代表了中国对减轻碳排放的承诺：中国是高速的，更是绿色的！

科技之光，让我们在支付高铁和共享单车时都更轻松。只需手机即可完成的移动支付。这是渗透在人们日常生活每一处的便捷，也是"中国速度"下细致的关怀。掏出手机，走上高铁，轻轻扫码，骑走单车。高铁如树干，单车如枝叶，而移动支付如同其中脉络，为树带来无穷的活力。中国这棵大树，是迅速生长的，也是绿意盎然的。

正如梁启超先生在《少年中国说》中所言："日出东方，其道大光。"如今的中国，因冉冉升起的科技之光而欣欣向荣。科技之光，照耀九州，三者合力，成就科技中国。

与世界携手同行

中山纪念中学　高三（10）班　莫旖潼

甄士隐曾道："陋室空堂，当年笏满床；衰草枯杨，曾为歌舞场。"世间上哪有赏不尽的风花雪月，歌不尽的琵琶小曲，繁华总有一日转瞬成空，方知汲汲于名利者，都不过是物质的短暂情人，唯有为世界奉献的人才能永恒，才寻得到真正的价值。

于我而言，美好生活无须名利相伴，仅须与世界携手同行。用点点微光照亮方寸角落，便称得上"美好"二字。

与世界携手同行，当如袁隆平一般在物质层面上奉献社会，享受美好生活。辽阔的土地里曾埋藏过多少具因饥饿、寒冷、疾病而离世的尸体，便有多少灵魂漂泊在空中寻不见归家的路，盼不见美好生活的希望。袁隆平却用勤劳的双手，用无数个面朝黄土背朝天的辛劳春秋发明了超级水稻，将科学研究成果奉献世界，为瘦骨嶙峋的饥民带去生的希望。1974年的那个夏天，袁隆平手捧令人欣喜的稻谷，与世界无数渴望粮食的贫民一同携手同行，一同享受属于他们的美好生活。

席慕蓉曾写道："孤芳自赏的只是美丽，相依持着怒放的锦绣才是灿烂。"只有为世界奉献，才能赏见万紫千红皆开遍，草长莺飞柳浓时的人间美景。

携世界同行，亦可如司马迁一般在精神层面上奉献人类，传为永恒。自古以来，鱼和熊掌之争便困扰着无数国人，拷问着我们摇摆不定的内心。而以司马迁为首的士人们却高喊着"人固有一死"的宣告，在时代的洪流里不移根基，令人动容。他们著书立说，或藏之名山，或传于后人，都推动着世界前行，都拥有高于身体层面，超越时代意义的美好生活。

为世界奉献，平凡渺小如我们，亦可以追寻属于我们的美好生活。奉献不一定伟大，不一定流芳百世，但一定有意义。或许我们无法如袁隆平和司马迁一般做出世间铭记的壮举，但我们可以在小悦悦摔倒时，伸出援助之手，挽救一个鲜活的生命；可以在拥挤的公交车上，为年迈的老人让出自己的座位……

真正的美好生活，由强烈的社会责任感与使命感所装饰，它超越了庸俗的物质享受，将幸福寄托在个人价值的实现上，将美好传递给全世界。

愿你我携手，与世界同行。愿你我燃尽点点微光，去照亮世界，去照亮真正的，美好世界。

2023 **年高考下水作文**

讲好故事，暗夜有光

中山纪念中学　李金华

　　人类原初，星空夜话，是在讲好的故事，这景象也是好的故事；懵懂少年，促膝而围，听妈妈讲好的故事，这场景亦是好的故事。故事是一个景象，更是一种力量。好的故事可以让前行者有力，暗夜有光，可以让我们的精神得到滋养，人格形成气象，找到成长的方向，更可以让我们的民族展示更好的形象。

　　好的故事，是真实的故事，是奋斗的故事，是超越性的故事，是关乎现实的故事，是与民族记忆与中华文化有关的故事，是可以让我们想象和成长的故事。每个人基本上都听过故事，也可能讲过故事，但故事也需要用眼力、脑力去甄别，莫让故事蒙蔽了眼、带偏了少年。凡事过往，皆为序章。当我们去读、去看、去讲故事的时候，要"运用脑髓，放出眼光"找到故事中的营养和力量，让好的故事成为我们生活中的路，沙漠中的水，暗夜中的光。

　　讲好故事，不仅要选好的故事，更要做好的故事，讲精彩我们的故事。这就需要我们发挥出体力、手力和心力。打铁还需自身硬，只有在传承中创造出我们自己的故事，才能让好的故事"经典咏流传"。好的故事之所以能触动心灵、启迪智慧，因为它里面有我们的成功与失败，有我们的文化人格的基因，有我们民族想象的共同体。因此，在讲好故事的过程中，我们可以据此找到人生的方向与民族的景象。

　　当一个人在故事中找到共鸣、归属与方向时，听故事的"我"将不再是"我"，而是一个与一个群体、民族融为一体的"我们"。一个没有感受过故事魅力的人，是可怜的，一个有好的故事，却没有珍惜好、讲好的民族，则是悲哀的。我们的好故事有很多，历史上，他们是"落后而仍非跑至终点不止的竞技者"，是"见了这样的竞技者而肃然起敬的看客"；现在，他们是坚守教育的张桂梅，是阻击疫情的钟南山，是为苍生谋稻粱的袁隆平，是上九天揽月的中国航天人……

　　在这些好故事中，我们不仅看到了共和国的脊梁与民族的未来，还看到了每一个平凡人的精彩，他们是外卖小哥、快递员、城市清洁工等普通劳动者。只要是在自己的岗位上，努力且奋斗着的，谁都可以讲出、写出自己的好故事。

故事所具有的力量，是能带给人向上奋进、拔节的能量。而对于听者言，则更需要能够感受到这种力量与能量，用感动、感念与尊重来对待这些故事。这样，好的故事才会让无力者有力，让悲伤者不再忧伤，让前行者能在暗夜中找到勇往直前的光。

✅ 2022 年高考下水作文

出"手"之法，功成之道

中山纪念中学　李金华

围棋三手：本手、妙手、俗手，既显示了围棋对弈之法，亦蕴含着棋艺精进与大成之理，更蕴藏着个人成长立业、成才立功与家国奋力发展、强劲崛起之道——功夫扎实才能融会贯通，基础牢筑方可妙手创造。

常言道：宽基础后高建筑。只有做宽基础，合乎规范，才能建成大厦广宇。正如本手功夫扎实了，棋力才会提高。在个人成长立业的过程中亦如此，假如缺少了"板凳要坐十年冷""台下十年功"的成长心态，最终不过是"到老一场空"的悲叹！如果没有基础知识和基本能力的固本培元，何谈目标远大与胸怀天下的创新与创造？出类拔萃者，莫不在基础层面上夯实筑牢。此之谓围棋进阶之法，也是成长立业与人才养成之道。

但胜利的荣耀与成功的光环总是吸引着想走捷径的"小人""狂人"与"痴人"，着意于"出人意料的精妙下法"，醉心于"一夜成名"与一蹴而就。殊不知，任何创新与创造都是基础的跋涉与积累的延伸。没有日常的积累，所谓的创造就是胡思乱想的玩笑；没有扎实的基础，所谓的创造都是灰飞烟灭的浮云。亦如当今之中国，如果没有基础实业的支撑，经济的发展如何稳定？如果没有科技领域的芯片、高铁、航天之基础，大国创造如何崛起？这不仅是围棋妙手之理，更是家国发展之道。

在全民创新、万众创造的时代，个人和国家的"妙手"无不是对基本领域、基础理论、基层单位的深刻理解、重点关注与着力发展。所谓的妙手，也正是本手的久久为功与水到渠成。魏征曰："求木之长者，必固其根本；欲流之远者，必浚其源泉。"修身、齐家、治国、平天下无不如此。

然而，一些热衷于综艺名利的网红达人、娱乐明星，貌似走出了人生的"妙手"，相较其职业发展与艺术生命，其实是"俗手"；个别追求快钱盈利的企业，不重科技研发一心想"快""大"，貌似是发展的"妙手"，算一算长远的经济账和社会效益账，其实是"俗手"。出手之法，存乎一心；功成之道，在于守正。

孟子曰："梓匠轮舆能与人规矩，不能使人巧。"青年正是处在进入社会的初入期和关键期，只有守住本手与规矩，克服一己之贪念和私欲，扣好人生的第一粒扣子，深入理解规矩、基本和基准，不断地夯实基础，再树立整体发展观和远大的人生抱负，才能规避"俗手"，下出"妙手"，走出人生的妙境，变成帮助大国崛起的人物。

🅥 2021 年高考下水作文

体强弱之辩，育生生之源

中山纪念中学 李金华

现代奥运之父顾拜旦曾说，体育是美丽、艺术、正义、勇敢、荣誉、乐趣、活力、进步与和平的化身；青年毛泽东在其文章《体育之研究》中也谈过"体育之效"，"目不明可以明，耳不聪可以聪"。体育锻炼的这一过程，更蕴含着强弱之辩的哲理和生生不息的道理，这"理"不仅是思想之理，更是生命之理、意义之源。

"生而至强者，如果滥用其强，也会转为至弱；弱者如果勤自锻炼，也会变而为强。"智者毛泽东如是说。这一"强弱之辩"有着对人性的深邃体察，试想：自以为是的强者，势必会引以为傲，纵横其欲，恣意妄为，自戕其身，或者恃强凌弱，胡作非为，失道寡助，最终降为实力和道义上的弱者。而起点落后或实力薄弱者，奋而高蓄，增益其所不能，自然会驰而不息，集腋成裘，笑到最后，成为过程和结果上的强者。个人的体育过程如此，社会时代的发展亦如此。

俗语云：龙生九子，各不相同。人，生而不同，体质多样，有人天生骨骼强健，有人生来瘦小羸弱，这是物性天然。依据"强弱之别"，强健者更应该强益求强，但弱小者也大可不必自怨自艾，天道自有"强弱之辩"来"诱惑"、来弥补，一切皆有可能。这是造化给予人的生命弹性——改变的可能性。因此，弱小者应自警自省：不足可补，限制可破，已然可违，就像电影《哪吒》所呐喊的"我命由我不由天"一样，要活出自己的生命张力和人生韧劲。当然，这限制包括逆境、困难、不足的条件和时代的黑暗。个人的生命发展如此，民族国家的崛起亦如此。

《易经》有言：天行健，君子以自强不息。"体育之效"中的"强弱之辩"不只是形而上学的概念玩味，更是对生生不息之源的实践思考与生命理会。勤体育则强筋骨，强筋骨则体质可变，弱而转强，身心并完，知行合一，乘风破浪。无独有偶，在"先后""快慢""大小""今昔"等范畴中，都暗含着这一生生的奥秘——唯有自强，才能不息。

抚今追昔，理固宜然。回顾20世纪百年中国历史的基本面貌，从1900年"血溅京津——八国联军侵华"，到1937年"全面抗战——卢沟桥事变"，到1949年"中国人民从此站立起来——中华人民共和国成立"，再到1997年"骨肉终团聚——香港回归"，无不体现着中华民族在"强弱之辩"中的自强意识和奋进力量，这力量让"生而弱"国，成为大国，成为流动的新国、科技的强国和创新的帝国。

以体育观变化人生的强弱之辩，以体育察百年中国的生生不息，不由得不感叹：育生生之源，天之助我以至于强，此可知也。

第四章　高考备考

高考备考是一项工程，是一场战争，因此要用工程思维和战争思维来考量高考备考。工程思维意味着要有目标、蓝图、规划、分工、实施、监督、反馈、整改、落成等一整套的内容分解；战争思维意味着要有时刻提高警惕、相互沟通、了解敌情、激发斗志、运筹帷幄、集中火力、总结反思、调整战略、取得胜利等作战的计划流程。根据余世维的《赢在执行》中的观点，"把目标量化到每个流程""把工作细化到日常工作""一步一个脚印地达成目标"。高考备考所要谋划和设计的正是这样的思路。

首先，规划课时，分解目标，聚焦内容，实现一堂课一个效果。具体而言就是，把一节课的内容都具体化，以学生拿高分为目的来进行备课、上课。比如，作文备考，要改变作文教学的出发点。高一高二的时候，写作教学更多的时候是从学生写作的问题出发，或者从教师对写作理念或写作的教程出发，现在要全部转移到以阅卷者为中心上来。也就是说，作文备考课就是为了实现从阅卷者那里拿高分的目的，而不是为了别的目的。

每一节课都要有便捷、迅速、立竿见影的效果意识。高考备考讲究的是效果和目标。高考备考时的教师应该像一个狙击手，没有多余子弹也没有多余的机会，必须一枪毙命、一击必中，越快越好，越迅速越好，讲一课就要有一课的分数效果。根据学生的答题情况，分点指导，分层要求，最终实现都有进步，而不是统一上课各自摸索的课堂状况。

其次，形成序列，计划清楚，让学生摸得着。高三的备考课，不仅仅是教师的课堂，更是学生自我提升的课堂，关键是要让学生有信心与改进阶梯与方向，一句话：让学生对语文备考有技术、有步骤、有信心。做什么，怎么做，学生越清楚，效果越好，这个时候也是孔子所说的"不愤不启，不悱不发"的最佳教育时机。

把备考内容分层、分类、分点落实在每一节课上和每一节课后。也就是说，在大的方向明确，路径清楚，措施可行的情况下，如何落实问题，尤为重要。比如，高分作文如何出来，低分作文如何提升，每个同学的作文是什么问题，等等，这些问题落实在课后交流时，如何用功。在此基础上，根据可提升的点，再给出提升技术的方法明确素材该如何快速地积累，如何运用素材，标题如何又好又切题，结构如何超越三段论，语言文采该怎样体现，思想怎样看起来深刻等等，再进行合理的课时安排，并一以贯之。

最后，从可抓处入手，从阅卷者的角度进行观察与反思。比如，根据高考作文阅卷者都是当年的高三一线教师这一基本情况，作文复习备考课必须时时不忘从阅卷者的角度来审视学生的作文，具体到哪里存在问题，用一个共性的技术来解决，"不择手段"，提供一些"俗招"，让每个同学都能在短时间里得到改变，比如书写问题、卷面问题、离题问题等。

教师在批改作文时也要调整方式与心理预期。其中细改、面批如何执行显得很重要，像评语式的作文批改可以去除，使面批更高效一些。在作文批改的时候，还要有一些心理的暗示和鼓励，在指出问题的同时，还要有一些写作的信心支持，对学生进行一定技术赋能、情感赋能、心理赋能等，不让每个同学对写作绝望。总之，既要有课堂的内容和技术，也要有课后的心理的调试，全方位地调整备考的状态。

导论　知识·能力·素养

知识是指对客观规律的总结；能力是人们运用知识的过程和方法策略的个人表现水平；素养是指能够在各种情境中并在正确的思想指导下，运用知识和能力解决问题的综合表现。这三者相辅相成，又有所区别，在知识和能力改变命运的时代里，教育主要是通过灌输强化训练，不断地让知识流向学生，加上反复的练习提升能力。而今步入素养的时代，这一时代的改变既源于教育观念与教学的改革，也和文明社会的发展息息相关。人们越来越发现知识能力只是较为低层次的需求，素养才是人的发展的最终目的。

一、知识的时代，是机械复制的时代

人类的社会进步，知识功不可没。没有知识和技术，世界不会改变。因此知识是社会推动的力量，知识就是力量。具体到学科教育中，就出现了"满堂灌"的教学方式，不断扩大课堂的知识容量，传递给学生。随着社会的发展，互联网技术的进步、人工智能的出现以及 ChatGPT 的问世，不断强化的知识系统、追求知识的多样性成为历史的必然。知识有时也是一种负担，面对海量知识，人们常常手足无措，不知所措。因此，语文教学当中对于知识的认识越来越明细和确切，关键要掌握必备知识，课标理念也从"双基""三维"到了"素养"。

语文学习和备考需要知识，但不是为了单纯积累知识，而是通过必备知识的掌握来解决问题。随着科技的进步，人们所要掌握的知识越来越多，而知识的更迭也越来越快，人们无法掌握庞杂零碎的知识，也不需要掌握，关键在于能否用语文知识解决语文问题、生活问题。关于知识要有一个正确的认识——它是一个必要的条件而不是主要的目的，对知识要有选择的能力，要能够发展能力和素养。对知识的掌握关键是在情境中建构起对知识的理解，而不是死记硬背知识，内化的知识、结合情境的知识、程序性的知识才能让语文能力和素养得到提升。

二、能力的时代，是行事做事的时代

知识和能力是"双基"的两翼：基础知识和基本能力，这也是语文训练和备考的主要内容。能力主要是解决问题的能力，做事的能力；用语文的知识解决语文问题，这体现的就是语文的能力。能力时代是一个比较强化训练，不断提升自己解决问题的方法、技术的时代。能力对于高考语文备考而言，一直都是重要的内容。学生的能力需要在学生解决问题的过程中展示出来。评价学生的语文能力，纸笔问答是主要的方式。

要提升学生的语文能力，要发展学生的语文能力，在高考备考过程中，主要是通过执笔问答的学科情境问题，测试学生的语文能力，通过分析问题、概括问题、理解问题、解决问题等能力的表述来完成测试。语文能力既包括语言能力、表达能力，还包括思维能力、审美能力等，它也是长期以来对学生语文水平评价的综合指标。语文能力在当前的高考备考过程当中还是占据着举足轻重的位置，也是备考的主要内容——关键能力，而且只有具备了能力才能真正让学生的核心素养得到提升。

三、素养的时代，是人工智能的时代

随着社会的发展，人工智能的崛起，很多静态知识的问题已不再是问题，一些基本的操作能力问题也不再困难，但相对的学科素养和核心价值的问题则凸显了出来，也就是说我们不仅要解决问题，更要讲究解决问题的方式、情境和价值。素养正是知识和能力在复杂情境中的综合表现。素养高的学生，不仅能解决问题，而且能够合理、适时地不断调整自我，体现做事、做人的能力、水平和境界，就像开车一样，不仅要掌握各种操作知识和驾驶的能力，更关键的是要能在各种复杂的路况中熟练驾驶，而且还有"以人为本""文明价值""生命至上"的价值立场。

素养的时代，在语文备考当中主要表现为要采取不同的形式让学生理解知识和能力。比如，知识的备考要通过建构的形式让学生来理解，能力备考要通过论证的方式不断提升学生发现问题、解决问题的能力，总之是通过人的培养来解决语文的问题，把语文和德育形成有机的结合。这是素养的要求，也是现在语文备考的着力方向，而不能就题目而做题目，要从做题转向做事，从做事转向做人。通过这样三级的发展，让知识、能力立意的备考转向素养立意。具体而言，在高考备考当中，要从一个题目到一类题目，从一类题目到处理事情、解决问题的思维问题，再到价值问题，这样才算是从根本上解决考试的问题。

第一节　知识备考

《中国高考评价体系》明确指出，必备知识是指即将进入高等学校的学习者在面对与学科相关的生活实践或学习探索问题情境时，高质量地认识问题、分析问题、解决问题所必须具备的知识。[①] 于涵等人对"必备知识"是这样界定的："在总结以往教学大纲和教材所涉及的知识内容，梳理历年高考试题考查的知识内容，探讨近年来语文学科新增的知识内容，分析 2017 年版课程标准语文核心素养所涵盖的知识内容，研究国家高素质公民和高校

---

① 教育部考试中心. 中国高考评价体系［S］. 北京：人民教育出版社，2019：26.

合格新生所需的语文知识内容的基础上，形成了高考评价体系中语文的必备知识。"①

结合这两方面的表述，我们大致可以这样定位：必备知识是高考评价体系中的基本知识、基础知识，但更强调对学生学科素养的发展与培养，这些知识对于语文学科素养而言，是必需的、必备的，在"一体四层四翼"中处于最基础、最必需的位置，是形成关键能力与学科素养的基石与前提。如：阅读论述类文本时，要具备论证方法等必备知识；阅读新闻类材料时，要具备新闻文体等必备知识；在阅读文学类文本时，要具备欣赏小说、散文、新诗、戏剧的必备知识；在阅读古诗文时，要具备基本的名句、名篇等必备知识，要掌握常见的文言句式，实词、虚词的含义和用法等必备知识。

一、高考语文试题如何考查"必备知识"

（一）考查哪些"必备知识"

张开认为，"高考语文要求的必备知识，主要包括 3 个部分：一是语言文字知识，如现代汉语和古代汉语的字词句法相关知识等。二是文学审美知识，如小说、散文、诗歌、戏剧等文学作品的文体基本特征和主要表现手法；此外，还包括《语文课程标准》涉及的文学作品和背诵篇目等相关知识内容。三是中外文化常识，如中外优秀文化中艺术、历史、科学等领域的基本常识，中华优秀传统文化和社会主义先进文化的基本常识等"②。

我们通过对 2019—2021 年全国高考 I 卷三套语文试卷进行以传统知识点为考查内容，和以"必备知识"为考查内容这两种方式进行分值统计，可以看出，高考评价系统越来越强调考查内容的均衡性、系统性、综合性和情境性。

通过图 4 - 1、图 4 - 2 可以发现：从"知识能力点"的统计图来看，原来的知识能力层级考查系统偏重于知识点和能力级别，考查稍显零散、碎片，综合性、情境性、素养性不够突出，而且易导致重复训练，加重学生的学习负担；从"必备知识"的统计图看，凸显了一个趋势和一个警惕：语文

---

① 于涵，赵静宇，李勇. 新高考语文科的定位、功能和考查内容研究 [J]. 课程·教材·教法，2018（5）：11 - 16，61.

② 张开. 基于高考评价体系的语文科考试内容改革实施路径 [J]. 中国考试，2019（12）：21 - 26.

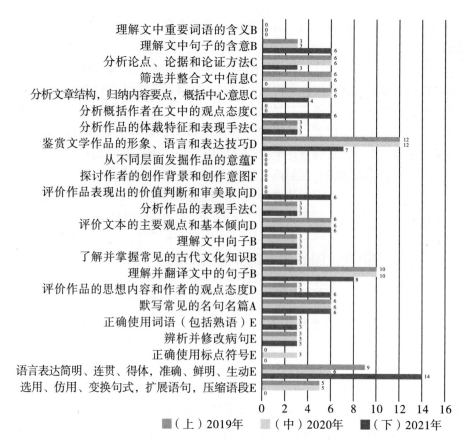

理解文中重要词语的含义B
理解文中句子的含意B
分析论点、论据和论证方法C
筛选并整合文中信息C
分析文章结构，归纳内容要点，概括中心意思C
分析概括作者在文中的观点态度C
分析作品的体裁特征和表现手法C
鉴赏文学作品的形象、语言和表达技巧D
从不同层面发掘作品的意蕴F
探讨作者的创作背景和创作意图F
评价作品表现出的价值判断和审美取向D
分析作品的表现手法C
评价文本的主要观点和基本倾向D
理解文中向子B
了解并掌握常见的古代文化知识B
理解并翻译文中的句子B
评价作品的思想内容和作者的观点态度D
默写常见的名句名篇A
正确使用词语（包括熟语）E
辨析并修改病句E
正确使用标点符号E
语言表达简明、连贯、得体，准确、鲜明、生动E
选用、仿用、变换句式，扩展语句，压缩语段E

0 2 4 6 8 10 12 14 16

■（上）2019年　　（中）2020年　　■（下）2021年

图4-1　2019—2021 全国 I 卷"知识能力点"所占分数

教学和备考必须加强对必备知识的深入理解与程序化，这样才能把必备知识变成关键能力，形成学科素养；同时要警惕"在素质教育的发展过程中，存在轻视知识和贬低能力的倾向：如将知识、能力和素养三者割裂开来；或者将知识视为能力和素养的对立面，认为积累知识和培养能力是矛盾的；或者站在素养综合性的角度认为能力已经过时。这些看法不仅是机械的，而且是错误的"①。

（二）如何考查"必备知识"

"新高考语文科不再对单个孤立的必备知识进行直接考查，而是将必备知识的考查融入关键能力和学科素养考查的过程中。试题要求考生掌握的必

---

①　教育部考试中心. 中国高考评价体系说明［S］. 北京：人民教育出版社，2019：25.

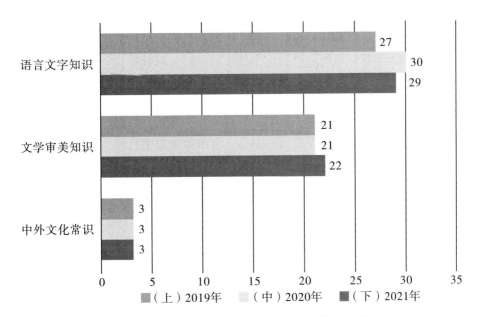

图4-2　2019—2021全国Ⅰ卷"必备知识"所占分数

备知识常常不是答案，而是做出回答所必须具备的背景知识。"① 为了阐释高考试题对必备知识这一考查内容采取了什么样的评价方式，下面试结合高考试题进行分析说明。

【例1】下列对原文论证的相关分析，不正确的一项是（3分）

A. 文章几次引用文献，目的是论证中国古今经典中对"孝"的理解诠释是一致的。

B. 文章基于对孔子"仁学"思想的认同与接受，提出了关于"孝"的意义的论断。

C. 文章在论证结构上，先引出论题，再提出观点，然后纵向深入，最后补充论述。

D. 文章既肯定"孝"的普遍意义，又指出它的内涵变化，显示了作者的思辨态度。

这是2020年全国Ⅰ卷论述文阅读的第二题，是比较典型地考查学生"论证"这一"必备知识"的题目。本道题主要是从论证分析的角度来考查

① 于涵，赵静宇，李勇. 新高考文科的定位、功能和考查内容研究［J］. 课程·教材·教法，2018（5）：11-16，61.

学生对论述性文本的理解程度，依据的是学生把握文章观点、论据，分析文章的思路、中心论点和分论点的关系，论点和论据之间的关系，以及论证方法类型等必备知识。这道题既涉及举例论证、辩证论证等论证方法，又从不同的角度对文本结构特征进行了考查，体现了"重点放在能力和素养的培养过程中必须具备可迁移的知识上"的评价要求。

高考试题对"论证"这一必备知识的考查，不仅是在对论点的理解准确层面上进行考查，还对论点提出的前提、背景等方面进行考查；不仅对论证方法进行考查，还"从提出问题到分析问题的层进式思路、先总论后分论的思路，要求考生对文章结构有一个整体把握"上考查①，把论证、论据的考查融入论证的过程中，不仅考查论据在文中所起到的证明文章论点的作用，论据在文章结构上的作用，还关注论据和论点之间的关系，以及论据之间的关系。总之，高考越来越强化对必备知识掌握的运用性、程序性、综合性的考查。

【例2】鲁迅说："我们从古以来，就有埋头苦干的人，有拼命硬干的人，有为民请命的人，有舍身求法的人，……这就是中国的脊梁。"请谈谈本文是如何具体塑造这样的"中国的脊梁"的。（6分）

这是2019年高考语文全国Ⅰ卷文学类阅读问答题，考查学生对小说文体知识的掌握与理解情况。学生要回答好这一题，不仅要掌握小说人物形象塑造手法这一必备知识，即常见的刻画人物的陈述性知识，如肖像（神态）描写、心理描写、行动（动作）描写、语言描写、细节描写、正面描写（直接描写）、侧面描写（间接描写）、白描和工笔等，还要结合具体的情节，分析这种描写手法在文句中是如何体现的，更要点明此手法突出了什么人物形象的什么特点。

因此，这一道题不仅考查学生小说人物形象塑造手法的必备知识，还测试其关键能力、学科素养和核心价值。这道题的命制精神正符合《中国高考评价体系说明》的表述："考查内容的选择应该聚焦于能够反映出核心价值的生活实践和学习探索情境，从而测量出学生分析解决这些情境中的问题时所表现出的核心价值、学科素养、关键能力、必备知识的掌握程度和综合水平。"②

① 宋志强. 基于知识与能力的深度探索：以2019年高考语文全国卷为例看论述类文本阅读试题的特点及备考 [J]. 语文教学通讯（高中）（A），2019（12）：71-74.
② 教育部考试中心. 中国高考评价体系说明 [S]. 北京：人民教育出版社，2019：29.

二、"必备知识"考查内容的教学启示

知识是能力的基础，必备知识是培养学科复合能力和综合素养的基础。在日常语文教学中，要积极夯实语文必备知识。对于高考语文备考，要积极梳理必备知识，注重知识的关联性，建构知识网络，通过形成基本而稳定的知识结构来促进对知识的理解和运用。对一线教学而言，"必备知识"在教学和备考中也是不可忽视的，一是因为其学科的基础性，二是因为语文能力、学科素养、核心价值的培养只有建立在"必备知识"上，才具有操作性与可行性。因此，深刻理解和把握"必备知识"的内涵、类型和价值，对于我们开展语文教学有诸多启示。

（一）厘清必备知识，进行网络化、系统化积累

在高考评价体系中，语文能力的提升，主要表现为学生运用必备知识完成以"能力和素养立意"的阅读、写作任务等测试问题的回答。因此，教师提升学生语文学科素养的逻辑顺序是，首先要帮助学生完成必备知识的网络化、结构化和系统化建构，再在各种情境中进行任务活动、项目学习以及各种专项训练或综合训练，最后进行调试与检验，完成语文关键能力和学科素养的提升。

厘清必备知识，积累必备知识，是语文学习的前提，也是语文学习的内容。所谓的"厘清"与"积累"，其一是指抓住语文学科"语用性"与"综合性"的属性特点，把"必备知识"集中到各自的内容板块之中，形成知识结构，实现知识结构的集中化、网络化和系统化。

其二是指构建网络化、结构化、系统化的积累路径，主要有两种方式：一是把必备知识进行思维导图化，形成知识清单，并以此实现局部或部分知识的系统化和视觉化，比如，语言学（古今汉语的字词、语法等知识）、修辞学（修辞手法、言语风格、语境、语体等知识）、文章学（文体分类、章法脉络、篇章技巧、连贯衔接等知识）、逻辑学（概念知识、论证手法、论证结构、逻辑关系等知识）、中外文化和文学常识（中华优秀传统文化、革命文化和社会主义先进文化等知识）等方面的必备知识，都可以进行思维导图化；二是把必备知识进行专题化，即结合各种评价题型形成某一专题知识，以此来提高对某一必备知识认识的深度、广度、厚度和细致度，还可以让必备知识组成某一知识体系，形成高质量地认识问题、分析问题、解决问

题所必须具备的程序。因此，这一形式不仅可以梳理陈述性知识，还可以转换为程序性知识，让学生对各板块的专题内容和各种题型的答题思路进行思维的视觉化，让知识清单更具有程序性、操作性与实践性。

（二）整合必备知识，实现任务化、程序化生成

在思维导图式的"清单知识"和"专题化知识"的基础上，还要进行项目化、任务化和程序化处理，即结合一定的任务要求、回答步骤，对必备知识进行程序"变脸"，主要表现为对某一问题的程序性回答与思维操作步骤的开发。如对"小说人物形象分析与塑造"这一必备知识进行思维导图化和专题化后，要分项目列出"概括人物形象""分析形象作用""赏析塑造形象手法"等层面的必备知识，还要再分项目，就"提问方式""思考方向""答题思路"等内容进行任务化和程序化，即把人物分析的陈述性知识变成程序性的知识——进行具体的提问形式的整理、内外与正反方面的考量、要点及表达形式等程序性知识的生成。最终结合具体问题的提问方式，把网状、系统的必备知识谱系化与图式化，转变成一种程序性知识的存在。

再如，对学生来说，古典诗歌语言的解读是难点，理解命题语言、提炼答案要点、整合答案要点、进行规范性答案表述是关键。因此，在梳理必备知识清单的基础上可以就此两项内容进行任务性、项目性学习，以此来形成必备知识的应用程序。具体做法就是，教师选择不同的题材与体裁的诗歌文本，进行分体、分层、分点，设计成学习任务或项目——翻译诗歌语句，强化学生的诗歌语言解码能力和诗意整合能力；再进行各种专题性的试题模型提炼和各种题干表述类型的归纳，如分类出重点字词、关键语句、诗词意境、表达技巧、思想感情、风格流派、形象分析、构思结构、语言艺术、典故运用等专项内容，设计出"问—答"合榫的答题思维程序，再进行实践操作能力训练。

所谓语文学习的实践性、体验性和生成性，以及"以必备知识为基础，使高考考查内容与素质教育的目标全面契合"①，其前提就是要在具体的语文学习上对"必备知识"进行任务化设计和程序化的提升，建构出规范的知识与思维的合体程序，再在具体的题目训练中进行思维反刍，完成从套路到思路，从思路到规范，从规范到思维的关键能力提升，实现"以认识世界为核心的知识获取能力群"和"以解决实际问题为核心的实践操作能力群"的

---

① 教育部考试中心. 中国高考评价体系说明［S］. 北京：人民教育出版社，2019：29.

获得①。这样的必备知识才是有效、有用、有生命力的知识，才符合"必备性"和"必须性"。

（三）转化必备知识，适应情境化、综合化运用

语文教学与备考的语用性与综合性是学科的天然属性。因此，要紧紧地抓住语文学科的属性特点"语用性"和"综合性"来推进，把"必备知识"进行综合化，融入到"情境"中去，让学生在多维复杂的情境中完成必备知识的理解与掌握，在语文复习备考的过程中尤其要突出这一点。"学习的知识、思考和情境是相互紧密联系的，知与行是相互的——知识是在情境中并在行为中得到进步发展的。"②

2020 年全国 I 卷的作文题要求考生结合特定的历史故事、历史人物、历史背景，以特定身份、特定文体完成写作任务。这就要求在语文学习过程中，对作文的备考必须多从真实的阅读情境和典型的生活情境入手，从"能够体现出核心价值引领作用的问题情境"出发，"以学科素养为导向确定必备知识"。因此，写作部分的教学与备考，要结合社会生活情境对写作进行分类训练、分点突破，划分出"事件类""事理类"等类型，梳理出写作的必备知识，形成由此及彼、联系现实的写作结构，建立立足于现实、依托于情境、归结于说理的思维程序。

从近几年的高考试题来看，高考越来越强调对必备知识考查的综合性与情境性，在越是强调分析、综合和评价的高阶思维的试题中，越是注重对必备知识的理解与运用。因此，打通语文学习上必备知识和生活情境、实践运用的连接，"在具体的阅读与鉴赏、表达与交流、梳理与探究等语文实践活动中形成与发展，并通过具体、多样的实践活动表现、展示出来"③，这样的语文教学才是指向学科素养的提升，这样的语文备考才会收到事半功倍之效。

---

① 教育部考试中心. 中国高考评价体系［S］. 北京：人民教育出版社，2019：23.
② 王文静. 情境认知与学习理论研究述评［J］. 全球教育展望，2002（1）：51－55.
③ 中华人民共和国教育部. 普通高中语文课程标准（2017 年版）［S］. 北京：人民教育出版社，2017：48.

第二节　能力备考

"关键能力"是支撑和体现学科素养要求的能力表征。《中国高考评价体系》指出，关键能力是指即将进入高等学校的学习者在面对与学科相关的生活实践或学习探索问题情境时，高质量地认识问题、分析问题、解决问题所必须具备的能力。①《中国高考评价体系》主要以三个能力群作为考查内容，即以认识世界为核心的知识获取能力群、以解决实际问题为核心的实践操作能力群以及涵盖了各种关键思维能力的思维认知能力群。从个体角度而言，"关键能力是一个人某一方面综合素质的集中体现，又是在实践中才可能表现出来的知识、素养、意识的集合"②。关键能力是以必备知识的学习探究为载体而培养出来的，表现为对必备知识的娴熟运用，是整合学科相关知识和运用学科相关能力高质量解决问题所必须具备的能力，是形成学科素养的必要前提。此外，从考查内容角度来看，抓住关键能力来设题，正是实践"能力立意"命题理念的重要途径。因此，学科学习的核心是关键能力的培养。《中国高考评价体系》将关键能力具体化为三个方面，对于学科的教学和备考极具积极意义和实践价值。

一、高考语文试题如何考查"关键能力"

关键能力如何考查？在高考试题中如何具体呈现？这是关键能力能否引导教学和备考的关键环节，而且好的设题方式或提问方式不仅有利于科学、全面地反映出学生的语文学科素养水平，更有利于实现必备知识、关键能力、学科素养和核心价值的联动、互动。为了阐释语文高考对关键能力这一考查重点内容采取了什么样的评价方式，下面试结合高考试题进行分析说明。

---

① 教育部考试中心. 中国高考评价体系说明 [S]. 北京：人民教育出版社，2019：23.
② 郑桂华. 略谈指向语文关键能力培养的教学策略 [J]. 中学语文教学，2018（5）：8－11.

（一）试题设点，考查内容聚焦关键能力

【例】诗的颈联写到峨眉、岘首两座山，对表达离情有何作用？请简要分析。（6分）

这是2020年全国新高考Ⅰ卷古代诗歌阅读的第二题，主要考查学生鉴赏古代诗歌作品内容、阐释作品情感的能力。这一注重对诗歌文本内容理解考查的题型自2017年开始就初见端倪，将对诗歌阅读的必备知识、关键能力、学科素养的考查融为一体，并最终在"能准确理解文意"这一关键能力上显高低、拉差距。

该题在提问方式上打破了以往高考试题对诗句"情感""手法""形象""炼字"等单一知识的考查方式，也规避了"试分析理解整首诗的思想情感"这一类大切口、广视角的设问方式，而是从单句、单联的诗句表达与诗意理解小切口入手，读懂分处两地的二山之间深重的阻隔意味，即满心的不舍与牵挂。注重思维与体味，淡化记忆与套路，注重考查学生理解诗句的关键能力，对学生综合运用必备知识的能力提出了更高的要求。在高考评价体系的指引下，这道题延续了考查学生阅读古代诗歌关键能力这一重点考查内容，体现了以"读懂"为古代诗歌阅读关键能力的命题意图和以语文学科素养为导向的教学功能。

（二）题型呈现，情境形式驱动关键能力

【例】阅读下面的材料，根据要求写作。（60分）

读万卷书，行万里路。无论读书还是行路，我们都会与地名不期而遇。有些地名很容易让你联想到这个地方的自然特征、风土民情、历史文化、著名人物等；有些地名会唤起你的某种记忆与情感，或许是一段难忘的故事，又或它对你有着特殊的意义。

电视台邀请你客串《中华地名》主持人。请以"带你走近_____"为题（补充一个地名，使题目完整），写一篇主持词。

要求：结合材料，选好角度，确定立意，明确文体，切合身份；不要套作，不得抄袭；不得泄露个人信息；不少于800字。

这是2020年全国新高考Ⅱ卷的作文题。从题目的整体要求上看，命题

者降低了对语料内容理解的难度，加强了对学生现实关怀、思维层次、思想认识等方面的考查。其实，联系近几年的全国Ⅰ卷可以发现，2017 年的向外国青年"呈现你所认识的中国"，2018 年的与 2035 年青年的交流，2019 年的对复兴中学的演讲，2020 年的读书会分享等，都是通过对象明确、主题突出的情境形式来驱动考生对现实和自我的关系进行思考。此题更为鲜明和突出的特质是考查了学生写作的关键能力——"熟悉各种实用文体和文学体裁的特征及写作常识，掌握写作的基本规律，能根据写作的具体情境和要求，正确选用文体、语体，灵活使用语言文字和各种表达手段，构造完整语篇"①。

"带你走近××"，"电视台主持词"是落笔的任务和抓手，而"补充一个地名"则完全尊重写作者的个人意愿。这样处理既有利于引发考生的写作欲望和真情实感，也利于将核心价值的引领作用细化、实化、具体化，这正是此题巧妙地抓住了以写作关键能力为重点考查目标的具体体现——在引领价值观的同时，也不限制考生的想象力；鼓励从考生自身的生活积累与感受出发，为真实性表达和批判性思考的发挥预留了很大空间。

（三）答案评价，语言表达呈现关键能力

目前，高考语文的评价途径主要还是采用纸笔问答的形式，因此，考生对每一道主观问题的作答都应该是一次理据的阐释，"理"是术语，"据"是文本，所写的答案都应该先形成定性的思路规范，再有定向的表述规范，做到问答匹配，并在此基础上讲究外在的形式规范。而那些术语不够、不准，口语化情况严重的表述；原句引用，直接抄原文表述的现象；用过于抽象的语言，缺少内容分析的情况，无一不体现了语文关键能力薄弱的情况。

从高考试题的答案也可以看出，高考命题者也正在落实《中国高考评价体系》的要求与精神，在题干表述和情境设置上，尽量避开相关术语，力求反公式化答题，消解模式化训练出的伪答题能力，着力于以读懂文本为出发点，考查学生独立分析、思考的思维品质。

总之，关键能力在高考试题中的体现越来越直观和外显，教育部考试中心研究员张开认为，"语文关键能力是语文科外显功能的集中体现，是落实命题立意的平台和中枢；是可以通过'做题'来检测或推断学生应对复杂情

---

① 张开. 基于高考评价体系的语文科考试内容改革实施路径［J］. 中国考试，2019（12）：21－25.

境，解决非规则、不确定性真实问题的'做事'能力"①。"将关键能力作为整个'四层'考查内容的重心，是推进新时代高考内容改革的必然选择，也是教育测量学的规律性要求。"②

二、语文"关键能力"培养的教学策略

落实高考评价体系，深化语文考试内容改革，强化学生关键能力培养是新一轮高考内容改革的重点，而关键能力是对必备知识的运用，是形成学科素养的必要前提。教师在语文教学实践和备考中要在完善学生必备知识体系的基础上着力提升学生的关键能力，紧紧地扣住"知识—能力—素养"这样一个有机整体，尤其要突出关键能力的核心环节与中坚作用。不存在脱离知识的能力，更不存在脱离知识和能力的素养，高素质的学生必然是在知识上有较多的积累，在关键能力上有更明显优势的。因此，教师应多方位、全方面地设置各种学习情境或学习活动来提升学生语文的关键能力，这既是语文教学的核心要义，也是高考评价体系"引导教学"的核心功能。

（一）依据陈述性知识，开发程序性知识

如何有效培养学生的语文关键能力？在阅读层面上，单篇精讲、整本书阅读、群文比较阅读等都可以成为培养学生阅读关键能力的必要载体，把学生从单一或多个陈述性知识的单纯记忆与机械训练中解放出来，由注重阅读转向强调精读、泛读等各种阅读策略的灵活运用，由注重文本内容理解接受能力转向侧重对文本传递的各类信息的审视、阐释和对话能力，结合具体的学科认知情境、个人体验情境和社会生活情境，在教师的设计、引导与点拨下开发出阅读的程序性知识或缄默知识，从而在信息性阅读能力、文学性阅读能力、古代诗文阅读能力上得到提升、强化、优化，最终加强"学生应对复杂情境，解决非规则、不确定性真实问题的'做事'能力"。

比如小说阅读，其关键能力就是对小说人物形象的理解与把握能力。如何理解人物呢？就是把握人物性格的统一性与丰富性、整体性与情境性、基本性与辅助性，这就需要对人物的外貌、语言、动作、神态、心理等多重信息进行互相关联、循环不息式的把握与整合，虽然学生可能已经了解或掌握

---

① 张开. 基于高考评价体系的语文科考试内容改革实施路径［J］. 中国考试，2019（12）：21-25.

② 教育部考试中心. 中国高考评价体系说明［S］. 北京：人民教育出版社，2019：31.

了各种关于人物形象描写的各种知识，但是如果不能把这些陈述性知识转化为程序性知识，即从人物形象性格塑造与精神发展的统一性与丰富性的角度来整体理解各种知识的表现形式、使用目的与艺术效果，进而理解不同人物的人生和社会背景，那么其小说阅读的关键能力就不太可能有大的改变或提高。因此，能依据一定的文本语境、问题情境，并运用陈述性知识来与文本或作者对话，感受小说的叙事性，理解人物的丰富性，才算是真正提高了语文学科素养。

高考语文命题也越来越全面考查考生的信息处理、逻辑思辨、审美鉴赏、探究创新、语言表达等语文学科的关键能力，凸显应用性考查要求，引导考生重视实践，学以致用。比如，为适应社会信息化发展趋势，近年来的高考语文加大了对考生实用信息、非连续文本信息处理能力的考查力度，而信息搜索能力、信息整理能力，不是静态地获取信息本身，也不是简单的信息概括和比对，而是获取信息之后能利用信息去分析和解决问题。因此，"在教学和命题中不能只关注筛选、整合等技法训练，而要设置复杂的问题探索情境或者真实的生活实践情境，教给学生相应的语文知识和能力（语法、修辞、逻辑等），让学生自己去发现并解决问题"①，让陈述性知识转化为程序性知识，着力于引导考生在更广阔的视野中探究问题，在更开放的情境中解决问题，最终提升学生的语文学科素养。

（二）创设复杂型情境，突出典型化任务

在语文学习中创设复杂的情境，突出典型化的任务，是提升关键能力与学科素养的主要路径。"教学和检测中应设置生活实践或学习探索的问题情境，让学生学会分析情境，提高认识问题、分析问题和解决问题的能力，为走向未来的现实生活作好充分的预演。"② 比如，在学习古典诗歌内容时，教师要立足课本，依托教材，重视教材，用好教材，扎扎实实地传授知识，加强课内与课外的融合，从"一篇"走向"一类"，让学生了解不同诗人、不同风格、不同体裁的诗歌的不同特点，掌握一定的诗歌文化常识、基本的古典诗歌阅读方法和诗歌"起承转合"的构思技巧，提高捕捉标题、作者、注释、关键词句的信息能力等。总之，在完善学生必备知识体系的基础上，提升诗歌阅读的关键能力与核心素养。

这其中，复杂的情境和典型的任务设置尤为关键，它可以使学生的必备

①② 冯渊. 信息类阅读题怎样检测语文关键能力［J］. 语文建设，2020（4）：56－61.

知识得到淬炼，同时也是发展学生关键能力的关键环节和核心阶段。因为学生对古典诗歌思想情感的把握，往往只停留在了某个比较大的范围中，或许只是记住了一些抽象化的、类型化的概念，比如思乡怀人、壮志爱国、伤春悲秋、羁旅伤感、送别深情、卓立高洁等，但这些情感或情怀的细腻处与侧重点在哪里，学生就难以很好把握了。因此，要让学生"能准确理解文意"，提升其古诗文阅读的关键能力，必须进行各种情境的设置与沟通，设计典型化的阅读任务，比如重视原初的阅读感受、了解作品的文化内涵、理解作者的创作语境、进行反复吟诵与体悟、利用生活中的情感经历和经验、结合诗人所处的社会环境、诗人的生平经历及思想主张、诗人的理想与信念等，来完成"语符理解""理性认知""审美鉴赏"等典型任务。

"提高问题情境质量，让学生在情境中运用能力，切实提高解决具体复杂情境中典型任务的能力，提高语文学科素养。"[①] 在写作层面上，近几年高考作文题目对写作能力的考查体现得淋漓尽致，大多情境复杂、任务典型，在促使学生积极思考与探索问题的过程中，很好地检测了学生的表达能力与核心素养，起到了高考的筛选功能和指挥棒作用。因此，日常的作文训练也很有必要采用高考作文的命题形式，巧妙设置情境，精心提炼典型任务，以此来锻炼、提升学生"构造完整语篇"的能力和基本的表达能力。

（三）导向学科核心素养，体现语文课程价值

"学科核心素养是学科育人价值的集中体现，是学生通过学科学习而逐步形成的正确价值观念、必备品格和关键能力。"[②] 在生活实践情境中，有太多的机会能表现学生的语文关键能力，比如，在发生重大的公共事件时，在面对微信朋友圈、微博的各种信息传播时，如何检测观点和材料的一致性，如何体现客观理性的公共思维，如何按语篇功能和写作目的的综合而灵活地运用多种表达方式，如何根据具体的交际对象、交际目的和交际情景进行正确的遣词造句，有效完成交际任务，而做好这些都要得益于学生的语文关键能力，这背后就牵涉到语文课程的内容和学科核心素养的要义。

比如，文学性阅读关键能力是"对文本艺术创新的主题意向、思想蕴涵能有所领悟并展开联想，对作品的表达效果和思想艺术价值作出合理分析与

① 陈思. 回应评价体系，聚焦关键能力：2019 年高考语文全国卷古典诗歌命题特点及启示 [J]. 语文教学与研究，2020（11）：119 – 123.

② 中华人民共和国教育部. 普通高中语文课程标准（2017 年版）[S]. 北京：人民教育出版社，2017：4.

评价"，其内核不仅仅有程序性知识，还有语文课程的素养要求与价值底色。因此，只有立足于语文课程的"综合性""实践性""时代性"，突出学科核心素养的"语言建构与运用""思维发展与提升""审美鉴赏与创造""文化传承与理解"，才是发展关键能力的课程方向与价值指向。

随着高考语文试题对在语文实践中着力培养学生的"关键能力"的引导作用越来越鲜明，教师不仅仅要重视教学情境与活动的设计，还要重视语文试题的价值选择与素养体现，要让评价体系的统一性和联动性落实到教学与备考中，要从语文课程和学科核心素养的层面来遴选或思考试题，比如，"表达得体"这道题，是为了引导学生关注相关语文文化知识，正确使用祖国的语言，但除了正确使用一些谦辞、敬语之外，也要考虑说话者的身份地位、学识教养、生活阅历等，以及听话者的社会背景、文化知识、语言习惯等，还要注意特定的时间地点、话题气氛和表达载体的语体风格等，这都是关键能力的具体体现，也是发展学生学科素养的必然途径。

总之，核心价值、学科素养、关键能力都是从整体上"立德树人"，而提出学科素养和关键能力的最大意义，就是帮助学生建立起各种知识和能力的整体关联，让关键能力有学科方向，让学科素养有实体依托，让立德树人能落地生根。

第三节　思维备考

高考语文试题的阅读主观题常常把"如何"作为发问词进行提问。在一次大型的模拟考试中，实用类文本的主观题有这样一个问题："应如何评价百年新诗，结合材料内容谈谈你的认识"，结果很多同学都侧重于"如何"的评价方式上进行作答，即从"角度""途径""方式"等方面来组织答案，而对所提供的参考答案——侧重对"新诗"的认识、理解和看待等方面的内容——不太认同，科组讨论时也是争议不断，较难达成一致的定论。那么，针对这一以"如何"为发问词而进行提问的主观问答题，到底该如何审视呢？其问题的导向又指向哪里呢？学生到底该如何作答呢？该如何构建"如何"的答题角度呢？又该如何从思维的层面进行问题的归类和高考题型的备考呢？

因此，弄清楚这一"如何"式的提问方式、命题指向与解答思维，不仅牵涉到对这一问题回答路径的确定，还会影响学生对答题思维模型的构建，甚至会改变学生对阅读内容理解的倾向；当然，如果不廓清这一"如何"背后的答题方向和思维路径，就没有办法在高阶思维上提升备考的效果和质量，也就没有办法完成高考评价体系对阅读关键能力的评价。鉴于此，深入思考"如何"这一发问词是高考语文阅读主观题审题的据点和重点。

一、梳理"如何"背后的答题指向

"如何"在《现代汉语词典》（第7版）中解释为："疑问代词。怎么；怎么样。"《辞海》（第六版缩印本）解释为："怎样。怎么办。怎么；为什么。"《汉语大辞典》解释为："①用什么手段或方法。②方式、方法怎样。③在什么情况下。④怎么，怎么样。⑤如何，表示把怎么样。"依据三本较为权威的辞书解释，我们大致可以把"如何"概括为这样两类义项：①偏手段、方式、方法、角度上的怎样。②偏对象内容认识、理解和评判上的怎样。再以此来审视阅读主观题中各类以"如何"而组织的高考试题题干，不难发现，确实存在这样两种答题的方向，详见表4-1。

表4-1 各类高考试题题干表

试卷类别	题干表述	侧重方向
2020年全国Ⅲ卷	钟红明是如何做到在对谈中引发对话并将话题引向深入的？ 从文章谋篇布局的角度，分析题目"记忆里的光"是如何统摄全文的	手段方式
2020年新高考Ⅰ卷	本文记建水城时，在饮食描写上花费了大量笔墨，对此你如何理解？	认识理解
2020年新高考Ⅱ卷	如何理解文中画横线句子的作用？	
2019年全国Ⅰ卷	请谈谈本文是如何具体塑造这样的"中国的脊梁"的？	
2019年浙江卷	全诗是如何运用多种手法塑造李将军的独特形象的？	手段方式
2018年北京卷	请根据材料一、二，简要说明人类对人工智能的认识是如何不断深化的	
	题目"水缸里的文学"意蕴丰富，综观全文，你如何理解其中的寓意？	认识理解
2018年上海卷	第②段和第⑤段如何塑造母亲形象的？	手段方式

综合高考试题各题干的表述及其构成要素，基本可以从以下几个方面的提示或暗示来确定答题的侧重或方向。

（一）从"如何"所连接的词语看

上述题干中的"如何"所连接的动词有"做到""统摄""理解""塑造""运用""深化"等，这些动词的行为指向性与思维偏向性都比较明显，要么侧重手段、方式、方法和角度，要么侧重认识、理解和评判。比如，"做到""统摄""塑造""运用""深化"这些动词所关联的通常都是步骤、角度、方式和方法，此处的"如何"可以替换为"哪些""有何"等疑问代词；而"认识""理解""看待""评价"这些动词所关联的大都是认识、理解和评价的内容，此处的"如何"可以转换为"怎样""什么"等疑问代词。因此，抓住"如何"所关联的动词来确定审题方向，是把握答题的思维方向和答案路径的关键要点。

（二）从所要回答的对象性质看

我们对题干提问的内容进行变换与比较，比如，"如何理解古典诗歌的思想情感"和"如何理解这一首诗所蕴含的哲理"，可以发现：这两个"如何"背后的答题方向和思维路径是不同的，当要解答的对象内容比较宽泛、普遍时，像"古典诗歌的思想情感""现代小说人物形象""现代抒情散文的情感"等，一般侧重在"角度、手段、方式和方法"上；而当要回答的对象内容比较聚焦、明确、具体时，像"这一首诗的哲理""这一人物形象""这一篇散文的情感"等，则一般侧重在"认识、理解、看待和评判"内容上。所以，结合题干所要解答的对象性质或范围来判断和确定"如何"的答题路径和思维指向，也是一个较为重要的方式。

（三）从文本的类型和主要内容看

上述引发师生争议的模拟题"应如何评价百年新诗，结合材料内容谈谈你的认识"的表述，其文本内容由三则文本材料组成，这三则材料分别讨论的是新诗对音乐性的探索、关于新诗音乐性的争论以及新诗与古典诗歌和西方诗歌的差别等方面的内容，而且材料三中还有明确的提示内容："既然如此，我们该如何看待新诗？"这就意味着文本谈的是对新诗以及音乐性的认识。因此，从认识、理解和评价的角度来作答才符合材料原文的内容，而如果从角度、手段、方式和方法等方面作答则脱离了材料内容的规定。尤其是题干中还有明确的提示语："结合材料谈谈你的认识。"更说明要结合"三则材料"谈认识，所以，"应如何评价"应该侧重在对象内容上，而非角度、方式上。

二、关注题干动词背后的行动指向

《高考试题分析·语文分册（2020 年版）》指出："高考语文要求考查考生识记、理解、分析综合、鉴赏评价、表达应用和探究六种能力，表现为六个层级。"[①] 这就意味着阅读主观题的考查能力主要集中在"理解、分析综合、鉴赏评价和探究"这四个层次上；此外，根据《中国高考评价体系》中关于"学科素养"的解释，"学科素养包括'学习掌握、实践探索、思维方法'3 个一级指标和 9 个二级指标"，其中"信息获取、理解掌握、知识整合""研究探索、操作运用、语言表达""科学思维、人文思维、创新思维"这 9 个二级指标在阅读鉴赏评价题和探究题中体现得较为集中、综合。[②]

纵然文学类文本和非文学类文本的主观题所关注或考查的关键能力有所不同，但其背后的学科素养是相关、相通、相近的。从两类文本的主观题题干表述来看，其提问的重点还是集中在指令性动词上，"试题把设问作为引导考生做出与测量目标或行为目标相一致的应答，是命题设计的中心。每个设问中必须要有动词，动词的类型取决于测量目标或行为目标"[③]。我们检索题干中的动词可以发现，大都是"概括""说明""分析""梳理""简析""简述""谈谈""探究"等词语，这说明题干动词背后有着命题人的思维走向与思考方向。因而审题的时候就务必重视这些词语，透过它们来把握题干的思考指向、作答路径和句式要点的组合方式。否则，只能是答非所问，或要点阙如，或言不及义，其实，很多同学主观题答题提升的瓶颈也正在于此。因此，关注题干动词背后的思考方向、思维指向与作答路径是扫除审题障碍、建构答案内容的关键环节。

另外，从发问的角度和提问的性质来看。高考题语文主观题的提问类型可以归纳为四大类型：一是归纳综合类的题型，即"是什么"类型；二是作

---

① 教育部考试中心. 高考试题分析·语文分册（2020 年版）［S］. 北京：高等教育出版社，2020：3.

② 教育部考试中心. 中国高考评价体系［S］. 北京：人民教育出版社，2019：18.

③ 王萍. 语文试题编制原理与技术［M］. 广州：广东教育出版社，2015：88.

用影响类的题型，即"有什么"类型；三是鉴赏评价类的题型，即"怎么样"类型；四是探究发现类的题型，即"为什么"类型。当然，贯穿这四种题型的答案要素都要有具体的理解、分析、概括与说明，即"如何""为何"的内容，只是有的偏重角度和手段的理解、分析与说明，有的偏重内容和主题的阐述、解析与评价。具体偏向哪一种内容，还要根据相关配套的词语来综合判断，比如出现"哪些""几层""多处"等这些词时，基本可以判定回答该题主要侧重在要点、角度、方式等层面上；如果出现"怎样""什么""为何"等这些词时，就基本可以判定回答该题主要侧重在对象、内容的理解上。

其实，每一个提问动词所带来的任务指令都是不一样的，比如："概括"就必须先检索、筛选、提取，再归类、合并、总括；"分析"就必须先分解、分类、分层，再辨析、解析、评析；"简述"就必须先概括、提炼、合并，再分述、阐述、陈述；"探究"就必须先探查、探析、探求，再批判、推究、深究。正如冯渊所说，"如果动词使用得随意，就会造成试题的不规范"①。正因如此，如果对题干动词理解得不到位、不充分，就会造成答案的不规范、不全面。

比如，2019年全国Ⅱ卷的第6题："为什么说今天的中国桥梁已经成为体现国人自信心的一张名片？请结合材料简要分析。"回答该题，必须把思考聚焦在"内容、对象""中国桥梁"的"认识、理解与看法"上，然后再结合关键词"自信心"和"名片"给出总结与归纳，形成回答的句式路径："……桥的……（让国人感到自豪并能展示和宣传自己——'体现国人自信心的一张名片'）"。如此才能推出正确的答案：①港珠澳大桥取得了举世瞩目的成就，被外媒誉为"新世界七大奇迹"之一；②港珠澳大桥证明当今中国桥梁建设水平已处于世界领先地位；③从武汉长江大桥到港珠澳大桥，体现了我国科技实力的增强和不断创新的精神。

三、深究题干提问方式的思维指向

要想提高学生的主观题审题能力，必须进行试题分析与研究，即把握题目背后的认知能力、思维方法和表述路径。阅读主观题的题型和提问方式是千变万化的，但不论怎么提问或表述，其题目都有一个核心的考点与能力点，教师和学生要有敏锐的眼光和精准的判断能力来把握住这两点。我们知

---

① 冯渊. 高考语文阅读题设计的规范与创新［J］. 中学语文教学，2013（6）：65－68.

道，高考语文的六种能力源自布卢姆的目标分类。因此，首先我们必须学习布卢姆认知目标分类的具体内容（知识、理解、应用、分析、综合、评价），来区分不同类型的能力点和题型表述，再从目标分类出发，梳理出不同的思维层次，并确认各层次下的子类题型。其次，是用这些能力点去分析题目的指向性与考查点。如果一味地让学生刷题，而不注重对试题的分析与研究，就会陷入机械性、重复性的伪熟练的做题状态中，一旦题型稍有变化，就会不知所措，前功尽弃。

当前，按照《中国高考评价体系》所确立的符合考试评价的三个关键能力群，"知识获取能力群""实践操作能力群""思维认知能力群"值得深入学习，以此来划分不同类型的知识，梳理出不同的思维层次，再去分析不同的题目的指向性与考查点，就能找到答题的思维技术，比如，张开据此所划分出的，"信息性阅读能力"和"文学性阅读能力"，并依次列出的，"在熟悉……基础上，整体把握……"，"能分析……"，"能评价……"，"能评估……"，"能比较……"，"能提出……"，"能感受、想象、体验……"，"能调动……进行审美鉴赏和审美评价"，"对……有所掌握，在了解……基础上，能对……作出合理分析与评价"，"对……有一定的认识，并能够发掘……"①，既结合了关键能力群，又综合了对布卢姆目标分类的能力点。

以此进行具体题目类型的归类、分析与研究，可以把"阅读主观题应该划分为五个动词能力型的题目，即记忆类试题、理解类试题、分析类试题、评价类试题和创造类试题"②。再进行知识点和能力点的情境融合，再辅之以具体题目的呈现，就可以达到以一总多的复习效果和关键能力的训练。例如，2020年全国Ⅱ卷的第6题：贵州省江口县与云南省民族地区的精准扶贫工作内容有哪些共通之处？请结合材料概括说明。题干中的"说明"指向的是学生的"分析"能力，即挖掘两地精准扶贫工作的内在共通关系；"概括"考查的是学生的"理解"能力，即考生用概括性的语言提炼材料中的信息。这样提取题干中的思维扭结点后，在审题指导的过程中有意识地强调与训练，就可以起到对阅读"关键能力"的反哺与提升。因此，依据题干的内容表述，进行考点和能力点的思维指向的归类与训练就是学科素养式的备考策略。其具体策略如下。

---

① 张开. 基于高考评价体系的语文科考试内容改革实施路径［J］. 中国考试，2019（12）：21－26.

② 冯渊. 高考语文阅读题设计的规范与创新［J］. 中学语文教学，2013（6）：65－68.

（一）转换问法

对看似难以理解的题干表达，进行语言机制的转换，让表达的内容更清晰、更明确。比如，2020 年全国 I 卷第 6 题：我国重点投资支持新基建与抗击疫情有什么关系？请结合材料简要分析。可以转换为这样的表达：新基建对抗击疫情的关系/影响是什么？抗击疫情或疫情对新基建的关系/影响是什么？这就把题干隐含的内容充分地揭示了出来，自然也就不难获得答案。

（二）细化问法

所谓细化就是把题干中关键词的具体内容补充出来，以此实现对问题的分解、细化作答。比如，2018 年全国 I 卷第 6 题：小说中历史与现实交织穿插，这种叙述方式有哪些好处？请结合作品简要分析。就可以细化为这样的内容：写了现实中的什么内容或情感，写了历史中的什么内容，两者是怎么交织穿插的，在哪些方面（主题思想、人物形象、内容表达）有好处。化大为小，化大为细，答案也就比较容易组织了。

（三）前置问法

当发问的内容前有较长的导入内容时，就要考虑这一提问的特殊性和暗示性，即在重点梳理前置的内容后，再进行问法的转换或细化，再依据发问词和关键词组织答题方向和句式路径。比如，2020 年全国 I 卷第 9 题：海明威的"冰山"理论将文学作品同冰山类比，他说："冰山在海面移动很庄严宏伟，这是因为它只有八分之一露在水面上。"本小说正是只描写了这露出水面的八分之一。请据此简要说明本小说的情节安排及其效果。这就要先回答：哪些情节是"露出水面的八分之一"，哪些情节是未露出水面的，然后再依据"说明"进行内容上的分析、概括，再把关键词"效果"转换为"作用"来组织答案即可。

《普通高中语文课程标准（2017 版）》指出，"以综合考查作为命题导向，通过综合性语言实践活动，考查学生语文学习的能力和水平"，而加强作为备考重要环节的审题训练，既是提升解题思维能力和语言实践能力的重要途径，也是强化语文核心素养的重要手段。因此，从语言、知识、思维三个维度进行阅读主观题审题的考量与反思，不仅仅是语文备考的重要内容，更是把学生从做题的能力提升到"应对复杂情境，解决非规则、不确定性真实问题的'做事'能力"的学科素养要求。①

第四节　情境备考

一、语境理解与表达：语文教学情境的设计与运用

情境是阅读教学当中经常使用的一个概念，不管是在活动设计还是在文本解读，都要用到情境这一概念，课程标准也把情境作为教学评价的一种方式和载体，当然情境的存在价值就是让学生所学到的知识，能够在一定的条件背景下使用，然后再迁移到新的情境当中，完成能力的提升和素养的改善。如何设置情境？设置什么样的情境？如何依据学生的经验和教学的需要来进行情境设置？这些问题并没有进行深入的研究，很多的情境其实不是学习的情境，更不是学生内心需要的情境，而且有时候和知识能力的关联性也不够强，不管是阅读教学还是写作教学情境的设置应该说都缺少一个学理的考辨反思。

（一）情境是语文学习的载体

课程标准和高考评价体系对情境的分类有所不同，课程标准把情境分为：语文实践活动情境，主要包括个人体验情境、社会生活情境和学科认知情境。并且认为真实富有意义的语文实践活动情境是学生语文学科核心素养形成发展和表现的载体，也就是说这一情境实践活动是学生学习语文的途径，是学生发展语文核心素养的载体。因此情境对于语文学习至关重要。只有在情境中才能发展，才能提升学生语文核心素养。

而高考评价体系中对情境的规定是指上下文情境及问题情境，指的是真实的问题，背景是以问题或任务为中心构成的活动场域。情境活动是指人们

---

① 张开. 基于高考评价体系的语文科考试内容改革实施路径［J］. 中国考试，2019（12）：21－26.

在情境中所进行的解决问题或完成任务的活动。而且根据目前高考考查形式，高考的问题情境主要是通过文字与符号描述的方式及纸笔形式进行建构的，而情境活动，也同样是通过文字与符号的形式进行的，两者的评价方式应该说对情境的规定是不一样的。但是情境这一话题在课程标准和高考评价体系中，一个是发展语文核心素养，一个是进行评价，通过问题情境来进行一个考量，这是两者的区别。不管是哪一种形式，知识的形成过程和知识的检测过程必须都要经过情境来完成。因此情境是语文学习的载体。

（二）情境必须是真实富有意义的语文实践活动

情境首先是真实性的问题，其次是以问题和任务为中心构成的活动场域，这两种表述同时都执行了真实，同时都指向了活动。稍微有些不同的是课程标准，没有说出具体的活动形态，而高考评价体系给出了明确的问题任务，并且是纸笔形式进行作答的形式。这一区别意味着我们的高考评价体系和课程标准是一贯制的，就是在真实的活动当中让学生思考，当然教学当中可以不产生纸笔的条件和生成的现场形式，但高考评价体系必须要完成这样一个评价过程，要答出学生的想法和思考，因此高考评价体系对于情境的考查是以问题形式表述出来，然后学生进行纸笔作答完成，因此一个从理解认知，一个从建构，他们一贯制的就是在这一情境当中完成语文的内化、运用和迁移。情境起到了一个至关重要的媒介、场域的作用。但如何设置好的情境呢？

（三）情境必须是真实、有意义的

不管是设计问题还是设计课堂教学的情境实践活动，都是要符合"真实""有意义"这两点，重视学生的知识认知心理和体验，要依据学生的学科认知的思维方式和程序，要结合学生的社会经历和感受，与真实的学科知识、学习条件、学习环境、学习心态相结合，才能够对学习产生促进作用，能够对学生的核心素养 4 个方面有积极的影响作用。在教学和评价过程中都是如此。只有完成了真实有意义的活动，才能测试出学生的学科核心素养，只有在教学中进行真实有意义的活动，才能让学生投入到学习当中，然后形成可迁移的语文思维，提升学生的语文素养。因此我们一定要把情境结合文本，结合教学的内容，结合语言的理解，结合所教学的点来进行情境设置，而不能任意地拉近情境，更不能设置荒诞夸张的情境来扰乱学生对真实世界、真实社会生活的认知，让他们对生活有一种误读。评价过程和命题过程也是如此，要依据于情境完成对情境的基本理解，真解决真实的有效问题和学科认知问题，这样的情境才是有效的情境建构。

具体可分为根据语句的理解产生，理解情境；根据问题的思考，产生思辨情境的形式根据；根据言语内容的特点和表达的要求，要求学生给出相应的符合情境的表达和语篇。建构这样的情境都涉及情境的场景、活动和任务，使用过程设计巧妙，要依据学生的认知过程、心理体验和语文核心素养。

二、语境化：基于核心素养和评价体系的备考策略

《普通高中语文课程标准（2017 年版）》对"情境"一词共提到 33 次；2020 年 1 月教育部考试中心向社会公布的《中国高考评价体系》规定了高考的考查载体——情境，以此承载考查内容，实现考查要求。这也就意味着，不管是在语文课程层面的核心素养提升上，还是在高考评价体系的考查过程中；不管是在语文教学的内容层面，还是在高考命题的思路层面，情境都是一个重大的语文学习与备考的载体、观念、范畴、概念和策略。这不得不引起一线教师的重视与思考、设计与实践，以此来提高语文教学的效果，提升语文备考的效率。

但需要辨析与明确的是，作为课程和教学层面上的情境、高考评价体系中的情境与备考过程中的情境，其在"性质""类型""目的""呈现方式"上又有着不同之处，即语文教学中的情境是语文实践活动，它指向的是语文必备知识的掌握、关键能力的培养，进而提升学生的语文核心素养；高考评价体系中的情境"指的是真实的问题背景，是以问题或任务为中心构成的活动场域"[①]，也就是以"如何问""问什么"而形成的测试题目；而备考过程中的情境则是指利用典型试题文本而进行的必备知识的网络化建构和关键能力操练，侧重于知识清单的梳理、实践和对考试过程、答题规范的反思与改进，进而帮助学生通过考试与评价的提问或检测，其区别见表 4－2。

① 教育部考试中心. 中国高考评价体系说明［S］. 北京：人民教育出版社，2019.

表4-2　不同层面的情境类型分类表

范围领域	性质	情境类型	目的	一般呈现方式
语文教学中的情境	学习载体	个人体验 社会生活 学科认知	必备知识 关键能力 核心素养	语文活动 学习任务 问答形式 ……
评价体系中的情境	考查载体	生活实践情境 学习探索情境	立德树人 服务选才 引导教学	情境化默写题 篇章语用型题 任务驱动作文 ……
语文备考中的情境	备考载体	知识情境 考试情境 生活情境	考试知识 考试能力 考试素养	一轮复习的知识清单 专题训练的典型试题 套卷练习的规范应用 ……

　　基于在不同的范围领域内，情境有着不同的性质、类型、目的和呈现方式，因此，在高考语文复习备考过程中，既要看清楚"教—备—考"之间一以贯之的"必备知识""关键能力""学科素养""核心价值"的统一性，更要分辨清楚三者之间在情境制造与设计上的区别与差异性。在此基础上，我们才可以更明确、更有针对性地在高考语文备考中利用情境载体来完成符合课程标准和评价体系的"素质化"应试，"从死记硬背的做题功夫向做人做事的能力转变"①。

（一）语用性与综合性的知识情境

　　总体上看，高考语文备考的复杂性与综合性是天然的学科属性，语文试卷上几乎每一道题目都是一个全息的语文内容学习，都可以从各个角度和层面来进行言语学习、思维提升、审美鉴赏、文化传承的训练。因此，高考语文的备考要紧紧地抓住语文学科的属性特点"语用性""综合性"来推进，把"必备知识"和"关键能力"融入"知识情境"中，形成知识清单，并

---

　　①　中华人民共和国教育部. 普通高中语文课程标准（2017年版）［S］. 北京：人民教育出版社，2017.

实现知识清单的条件化、集中化、网络化、结构化、系统化，过好知识关，练好基本功。

1. 用情境包裹知识

教师在语文复习备考的过程中要突出语用性和综合性特点，主要体现在复习材料的选择或开发上和在题目训练及试卷评讲的过程中，要围绕语用性和综合性进行总结与归纳，再进行思维上的调整。比如，语言文字运用板块的"得体"这一必备知识，教师尽可能地要把所有关于得体的表达词汇进行汇集、分类与整理，然后把这些表达词汇融入一个篇章中，取名为《一篇文章弄清楚表达"得体"》，再让学生进行阅读、理解、订正与掌握，这样的复习效果就会趣味横生，事半功倍。如：

> 作为李老师的高足（敬辞误用，不能用来称自己，改为"学生"），一直以来，我学习成绩显著（对象误用，改为"优秀"），深受各科老师的敬仰（敬辞误用，改为"垂爱，俯爱，喜爱"），王老师慧眼识才（敬辞误用，不适合用于自己，改为"承蒙王老师抬爱"），还让我做了课代表，我作为王老师的一个莘莘学子（语义错用，众多学生。前面不能再加上表数量或范围的词修饰，改为"一个学生"），果然不孚众望（语义错用，改为"不负众望"），考上了理想的大学……

不仅得体这一必备知识可以使用这一形式，像文言实词的复习也可以使用。曾经流传网络流传比较广泛的《乌有先生历险记》《吴樘传》都是比较好用的情境包裹文言实词的篇章。当然教师也可以根据学生的具体情况或复习需要自己撰写内容，笔者就曾改写过一篇两千多字的文言传记《余拙小传》，几乎囊括了一百二十个实词和大部分必修教材的文化常识。如：

> 余拙，字敏之，十岁能属文，从弟愚，字慧之，昆仲俱有令名。弱冠，举孝廉，不就，后州郡数辟，皆不拜，曰："吾侪边鄙野人，唯读书是务。"躬耕于江左，不欲与俗人齿，乐与高士游，人以达士目之。年且三十，朝廷强征，除番禺令，稍迁广州别驾，寻知广州……

2. 思维导图型知识

在其他学科的备考中，如历史、政治、地理、生物等，使用这一策略形式的较多。如果在语文学科的复习备考中也使用思维导图，则可以发挥其对知识网络化、系统化、视觉化的表达效果，让学生一目了然。而且这一形式不仅可以梳理陈述性知识，还可以转换为程序性知识，让学生对各板块的专题内容和各种题型的答题思路进行思维的视觉化，使知识清单更具有程序性、操作性与实践性。如在文学类阅读专题复习的过程中，可以根据文体知识、命题方向、答题思维、常用术语等，把小说的阅读知识、各种题型进行归纳，形成思维导图，建立起对小说阅读、散文阅读的答题知识大视野。

其中，就"小说人物塑造"这一必备知识的考查点进行思维导图处理，可以分列出"概括人物形象""分析形象作用""赏析塑造形象手法"等层面；再分别分列出"提问方式""思考方向""答题思路"等三级知识；接着再进行具体的提问形式整理、内外与正反方面考量、要点及表达形式等四级知识的梳理。最终把这一必备知识形成一种网状、系统的知识图谱，转变成一种程序性知识。

此外，对某一重要的多义项的文言实词进行复习，也可以采用这一形式，让学生对各义项进行思维导图化、系统化的知识整合。如，"干"这一个实词，象形字，古人用尖利的树杈为武器进行狩猎、格斗。本义，盾牌，武器；人在盾牌的保护下，便能往前冲；由于往前冲，像是在进犯，故而引申出冒犯、冲犯；往前冲，似有所求，如求得战争的胜利，故进而引申出求取之义；因盾牌的防卫，又引申为岸、水畔之义，关涉义。后来表示干燥义的"乾"，事物主体部分的"幹"，都简化为"干"。这样就可以根据语义之间的演变关系，梳理并画出语义演变图。

（二）任务性与程序性的考试情境

高考备考，是一种校准性、评价性的学习行为，带有明确的指向性、目的性和评价性。因此，这一学习形式有着独特的行为范式和思维范式，在"情境"这一范畴上，体现得非常明显、突出，带有鲜明的"应试"属性，而任务完成、程序操作是其突出的特点。作为相对而言知识体系性薄弱的语文学科，其高考备考常常被人为地降格，理解成"全靠素养"和"不断刷题"两个思维极端。其实，如果结合核心素养和高考评价体系，从考试情境这一角度重新理解备考行为，可以发现"关键能力"是三者共通的核心要素。

1. 教师多开发考试程序性知识

语文学习体系中的关键能力在高考备考过程中，主要体现为学生运用程序性知识完成以"能力立意"的题目任务。因此，备考过程中提升学生的关键能力的逻辑程序是先建立必备知识的网络化、结构化、系统化，再在考试情境中进行题目的专项训练和综合训练。这就要求学生具有大量的程序性知识，并要不断地经受考试的检验，在反复地调试与调整中完成语文教学中的关键能力的提升，如"语言解码能力""阅读理解能力""信息推断能力""审美鉴赏能力""思辨能力""构篇能力"等。

其中，进行诗歌鉴赏板块复习时，学生对诗歌语言的解读能力是关键能力；解读命题语言、提炼答案要点、整合答案要点、进行规范性答案表述也是关键能力。因此，在备考诗歌鉴赏环节可以就此两项关键能力进行任务性与程序性复习，以此来形成考试情境，在考试实践中完成关键能力的提升，并最终完成学科素养的积累。具体做法是，教师可以选择几十篇不同的诗歌题材与体裁的文本，进行分类、分层、分点，布置成学习任务——翻译诗歌语句，明确强化学生的诗歌语言解码能力和整合能力；再进行各种专题性的试题模型提炼，设计出"问—答"的答题思维程序，进行"实践操作能力训练"。如，综合各种题干表述及类型，可归纳为：①重点字词：××句中×字用得传神，请找出来，并说说这样写的好处。②关键语句："××"蕴含了怎样的思想感情？运用了哪种表现手法？③诗词意境：请简单描述画中应有的景物。这幅画里呈现出什么样的气氛？④表达技巧：请从××的角度赏析这首诗。⑤思想感情：这首诗表现了作者什么样的思想情感？请简要分析。⑥风格流派：请指出这首诗的风格特征，并做简要分析。⑦形象分析：两首诗中××的形象有什么不同？⑧构思结构：从××角度看，这首诗歌写了几个层次？请简要分析。⑨语言艺术：联系全诗，赏析××句的表达效果。⑩典故运用：××句中的××是什么意思？作者是怎样表达"××"的？

再根据学生在答题语言上存在的不规范情况进行校对与改进。如：鉴赏术语不够、不准的情况，说明学生在答案表述上缺少基本的鉴赏语汇和概括、分析的表达能力；答案长度和位置不精、不正的问题，说明学生在作答的时候，没有形成不规范意识；答题语言前后不一致，表述有逻辑矛盾，说明试卷交际语言表达上存在问题；等等。

2. 多让学生体验能力生长变化

既然关键能力是语文教学、评价体系和复习备考的中枢，因而从备考的角度进行关键能力突破和提升，应该是整个复习备考的重点。具体可以从两个方面开展，一是在具体的复习板块上明确"关键能力"是什么，再把脉学生的薄弱点，找到关键能力的提升点，然后设计任务，进行复习、提升；二是归纳题目的指向和任务，建构规范的答题程序、答题思维，然后在具体的题目训练中进行思维建模，完成从套路到思路，从思路到规范，从规范到思

思维技术与教学艺术
核心素养取向的高中语文教学实践

维的答题能力提升。也就是说，既要找到复习板块的关键能力，还要明确在具体考试情境中的关键能力，前者就属于"以认识世界为核心的知识获取能力群"，后者就是"以解决实际问题为核心的实践操作能力群"。

此外，还可以尝试让学生命题，如对罗文发的小说《看萤火虫去》进行各种题型的命题，从"小说的次要人物""重要句子含义""结尾""标题""主旨""段落的作用""人称的作用""情节的设置""艺术手法""线索""结构、构思""内容""意蕴的探究""环境"等小说考查的角度进行设题，并给出相应的参考答案，让学生自己感受在考试情境中形成从必备知识到关键能力的联动与运用过程。

（三）真实性与典型性的生活情境

2019 年全国八套高考语文试卷以及 2020 年山东、海南高考适应性语文测试卷中有大量的依据生活情境的题目，都明确指向对学科素养与核心价值的考查，考查学生在具体的情境中所表现出的"学习掌握""实践探索""思维方法"。这也正符合语文课程性质的表述，"引导学生在真实的语言运用情境中，通过自主的语言实践活动，积累言语经验，把握祖国语言文字的特点和运用规律，加深对祖国语言文字的理解与热爱，培养运用祖国语言文字的能力"①。

因此，在备考的过程中，要多以真实、典型、具体的语文实践活动为载体，让学生在特定的情境中完成现代文阅读、古诗文阅读、语言文字运用和写作任务。比如 2019 年天津卷的第 20 题：下面这首诗曾获某杂志主办的征文大赛一等奖，请品读该诗，说明获奖理由。要求：不少于 3 点理由，100字左右。（6 分）这就是一道依据真实与典型的生活情境而考查学生学科素养的题目，它要求学生在日常的语文学习中有相关的积累，"能够在正确的思想价值观念指导下，合理运用科学的思维方法，有效整合学科相关知识，运用学科相关能力，高质量地认识问题、分析问题、解决问题的综合品质"②。

当然，语文学科素养的考查主要还是体现在写作任务上，如 2019 年全国 I 卷的作文题就强化了对写作教学的应用导向，要求考生结合特定历史背景，以特定身份、特定文体完成写作任务。这就要求在备考的过程中，对作文的备考必须多从真实、典型的生活情境入手，从"能够体现出核心价值引

---

① 教育部考试中心. 中国高考评价体系［S］. 北京：人民教育出版社，2019.
② 张开. 情境化试题设计在高考语文中的使用［J］. 语文建设，2018（8）：4 - 9.

领作用的问题情境"出发，"以学科素养为导向确定关键能力"，"以学科素养为导向确定必备知识"。因此，写作部分的备考策略为，对结合社会生活情境的作文题目进行分类训练、分点突破，划分出"事件类""事理类"等材料类型，梳理出写作的必备知识与关键能力，形成"由此及彼，联系现实"的写作结构，建立"立足于现实，依托于情境，归结于'说理'"思维程序。

比如，上海格致中学高翀骅老师依据热点事件——冯小刚的《十问崔永元》，设计了两个任务情境：①如果你是《咬文嚼字》杂志编辑，主编说《十问崔永元》是一篇逻辑问题较多的文章，要求你为中学生读者写一篇文章进行分析，你将如何分析？②你是自媒体"认识中国"的编辑，你听说主编得知冯小刚发布《十问崔永元》后，希望在媒体平台上推送此文以扩大自身影响，你不同意这样做，你需要如何说服主编？[①] 这就是一种依据生活情境进行分点写作训练的方式：依据生活事件——冯、崔之争；明确任务指令——找到《十问崔永元》的逻辑问题；指向写作的关键能力——劝说的相关技巧，发现问题，解决问题，在交际语境和多维度的比较中形成说理。

结合生活情境的分项训练和分点训练，是为了通过情境的设置，将学科知识结构转化为学生的认知结构，让学生通过学习活动，去自己建立对知识的结构化认知。[②] 对写作备考而言，真实性、典型性的生活情境就是提高学生语言表达能力的话题刺激与典型任务，就是训练文体思维的写作支架与典型知识，就是培养语篇构造能力的思维指向与典型建构。

此外，在进行分项训练和分点训练的基础上，还要在写作过程中进行分项评分备考，聚焦写作的关键能力，如"思维模式""结构安排""素材积累""段落打磨"，让学生明确写作的具体评价点。比如议论文，在"思维模式"上，可以根据"观点是否明确""思想是否深刻"来打分；"结构安排"上，可以根据"论证是否有条理和逻辑"来打分；"素材积累"上，可以根据"论据是否充实"来打分；"段落打磨"上，可以根据"语言是否流畅、得体"来打分，以此强化学生对情境的关注与理解。

《普通高中语文课程标准（2017版）》将情境分为：个人体验情境、社会生活情境、学科认知情境，这是就阅读文本或内容而言的，是连续性文本或非连续性文本所提供的材料与阅读者之间的关系属性。高考评价体系中将情境即问题情境，分为"生活实践情境"和"学习探索情境"。在命题的过程中，命题者要依据阅读文本或内容进行设问，将阅读转化为问题，创设出

---

① 徐飞. 写作情境任务的理解与设计 [J]. 语文教学通讯，2020（10）：58–60.

② 王宁，巢宗祺. 普通高中语文课程标准（2017年版）解读 [M]. 北京：高等教育出版社，2018.

任务情境、问题情境和探究情境，这是就所提问题的表述而言的，是纸笔所要完成问题的任务属性。

最终，在备考的过程中，学生要依据于平时教学所学和积累进行考试准备，要把阅读文本或内容的情境和考试问题表述的任务情境再进一步转化，转化为个人化的知识情境、考试情境、生活情境，这是就考生如何作答层面而言的，是考生用纸笔所书写出的答案内容属性。其整个逻辑就是，"语文学科命题实践中，一般是先提供若干个内容有关联的连续性文本或非连续性文本，构拟出个人体验、社会生活、学科认知等三种情境中的一种或多种情境；在此基础上，再设计若干典型任务，通过阅读与鉴赏、表达与交流、梳理与探究等三项活动，来检测学生语文学科的核心素养"①。

第五节　命题备考

一、高考评价体系引导下的命题

高考评价体系是综合高校选拔人才、高考命题、引导教学的政策文件。它不仅仅是一个评价的体系，还是推动教学改革的理论体系。因此，深刻理解高考评价体系，才能真正地在教学层面上完成评价的标准和要求，在教学改革上才能符合国家的课程改革趋势，达成对人才培养的条件。作为一线教师来说，从教学的角度如何落实高考评价体系，这是一个核心重要的工程，也是一个教学理念的认识与实践。如何依据高考评价体系命制出高质量的、能测评出学生学科素养和核心价值的语文题目，显得尤为关键。从这个角度上讲，语文教师应该从三个方面落实好高考评价体系的命题导向功能。

（一）依据关键能力，设定情境化的问题

每个题目都有不同的指向和任务要求，这一指向就是能测试出学生的关键能力与核心素养。在试题的材料设置和问题设置上如何更好地聚焦学生某

---

① 冯渊. 情境化背景下的高中语文命题研究 [J]. 上海课程教学研究，2019（7）：62–66.

一关键能力是命题当中比较关键的要素。任务的设定要依据学生的认知和生活进行，并提出文体、思维、核心价值方面的任务，以任务来评价，以评价来推动教学改革。

比如，在进行作文命题时，依据学生的生活事件：对于校园里边的流浪猫，应该是驱逐还是采取别的方式，让学生发表自己的看法。这一作文材料就立足于学生的生活实际，在写作过程中，既要选择自己的观点，更要写出对生命的认识、尊重的核心价值。这一核心价值需要学生在生活中进行反思和评价。再比如，对于儒家学说的君子之道、彬彬有礼的思想内涵，有学生认为如果在现实生活中严格遵守这些，恐怕他连公交车都挤不上去。关于这一话题的写作，就可以测试出学生能否知行合一，还是说该挤的时候要挤。这一类作文材料就能很好测试出学生的核心价值。

无情境，不命题，这一命题思想在高考评价体系以及高考试题当中体现得比较明显，因此，在日常的作文题目命制时一定要立足于情境这一背景，让学生从情境的角度来理解作文题目，才能真正地测试出学生的写作关键能力和写作关键知识。教师在命题的时候也要有意识地用情境来表述，可以是学科认知情境、社会生活情境、个人体验情境。当然，从学生的写作兴趣激发的角度和思维刺激的角度来看，更多还要立足于学生的生活情境和社会情境，在其中融入学科认识的问题，这样才能把情境比较好地融入题目中。

（二）丰富思维内容，训练学生的思辨力

立足于情境的命题，还要设计不同思维层面的内容，比如通过矛盾冲突、立场选择、观点思辨等，让学生在情境中思考背后的问题，这样就可以测试出学生的思辨力，展示出学生的思考力，训练学生的思维能力。这样的题目既新颖，又可以让学生有兴趣写，而且也能测试学生的盲点和不足，这样的训练才是指向学科素养与核心价值的题目。比如，起一个作文题目不仅仅是完成作文的训练的载体，更是让学生在这一作文训练的过程中有所认知觉察，分析能力提升的形式。依据学生的写作问题而设置相关的写作关键能力，这一点尤为关键。

训练的题目一定要有明确的题型，而不能是零散的、随意的，最好能形成相关专题类型，让学生不断地集中自己的思考，对某一话题多角度深入地反思和表达。同时，还要加大对题目的修改与过程指导，学生写完某一题目之后要有意识地进行修改反思。充分利用题型的内容和层次进行变式训练。题型的训练是一种思维类型的训练，是对某一话题问题不断地反复思考的训练。教师在训练的过程中要强化过程指导，让学生不断思考回答问题的思路

与角度，以此形成回答问题的类型化思维和结构化思维。

（三）命题的形式和类型要具体化、多样化

命题的主体不一定都要是教师，也可以是学生，甚至是小组。全班头脑风暴式的命题，可以让学生体会提问的方式、形式和类型，以及答案的设定。以此理解每一次的问答都是一次理解与分析的对话。比如，让学生进行作文命题，每一道命题的背后都是一个生活的尝试，都是一个人生思想的经历，也都是对生活价值的一种反思。其中的命题材料中还包含必备知识、关键能力、学科素养以及核心价值的关联度。通过这一形式的体会，学生就更能明白该如何在考试时回答问题了。

备考过程中通常所采用的专题训练，也要进行形式和类型的优化，应该从题目走向题型，从题型走向类型。通过改变条件、角度和提问方式，丰富学生的表达途径和认知宽度。比如，关于作文题目，就可以设置材料作文、命题作文、话题作文以及时评作文等不同的类型，让学生进行写作训练。命题的形式上要从单一化、单面化、模式化走向综合、立体、复杂等题目形态上，让学生从学科和生活多个角度来完成答题，用笔来表达自己的思考，并积累学科的必备知识，靶向关键能力和学科素养。这样的题目训练才是指向学科素养与核心价值的。

二、语文教学中的情境是什么

语文教学中的情境，不仅是问题情境，更是学科探究的情境，也有可能是一种生活情境。设置情境的目的是结合学生的生活来引出问题，激发学生的思维。不管哪一种情境，一定要是立足于学生真实的生活观念，让学生感受到这一情境当中的语文问题，并通过这一个问题的解决体现学生的语文能力，或者让学生在完成任务中评价自己的语文学习情况。因此，语文情境必须是语文表达的需要，是一种兴趣情绪的激发。语文的情境不同于其他学科的情境，如在阅读教学中，情境跟语境、背景密切相关，即通过一定的语言内容和社会背景，体会语言的奥妙和要义。

（一）语文教学中如何设置真实情境

情境的设定没有定法，但其核心的指向就是为了完成语文的学习，让学生在情境中解决问题、完成任务，实现语文能力的训练。情境的设计，既可

以从目标、活动和具体的任务层面上分别设置，也可以一以贯之让学生通过一个整体的情境任务，再分解出不同的子任务和小活动，最终完成语文思维的训练。

比如，有教师在教学《苏州园林》时，设计一个图文内容的公众号的任务，让学生当编辑或者序言的编写者，并推向特定的人群，让他们来了解苏州园林的美和特点。其中，推文要能展现苏州园林的不同形态和特点。这图文内容就是基于文体思维下的学习情境的设置，在这一情境中又分别列出不同的小活动和子任务。这样一种设计方式就是一种情境的深入和分解，让学生在分工合作的过程中，完成任务，并完成对文章的理解。这就是在阅读教学中所使用到的情境设计。

（二）情境教学中如何进行表现性评价

评价情境的方式主要是根据学生的表达效果和学生的呈现状态进行评价，具体包括对问题的回答、对答案的分解，给出相应的修改和认可，这是学习性评价；也可以进行学习的评价，即根据学生的学习状态和学习过程，对于其表现给予评价，比如根据设定好的评价量表，对某个同学的回答或表达给予等级或分数的评定；还可以让各种小组或者其他同学相互评价，学着去评价别的同学，学着去给别人提出更好的修改意见和评价方式，以此来改进学习的思路或方式，这种称之为学习式评价。

主要还是从教师层面进行评价，教师根据学生回答所设置的问题进行评价，通常的方式是通过对学生纸笔回答的完成情况和回答的质量进行的分数或等级评价。这几种评价方式相互结合，可以让课堂通过评价来推动学生语文思维的发展。学习的评价是情境问题回答中的评价，是对学生表现过程的评价。只有通过评价才能规范教学内容的设定与评定教学目标的达成与否。从评价这一角度来审视课堂教学，让教学评价、情境学习和教学内容相互关联进行一体化思考，这是新课程提出的重要方向与思路，也是一线教师改善教学生态、提升课堂效率、锻炼关键能力、培育核心素养的新路径与新思路。

三、教学答案：高考备考的思维中介

在高考语文的备考过程中，练习是必不可少的环节，讲评练习试卷更是必要环节中的必要内容，但如何在讲评的过程中使用参考答案，这是一个常常被忽略的问题。一般教师评讲试卷，常常是拿到试卷之后看答案，然后再从答案推导出讲题的思路，应该说这是一种不太正常、不符合学生考试情况的讲题思路，而应该是通过先做题，后分析答案，再做题，修订出教学答案，进行这样一个来回才算是基本完成做题的过程。在这一过程的基础上，进一步思考出需要评讲的教学答案。

教师讲题环节的主要内容是利用教学答案对学生进行做题思路和思维方向的规范和指引，并让学生最终形成做题的程序模式、基本的解答思路和稳定的答题经验。这其中比较重要的环节就是，教师要通过自己的解题思路制定出比较合理的教学答案，完成教学答案对学生的思维匡正作用，最终完成解题思路的调整和思维教学备考。

（一）教学答案指向的是学生的解题思路

试题的教学答案是一种教学支架，是为了学生更好地理解题目、完成作答，并给出具体的方式和思路。教学答案的制定依据是教师的经验把握和专业素养，因为有些答案可能标准太高无法成为学生的考试答案，其思路和凝练句子所需的能力是学生无法达到的；有的答案，缺少基本的角度和支架，学生也无法写出这样的答案。教师要根据所给的参考答案进行重新制定，让答案的规范性、思维指向性，甚至答案和提问之间的呼应性展示出来。

教学答案更多是一种思路的展示和对某一题型分析的标准化展示，以此让学生有迹可循，有章可循，有法可依，慢慢形成良好的解题思维、解题程序，而不是一味地追求那种看似准确实则难以到达的答案。比如语句补写题，很多参考答案太过完美，学生是答不出来的，也很难理解参考答案和题干之间的关系。这个时候教师就要勇于给出教学答案，让学生能够通过教学答案完成对题目的理解。教师的教学答案是学生学习或试题中的支架，而不能仅是考试的结果。

在阅读教学、作文教学中也都有教学答案的存在，比如问答式的教学，都是在回答问题的过程中完成的，而教师对学生回答的评价正是依据教学答案而给出评价的表现。这也就是为什么要追求教学答案的原因。不管是在阅读题，还是作文题中，都有灵活多样的教学答案。这也是语文学科考试越来越灵活，越来越生活化的一种思路。这种变化呼唤着教师要能给出更有价值导向、能力导向和知识导向的教学答案。这也是教师专业发展的组成部分和教学内容的着力点或重要内容。

（二）教学答案有助于知识和能力的提升

答案是对试题问题的回答，更是试题评价的参照对象，但答案的构成要有科学性，并具有指导学科答题的功能。教学答案要能够体现出学生的知识掌握情况和理解情况，还要能够体现出学生的思维水平和能力要点，而不能变成无法到达的高度。因此，教学答案更多的是对题型的归纳、学生考场思维的匡正和厘清。修订答案时，教师要依据学理和评价标准进行修改，要能经得住检验，尤其是知识和能力的检验，不偏不怪，让答案成为知识点学习的方式，并能看出学生思维局限或审题的盲点，以及作答规范的不足，最终指向课内知识点的巩固和迁移。

教学答案包含着知识和能力，还包含了思维表述的规范性，和题目一起构成语文知识、语文能力和语文素养。没有教学答案的备考是一种被动的备考，也是一种消极的备考，而不制定出教学答案的备考是一种随意盲目的备考。在高考备考过程中，既要立足于参考答案，又要改变参考答案，最终产生有教学评价的意识和观念的教学答案，让备考过程变成评价的过程，变成一种思维指导过程，变成不断学科化、规范化的过程。

当然，教学答案的设定和题型的设计有关，答案、题型和命题三位一体，什么样的题型，什么样的问题，什么样的答案，在备考过程当中这是一个闭环系统。作为一个成熟备考的语文教师，必须能够很清晰地看出题目的知识点指向、考察能力的检测以及素养的评价角度。在试题评讲过程当中，必须立足于对参考答案的分析，根据学生的答题思路，进行评价，并给出教学答案。从对学生答案的评价到给出评价的答案，这就是在评价过程中不断促进教学的内容和目标、改进教学的评价思路。通过这一评价形式来促进学生在某一方面的提升和改进，让考试变成能力的提升过程和训练的着力点。

四、作文命题：作文备考的情境载体

作文题目一般可以分为三种类型：第一类是日常的写作题目，即通过日常的作文题目写作来完成作文教学内容的推进，让学生通过一定的题目来进行限制性考场性写作，学生通过这个题目训练暴露自己的写作问题，教师再以此设计教学内容，提升学生的写作能力，甚至包括考场的作文能力，这一类型是作文教学的基本内容，也是我们日常作文教学的抓手。

这样的作文题目一定程度上能检测出学生的写作问题，但是其指导效果应该说还不够具有针对性，而且有的时候也会让学生厌倦。因为这一类的作文题目往往大而空，且远离学生的生活，学生的写作缺少一定的兴趣。因此，教师必须对这一类的作文题目进行改造，话题尽量贴近学生的生活，符合学生心理，切中学生的痛点与困惑。教师在高考备考的过程中尽量让作文题目从日常价值思考、写作知识和写作能力训练出发，多创制一些学生愿写、乐写、爱写的作文题目。

第二类是考场作文题目。这一类作文题目主要是大型模拟考试的题目，它不同于日常的作文题目，带有一定的宏观性、主题性，当然其主题也是紧扣学科素养、核心价值的。纵观这几年的高考作文题，可以看出这样的作文题目一般不会局限于生活的细节层面，多数是从主题思想的角度来考查学生思辨的能力。在进行作文必备知识、关键能力和学科素养评价过程中，评价学生的核心价值，以此完成立德树人的教育目标。

观察大型模拟考试的作文题，它们的思想深度、话题的高度往往都高于生活，考查学生的思考能力和核心价值观。这类作文题目，可以让学生从生活情境层面去关联与思考，而不用强制学生从宏大、宏观的国家、国际角度去思考。和前一种作文题目不同的是，这一类的作文题目要有一点拔高意识和主题思想意识。它们不同于用于日常作文教学旨在发现学生写作问题的作文题目，从某种意义上来说，高考作文大都是这一类的题目。只有正视考场作文题目的这一类型和限制，才能很好地完成作文教学备考。

第三类是课外作文题目，也可以称之为随笔的作文。根据学生的兴趣或者阅读的范围，让学生自主或者半自主式写作。给予一些话题材料，甚至提供一些引发讨论的实验思想等，然后让学生完成写作。这一类作文题目主要是激发学生的兴趣，培养其心性，让学生能够在写作中表达自己，感受自己，这类作文是自由释放式的写作。它主要体现学生的个性和自由度，使学生不断地感知、运用语言的趣味和审美，在不断的释放中完成思想上的提升与升华。这一类作文题目常是学生爱写的随笔、日记、周记以及读书杂记等。其文体也比较自由，当然这一类的作文题目，更多的意义上不是评价式的，而是一种学习式的。

三种形式的作文题目，其功能各有不同。这一分类的目的主要是为了更好地完成各自的功能，只有明确每一类作文题目的不同功能，才能更好地布置相应的作文题目，完成相应的作文训练。当然，三种作文题目类型之间也是可以动态发展的，比如尽量让日常作文教学的题目材料取材于学生的随笔，取材于日常课外写作的想法和表达，让教学走向更真实，让真实成为教学的内容，激活学生的生命表达欲望和自我言语的习惯与兴趣。

日常的作文教学题目也可以从作文主题上进行慢慢的扩大和提升，当把日常的学习烦恼、人际关系、家庭矛盾，慢慢地转向某一社会问题、社会现象，甚至对某一抽象思想概念进行深入理解时，日常的写作题目也就衔接了大型考试的作文题目。从关注自己的内心，到不断地关注他人、社会等宏大话题，这本身就是学生应该不断思考并发展的必然逻辑。因此，这三类题目的关联可以推动作文教学内容的不断改进和提升，使作文题目更具课程价值。

第六节 试题评析备考

"思维发展与提升"是语文核心素养的一个方面，《普通高中语文课程标准（2017 年版 2020 年修订）》（以下称"课程标准"）强调"语言文字运用和思维密切相关，语文教育必须同时促进学生思维能力的发展与思维品质的提升"。下面以 2021—2022 年全国高考作文试题为例，分析高考作文试题在关注思维素养、核心价值建构方面的表现，为在语文教学中落实"思维发展与提升"这一要求，提升学生语文核心素养上提供一定的思路。

一、思维发生：高考作文试题的现实关注

综观 2021—2022 年全国高考作文 8 道作文试题，所有的作文题目都是取材（或改编，或折射，或类比）于现实问题或现实话题，进而让高考作文试题达到情境载体创设"引导教学"与学科素养评价"引导教学"的功能指向。

比如"有为人物""双奥之城""百年党史"等作文材料的主体内容直接就是取材（或改编）于现实事件或现实话题。而那些没有直接引入现实事件或现实话题的材料主体，其基本都要求"以上材料对我们颇具启示意义"，依然需要把话题引入到现实事件或现实话题中。而且所有的作文题目或明确或隐藏的对象都是青年学子，任务和要求也基本都是对于自我成长和时代、社会、民族、国家关系的思考，见表 4-3。

表 4 - 3　　2021—2022 年全国高考作文试题表

试卷	作文材料内容	现实问题或话题
2022 全国新高考 I 卷	围棋三手	青年的发展与创造
2022 全国新高考 II 卷	有为人物	青年的选择与创造
2022 全国甲卷	匾额题名	青年的化用与独创
2022 全国乙卷	双奥之城	青年的跨越与超越
2021 全国新高考 I 卷	体育之效	青年的自我发展
2021 全国新高考 II 卷	传统文化	青年的自我认识
2021 全国甲卷	百年党史	青年的责任担当
2021 全国乙卷	传统文化	青年的人生理想

因此，关注现实、思考现实、提炼现实，从而形成概念化、思维化的现实，是高考作文题思维发生的动力起点。这种以现实问题或话题为思考对象，以对现实的理解为自我理解基本任务和建构内容的写作话题与对象，是高考作文题的思维起点与动力源。此外，在这一思维发生机制的背景下，现实话题或问题显然也是"引导教学"的情境与载体，让思维有生发的可能，让学生的思维从设定内容的地方生长出对生命和价值的理解、感悟和思考，这就是高考作文题对思维素养考查的最外在、最直接的层面。在考场作文评价过程中，对所谓的"切题""符合题意""结合材料"等任务完成情况的评分，就是对这一思维发生肯定的分数表达。

二、思维过程：高考作文评价的素养维度

高考作文题目对于思维素养的关注与灌注，不仅体现在思维发生的对象——现实问题或话题上，还着力于对思维过程的考查上。而且高考作文题目中的思维素养考查不仅体现在思维的角度上，还体现在思维的深度和思维的厚度上，尤其倚重对辩证思维能力的考查。

比如，2022 全国新高考 I 卷的"围棋三手"这一道作文题，对本手、妙手、俗手不能平行、并列或顺承地理解这三者的关系，而是要转化为本手、妙手、俗手之间的内在逻辑关系，即要把本手作为核心，把妙手和俗手分别作为互相对立的两侧。在正面的条件和情况下才能转化为妙手，而在负向的条件和情况下，则可能转化为俗手，见图 4 - 3。

这样的思维过程就是比较的、立体的、高阶的、辩证的。因此，对这富

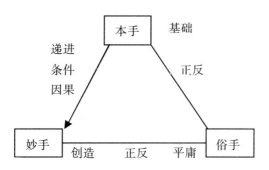

图 4 - 3　"本手""妙手""俗手"思维逻辑图

有思辨内容的考查，既是对思维过程的评价，也是对思维能力的评价，更是对思维素养的摸底。这正符合高考评价体系中"一核"的"选拔人才"功能要求。

此外，使用什么样的文体形式来呈现这一思维方式和思维过程，又是另一层对思维过程——文体思维——的考查。正如孙绍振教授所说："从这里，我们可以看到中国高考作文命题历史性的新特点。第一，主流导向是议论文。第二，今日之命题的议论性，其基本要求就是从感性上升到智性，从学生直接经验上升到与间接经验的想象高度结合。在此基础上，才能升华到辩证法的理性上来。"

如何体现议论文的结构特点和文体样式特征，这对于考生来说是一个不小的挑战，因为如果考生缺乏智性、理性思维基本能力，当拿到"围棋"这样超越生活经验的题目时，即使能勉强为文，也难免浮皮潦草。而作为一篇素养评价立意下的考场作文，势必要求考生要用自己的思考把这一文体思维呈现出来，包含对概念的界定，对关系的思辨，对生活实际的关联，对价值判断的建构，等等。而这一文体思维中有直观而突出的言语标志与表达，比如篇章结构、层次关系、段落组合、语句构成、词汇选择等则都会成为思维过程的评价要点与细则。

三、思维结果：高考作文导向的思想培育

高考作文写作，从本质上来说就是在思维对象限制的情况下，通过思维过程的发展和掘进，达成某种价值的理解与判断、建构与表达的思维结果。所以，价值是思维的结果或成果，思维是价值的结构或质地。因而，高考作文立意于思维过程的关键能力和思维结果的"核心价值"的考查与评价，这既符合于《普通高中语文课程标准（2017 年版 2020 年修订）》与《中国高

考评价体系》立德树人的核心价值要求，也符合中国学生发展核心素养的三个层面、六个维度、十八个角度的素养发展目标。

分析 2021—2022 年全国高考作文试题中"现实话题""核心思想""思维过程"这三者的关系，可以看出高考作文对核心思想和核心价值的培育是不断重复和强化的，见表 4 - 4。

表 4 - 4　2021—2022 年全国高考作文试题思维分析表

试卷	双线		
	现实话题与核心思想	表达交流的思维过程（情境应用表达与批判性、辩证思维）	
2022 全国新高考 I 卷	围棋三手与发展创造	主题思辨文章	关联启示　辩证思考
2022 全国新高考 II 卷	有为人物与选择创造	主题思辨文章	关联比较　推理辩证
2022 全国甲卷	匾额题名与化用独创	主题思辨文章	关联启示　对比思考
2022 全国乙卷	双奥之城与跨越超越	主题思辨文章	关联追问　推理辩证
2021 全国新高考 I 卷	体育之效与自我发展	主题思辨文章	关联启示　辩证思考
2021 全国新高考 II 卷	传统文化与自我认识	漫画理解文章	由表及里　推理辩证
2021 全国甲卷	百年党史与责任担当	主题思辨文章	关联追问　辩证思考
2021 全国乙卷	传统文化与人生理想	主题思辨文章	关联追问　辩证思考

在具体的题目设定中，核心思想与价值主要是通过所给定的话题展示出来，比如：有位科学家强调，实现北斗导航系统服务于各行各业，"需要新方法、新思维、新知识"。她致力于科技攻关，还从事科普教育，培育青少年的科学素养。有位摄影家认为："真正属于我们的东西，是民族的，血脉的，永不过时。"他选择了从民族传统中汲取养分，通过照片增强年轻人对中国文化的认同。有位建筑家主张，要改变"千城一面"的模式，必须赋予建筑以理想和精神。他一直努力建造"再过几代人仍然感觉美好"的建筑作品。

通过对这样新时代人才的精神面貌和风采描述进行思维分析，而引导青年早立志、立大志，践行"强国有我"的誓言的思维结果——核心思想和精神价值："坚定理想信念""厚植爱国主义情怀""加强道德修养""增长知识见识""培养奋斗精神""增强综合素质"六维共进和"德、智、体、美、劳"五育并举。

像"本手、妙手、俗手"，巧妙类比，也是意在启示一线师生，基础不是知识的简单记忆和技能的机械训练，而是对基本概念和规律的掌握融通，阐明目标远大和磨砺功夫、基础扎实和创新创造的辩证关系，引导学生遵循获取知识和养成能力素养的基本规律，筑牢根本，守正而后创新。

四、思维价值：语文学科素养的精神向度

通过2021—2022年高考作文试题的分析，还可以进一步发现高考作文命题在"教学评"衔接上的精耕细作，充分释放了培育学生"学科素养"与"核心价值"的改革信号，引导教学提升课堂质量，助力构建良好的教育教学生态。正如在高考作文评价过程中，观点立意决定着发展分和创新分一样，核心价值的理解与建构是高考评价学生语文素养最重要、最内在的要素。

从语文课程的角度而言，"跨越，再跨越""理想的追求""强弱之辩""选择与创造"等，都是人文主题的学科内容，都是材料中暗含价值观引领。更有材料以棋理喻人生："俗手"就像短期内的投机取巧，从全局来讲是一种损失。在材料中"初学者"出现两次，是特指当下的青年。不难看出命题者的用心，意在告诫当代青年克服浮躁，脚踏实地，向下扎根，向上用力，避免短视功利，做一个守拙抱朴、不随世俗的人。

考生通过阅读材料文本，会获得一种"思想"认知和情感态度，这正是高考作文中的思维价值——立德树人，让思维结果具有思想价值，更是让思维形成思想价值。也就是说，青年不仅要能靠思维获得正确的思想价值，还要能用正确的思想价值来反思自己的思维，用一种有思想价值的心态来积极地思维。写作就是一种用语言文字进行价值建构的表达形式。有什么样的思维形式就有什么样的思维结果，有什么样的思维价值就会有什么样的思维形式，所以思考、思辨、思想就是思维素养在高考作文中的起点、过程和结果的体现。

高考作文试题着力于青年的思维素养考查，引导学生努力掌握科学文化知识，培养科学精神，培育创新能力，正是因为"青年是整个社会力量中最积极、最有生气的力量，国家的希望在青年，民族的未来在青年"。

后　记

　　古人云："万金不换囊中术。"笔者思考"技术语文"已经有好几年了，虽然没换来"万金"，但自认为这是一种非常有价值性和专业性的思维技术与教学艺术。驻足回望，"苍苍横翠微"。"技术语文"带给笔者的喜悦、兴奋乃至改变，让笔者对语文教学越来越有兴趣，也越来越感到"将以有为也"。

　　在中学阶段，语文是一门很容易让学生轻视的学科，也很容易让语文教师自己失去方向。现在偶尔还能听到有老教师嘀咕：语文有什么好教的，真是越教越没劲。每每听到这样的声音，笔者内心就莫名地升起一股悲凉之感：这样干着不得已却又至关重要的事情，于人于己得多痛苦。

　　当然，现在看来是"技术语文"让笔者摆脱了体会这种痛苦的可能，让笔者觉得语文教学也是一门可传授、可提升、可改进的手艺，让学生也觉得语文课有干货、有实获。再加上笔者本来就迷恋于各种教育技术，倒不是有投机取巧、走捷径图省事的心态，只是认为技术确实是撬动社会发展的杠杆，教师应该在这个微技术唾手可得的时代，用之来提升自我，让自己的眼睛和胳膊能够得到解放，看该看的，做该做的。

　　"技术语文"不仅仅改变了笔者的作文教学的态度，还改变了笔者的语文观，更改变了笔者对工作的态度，对生活的态度，而且最为关键的是"技术语文"提升了笔者的语文教学能力。在不断操练各种语文技术的过程中，感受到了技术的魅力。因此，讲究语文教学的技术性是笔者语文观的核心范畴之一。

　　在某一期的《奇葩说》中，辩手杨启涵说了两句比较有意思的话：人类文明最大的教训就是对技术的警惕、对人性的宽容，人类文明最大的经验就是对技术的宽容、对人性的警惕。技术和人性是人类不断反思自我、社会以及外界之间的关系扭结，一度我们对技术会警惕，认为随着技术的发展会让人异化。其实，人类的历史正是对技术的不断宽容才发展出了现代的文明，技术的进步应该是社会进步的一个主要指征和体现，在社会中如此，在学科教育当中更应当如此。

　　在语文学科发展史上，历来就有关于语文人文性和工具性的争论，但这一争论并没有解决所有的问题，只能相间相融地概括为工具性和人文性的统一。作为一名教师，尤其是每天面对着求知若渴或者置若罔闻的学生，如何把自己的教学兑换为学生的能力和素养，这才是每一位语文教师要思考的核心问题。

　　回想自己在中山市名教师张华工作室里研讨、读书、上课、写作，一路成长，转眼已是三年。这三年来，笔者锤炼了教学技能，更新了作文教学观念，尤其是在作文教学内容的开发和设计方面得到了精进，也基本掌握了技术作文教学的实践论纲要和方法论流程，为技术作文教学进一步走向教学的田野，打下了一个基础能力，提供了一个基本的备课范式。

　　在认识中山市高中语文教研员张华、中山市初中语文教研员郭跃辉这十几年来，笔者一直跟着他们阅读、思考、写作，一直在进步，在阅读教学、作文教学和备考教学等方面的积累也都是在与这些亦师亦友的同事交往过程中不断积攒下来的，可以说没有这两位教研员的引领和指导就没有本书的内容，对他们的感谢之情常常会催促着笔者在专业发展上不断探索与进步。

　　最后，在本书出版的过程中，有很多的同事和朋友给予了很多帮助，如中山纪念中学的袁海锋老师、黄健萍老师、张晓帆老师。尤其是刘丽丽和梁健两位编辑，对本书进行了极其严谨细致的修改校对，让本书的质量有了进一步的提升，在此一并表示诚挚的感谢。当然，也感谢我的妻子柳磊，为了让我安心写作，她承担了大部分的家务和带孩子的事务，谨以此书作为礼物送给她，并表示感谢。